BIOGRAPHIES
sous la direction de Sabine Chaouche
3

François-René Molé

Jacqueline Razgonnikoff

François-René Molé

Biographie

Préface de Sabine Chaouche

PARIS
CLASSIQUES GARNIER
2022

Jacqueline Razgonnikoff est historienne du théâtre et de la pratique théâtrale. Après des études de philologie classique, elle a occupé le poste de bibliothécaire et de responsable des archives à la bibliothèque-musée de la Comédie-Française. Elle a travaillé sur Molière, la Comédie-Française et le théâtre de l'époque révolutionnaire, publiant de nombreux articles et éditant des textes d'après les manuscrits originaux.

ISBN 978-2-406-12579-2 (livre broché)
ISBN 978-2-406-12580-8 (livre relié)
ISSN 2782-0564

L'homme vraiment libre et le comédien vraiment excellent ont ceci de commun qui les distingue de l'homme asservi à lui-même et du médiocre acteur : c'est qu'ils savent et avouent qu'ils jouent la comédie ou miment des sentiments.

Claude Roy, *L'Amour du théâtre*, Paris Gallimard, 1965 (Descriptions critiques, VI), « Le Paradoxe du spectateur », p. 27.

ILL. 1 – Portrait présumé du comédien Molé, anonyme (1760-1770), huile sur toile, Tours, Musée des Beaux-Arts (Inv.1952-1-9) © Musée des Beaux-Arts de Tours.

PRÉFACE

Molé, l'acteur oublié

La seconde moitié du XVIIIe siècle représente l'un des moments-clés de l'histoire des arts du spectacle en France. La Comédie-Française, l'Académie royale de musique et la Comédie-Italienne, fortes de leur monopole et de leur privilège royal, dominent le paysage théâtral parisien[1], alors que se dessine en filigrane, à l'est de Paris, le développement d'un nouvel espace urbain dévolu à la promenade et aux spectacles, qui aura un succès retentissant au siècle suivant. L'âge des Lumières est aussi marqué par le développement de théories sur l'acteur : non pas simplement sur la technique de ce dernier, mais également sur ses facultés créatrices. Qu'est-ce que l'acteur de génie ? se demandent les « connaisseurs ». Est-il celui des avant-gardes, celui qui rompt les conventions ? Ou celui qui fait appel à son imagination pour s'illusionner intérieurement ? Ou peut-être est-ce celui qui active sa mémoire affective, et même ses entrailles, desquelles pourraient sourdre des larmes, l'expression du désespoir ou les éclats de rire[2] ? Lettres, poèmes, traités, ou observations prennent en compte les pratiques scéniques, notamment les expérimentations de certains artistes hors du commun, qui, par leur style ou leurs expérimentations frappent les spectateurs. La scène est un véritable laboratoire où les troupes reprisent les textes anciens en les coupant ou les récrivant afin, selon l'expression du temps, de les « remettre » en scène ; elle est un espace où l'acteur teste de nouveaux effets et jeux de scène et, par conséquent, devient « auteur » au même titre que le poète dramatique.

---

1 Pour une histoire des différents théâtres depuis le début du siècle, voir Maurice Lever, *Théâtre et Lumières. Les spectacles de Paris au XVIIIe siècle*, Paris, Fayard, 2001 ; Isabelle Martin, *Le Théâtre de la Foire : des tréteaux aux boulevards*, Oxford, *SVEC*, 2002 ; Martine de Rougemont, *La Vie théâtrale en France au XVIIIe siècle*, Genève, Slatkine, 1981.

2 Voir *Les Émotions en scène*, Sabine Chaouche et Laurence Marie (dir.), *European Drama and Performance Studies*, n° 17, 2, 2021.

La création de nouveaux journaux consacrés exclusivement aux représentations théâtrales permet de débattre des talents réels ou supposés des acteurs, des mises en scène, ou des réactions dans la salle de spectacle[3]. L'essor de la critique dramatique témoigne de la fascination suscitée par les troupes – à tel point qu'une théâtromanie voit le jour, donnant lieu à un nombre croissant de représentations privées, comme celles des théâtres de société, composés d'amateurs[4]. On ne s'étonnera guère dès lors de la publication de calendriers et d'anthologies listant les pièces du répertoire, ou de recueils de textes révélant de façon plus ou moins drolatique l'envers du monde des spectacles. Les compilations de données, cristallisées sous la plume alerte et spirituelle des anecdotiers donnent naissance aux légendes d'acteurs[5], tandis que le bouche-à-oreille lentement s'évanouit en fumée dans les coulisses de l'Histoire. Que savons-nous exactement de la vie des acteurs à la Comédie-Française[6] ? De leurs propres émotions, de leurs rêves, de leur vie familiale, des petits tracas qui émaillaient leur quotidien, ou

3 Ainsi de Friedriech Melchior Baron von Grimm, *Correspondance littéraire*, Paris, Garnier frères, 1879, 16 vol. ; rééd. Kraus, Nendeln / Liechtenstein, 1968 ; *Journal des spectacles représentés devant Leurs Majestés* ; *Journal des spectacles de la Cour* ; *L'Observateur des spectacles* (1762-1763, puis 1780) ; *Correspondance dramatique, ou Lettres critiques et historiques sur les spectacles* (1776-1778) ; *Le Messager de de Thalie* (années 1780) etc.

4 *Les théâtres de société au XVIIIe siècle*, Marie-Emmanelle Plagnol et Dominique Quéro (dir.), *Études sur le XVIIIe siècle*, n° 33, 2005.

5 Voir par exemple Charles de Fieux Mouhy, *Tablettes dramatiques, contenant l'abrégé de l'histoire du théâtre français, l'établissement des théâtres à Paris, un dictionnaire des pièces, et l'abrégé de l'histoire des auteurs et des acteurs*, Paris, S. Jorry, 1752 ; Abbé Joseph de La Porte, *Almanach historique et chronologique de tous les spectacles*, Paris, s.n., 1752 [1752-1768 ; 1770-1774 ; 1776-1793 ; an II (2 vol.) ; an VIII-an IX (3 vol.) ; Jean Marie Bernard Clément et abbé Joseph de La Porte, *Anecdotes dramatiques. Tome 1 / ; contenant 1° Toutes les pièces de théâtre... drames... qui ont été joués à Paris ou en province... depuis l'origine des spectacles en France jusqu'à l'année 1775 2° Tous les ouvrages dramatiques qui n'ont été représentés sur aucun théâtre, mais qui sont imprimés, ou conservés en manuscrit... 3° Un recueil de tout ce qu'on a pu rassembler d'anecdotes ... 4° Les noms de tous les auteurs... de tous les acteurs ou actrices célèbres... 5° Un tableau... des théâtres de toutes les nations*, Paris, Veuve Duchesne, 1775 ; Louis Petit de Bachaumont, et, Mathieu-François Mairobert, *Mémoires secrets pour servir à l'histoire de la République des Lettres en France, depuis 1762 jusqu'à nos jours*, Londres, John Adamson, 1777-1789, 36 vol.

6 Peu de choses ont été publiées sur le sujet. Voir Jacqueline Razgonnikoff, « Les agendas de Desrozieres, ou la vie quotidienne au Théâtre-Français de 1799 à 1807 », dans *Costumes, décors et accessoires dans le théâtre de la Révolution et de l'Empire*, Philippe Bourdin et Françoise Le Borgne (dir.), Clermont-Ferrand, Presses Universitaires Blaise Pascal, 2010, p. 175-186. Voir également notre série « Daily Life at the Comédie-Française » en cinq parties (nourriture ; environnement ; logistique et fournisseurs ; publicité ; gestion ; querelles et rivalités) (www.thefrenchmag.com ; consulté le 06/06/2021).

de leur corps vieillissant qu'il fallait maintenir en forme ? Quels objets peuplaient leurs habitations et quelle nourriture consommaient-ils[7] ? Quels étaient leurs cercles d'amis et leurs réseaux hors du théâtre ? Avaient-ils seulement le temps de lire les traités de philosophie ou ceux qui leur étaient consacrés lorsque l'on sait à quel point leurs journées étaient chargées, que cela soit à « repasser » leurs rôles, à mettre en scène les « pièces de trottoir[8] » ou à gérer, avec le secrétaire-souffleur, cette énorme machine qu'était la Comédie-Française[9] ? Peut-être faudrait-il revoir la manière dont les acteurs du temps passé sont étudiés, afin de leur redonner une dimension humaine, c'est-à-dire adopter une approche que Lucien Febvre a jadis qualifiée « d'histoire vue d'en bas ». Ainsi, cette lettre de Mlle Dumesnil, échouée, on ne sait comment, dans les archives de la Bibliothèque nationale de France, semble particulièrement touchante. L'actrice peine à trouver un carrosse. Les arbres sont sans doute couverts de frimas en ce 20 février, et, résidant au nord de Paris, elle ne peut se rendre à l'assemblée. Elle prie ses bons camarades de l'excuser. Marie-Françoise Marchand a fêté ses 61 ans, le 2 janvier 1774[10]…

---

7 Voir à ce sujet notre article 'Staging food at the Comédie-Française in the 18th Century' https://www.thefrenchmag.com/Series-Daily-Life-at-the-Playhouse-I-Staging-food-at-the-Comedie-Francaise-in-C18_a424.html (consulté le 06/06/2021). (*Daily diet was constituted of wine (Bourgogne, Beaune wines or Muscat) and/or coffee, bread or brioche ; meat (lamb, beef, free rang chicken, sweetbread, turkey, quail, young wild rabbit, pigeon, ham, cushion of veal, meat pies) but mainly fish (mussels, whiting filet or whiting quenelle, herring), soup or salad, sometimes omelettes or eggs, and desserts such as fruit (oranges, lemons, melon, peaches, apricots, plums, pears) or fruit in wine, cherry and strawberry compote, chocolate cream, biscuits, waffles, crème caramel, doughnuts. Few vegetables come up (green beans, spinach, artichoke, cauliflowers'*. Trad. : « L'alimentation quotidienne était constituée de vin (vins de Bourgogne, Beaune ou Muscat) et/ou de café, de pain ou de brioche ; de viandes (agneau, bœuf, poulet fermier, ris de veau, dinde, caille, jeune lapin de garenne, pigeon, jambon, coussin de veau, pâtés de viande) mais surtout de poissons (moules, filet de merlan ou quenelle de merlan, hareng), de soupes ou de salades, parfois d'omelettes ou d'œufs, et des desserts tels que des fruits (oranges, citrons, melon, pêches, abricots, prunes, poires) ou des fruits au vin, des compotes de cerises et de fraises, de la crème au chocolat, des biscuits, des gaufres, de la crème caramel, et de beignets. Peu de légumes étaient consommés (haricots verts, épinards, artichauts, choux-fleurs »).

8 Pièces mises à l'affiche dans le courant de l'année.

9 Voir J. Razgonnikoff, « Copistes et secrétaires-souffleurs à la Comédie-Française au XVIIIe siècle, de Saint-Georges à Delaporte », *Journal for Eighteenth-Century Studies*, n° 32, 4, déc. 2009, p. 549-562 et Jules Bonassies, *Histoire administrative de la Comédie-Française*, Paris, Didier, 1874.

10 « Mon cher camarade je suis obligé de manquer l'assemblée, mon carrosse dhabitude me manque ce matin de parole, depuis une heure l'on m'en cherche et l'on en trouve point,

Qui n'a pas ressenti un sentiment de joie et de satisfaction, à voir l'écriture serrée ou, au contraire, déliée de ces acteurs ? Qui n'a pas souri à voir ces signatures parfois imposantes et appuyées, apposées sur les pages volantes des documents administratifs conservés par la Bibliothèque-musée de la Comédie-Française[11] ? Ces trésors, scories d'une époque lointaine mais trace d'un vécu bien réel, sont souvent balayés dans l'imaginaire collectif par les mythes nés des « galeries » d'acteurs qui ont fait florès dès le début du XIXe siècle, ou de certains mémoires d'acteurs édités quelques décennies après leur mort.

Le nombre d'ouvrages sur le théâtre, publiés au XVIIIe siècle et conservés de nos jours dans les bibliothèques, témoigne d'un marché du livre dynamique où les arts du spectacle, notamment la Comédie-Française, ont une place importante. Les spectateurs avides d'historiettes croustillantes et intrigués par l'univers des acteurs – pourtant si souvent décriés par l'Église et par les moralistes – participent d'une culture de l'indiscrétion et consomment ces phénomènes culturels que sont le théâtre et la célébrité[12]. Ainsi on ne va pas simplement voir les acteurs en scène pour rire ou pleurer, ou pour observer ceux qui se donnent en spectacle dans la salle (celle-ci reste éclairée durant la représentation). On aime à parler des acteurs ; on aimerait leur parler même s'ils sont excommuniés. On s'amourache de leur beauté. On applaudit à leur sensibilité artistique tout en raillant leur théâtralisme et leur fatuité. On se récrie sur leurs prétendues mœurs dissolues, leur façon de tutoyer, ou de s'appeler vulgairement « le » untel ou « la unetelle », ou même « camarade[13] ». Malgré ces traits de caractère en demi-teinte subsumant sous une aura stellaire, on se plaît à les côtoyer, à les mieux connaître, voire à devenir leurs disciples lorsque l'on part soi-même à la conquête du public. Certains amateurs ou jeunes recrues tentent de ressembler à leurs idoles, adoptant leurs mimiques, leur débit,

---

il n'est pas possible d'aller a pied, vous voyez le temps, moy, je vois lheure qui se passe et je prends le parti de vous en rendre conte, je saluë tous mes Camarades, et suis de tout mon cœur, mon cher Camarade vôtre tres humble tres obeissante servante Dumesnil. Ce Dimanche a dix heures et demie, 20 février 1774. Dumesnil (BnF, Manuscrit français, n° 15 860). La citation n'a pas été modernisée afin de conserver son caractère authentique

11 La Comédie-Française est l'un des rares théâtres à avoir conservé la majeure partie de ses archives.

12 Antoine Lilti, *Figures publiques. L'invention de la célébrité 1750-1850*, Paris, Fayard, 2014.

13 Jean-Nicolas Servandoni d'Hannetaire, *Observations sur l'art du comédien* (1764), Paris, aux dépens d'une société typographique, 1774, p. 153 ; Sabine Chaouche (éd.), *Écrits sur l'art théâtral, Acteurs*, Paris, Honoré Champion, 2005.

ou même leurs vices de prononciation. D'autres, en particulier les « poètes dramatiques » s'imaginant le front ceint d'une couronne de lauriers, se rendent directement au domicile des vedettes les plus influentes au sein du théâtre, pour les convaincre de représenter leurs pièces – il leur suffit pour cela de consulter les almanachs des spectacles du temps où sont publiées les adresses des sociétaires[14].

La troupe de la Comédie-Française, dont la réputation dépasse déjà au XVIIIe siècle la capitale et les frontières du royaume, se distingue par un style spécifique. Cette singularité, perceptible dans la dissémination des livrets de mise en scène par Jean-Nicolas Barba à la fin du siècle, signale que le jeu des comédiens du Français, est, dans son ensemble, comparable à une forme de signature scénique qui devient une référence absolue pour les acteurs de province. Nombre de jeunes recrues rêvent de recevoir un ordre de début à Paris, quand bien même ils auraient fait leurs armes pendant de nombreuses années sur les scènes de province et auraient déjà acquis une solide réputation.

L'histoire de la Comédie-Française, temple du bon goût, n'apparaît pourtant pas si sereine ou éclatante. La seconde moitié du siècle est agitée. Les acteurs risquent la banqueroute en 1757 et sont sauvés de justesse par l'État ; en 1770, ils abandonnent leur vieux théâtre de la rue des Fossés-Saint-Germain-des-prés qui tombe en ruine, pour la vaste scène des Tuileries, avant de revenir rive gauche en 1782 pour s'installer à l'Odéon, salle nouvellement construite pour la troupe. Les acteurs ont maille à partir avec les auteurs qui les accusent de les exploiter. Ceux-ci tentent, sous la houlette de Beaumarchais, de faire valoir leurs droits et fondent une société dramatique[15]. Dans les années 1780, selon les dires des comédiens du roi, les théâtres de boulevard s'amusent à piller le répertoire de la Comédie-Française et détourner les spectateurs du quartier Saint-Germain[16]…

14 Voir par exemple : Mathurin Roze de Chantoiseau, *Tablettes de renommée des Musiciens, Auteurs, Compositeurs, Virtuoses, Amateurs et Maîtres de Musique vocale et instrumentale, les plus connus en chaque genre. Avec une Notice des Ouvrages ou autres motifs qui les ont rendus recommandable. Pour servir à l'Almanach-Dauphin*, Paris, Cailleau, Veuve Duchesne, Royer, Hardouin, Bailli, Bureau d'Indications générales, 1785. Je remercie Vannina Olivesi pour cette référence.

15 Voir Gregory Brown, *Literary Sociability and Literary Property in France, 1775–1793, Beaumarchais, the Société des Auteurs Dramatiques and the Comédie Française*, London, Ashgate, 2006.

16 Archives Nationales, O1 845, « Mémoires divers fin XVIIIe siècle », Comédie-Française et Italienne, Mémoires de toute nature, n° 19.

Cependant, s'ils subissent les aléas des programmations saisonnières, de la concurrence, et des revers de fortune à cause d'un public relativement réfractaire aux nouveautés dans la seconde moitié du siècle (mais pourtant fidèle aux pièces du répertoire), les acteurs font preuve de résilience et démontrent un esprit d'entreprise certain, tâchant de moderniser leur jeu, occupant mieux l'espace une fois la scène débarrassée des gentilshommes qui l'encombraient. Ils remplissent avec courage les multiples rôles qui leur sont confiés, tant dans le comique que dans le tragique. Ils se rendent à la cour, sitôt sommés d'y donner des représentations. Ils doivent souvent mettre en scène une pièce dans l'urgence lorsque les nouveautés tombent « dans les règles » plus vite que prévu. Les acteurs jouent à une cadence infernale, tout en s'occupant des affaires de leur théâtre : négociations avec les marchands, commandes, gestion des employés etc. Certes, Jean-Denis Papillon de la Ferté, l'intendant des Menus Plaisirs, et les Premiers Gentilshommes de la Chambre veillent à la bonne marche des spectacles, mais l'essentiel du fonctionnement du théâtre est laissé à la charge des acteurs, ce qui entraîne donc souvent des querelles intestines et des rivalités internes, malgré une bonne entente générale. Certains acteurs vedettes s'échappent parfois en province et partent en tournée quelques semaines ou quelques mois. Ce qui ressort du temps jadis est l'extraordinaire activité des acteurs. Molé cumule plus de 350 rôles au cours de sa carrière, tout en participant aux multiples assemblées rythmant la vie du théâtre.

L'engouement pour les arts du spectacle en général, ainsi que la description et évaluation du jeu de certains comédiens ont permis à certains d'entre eux d'être immortalisés dans un genre spécifique comme, par exemple, Mlle Clairon ou Henri Louis le Caïn dit Lekain dans le tragique, ou Pierre Dubus dit Préville dans le comique. Cette cristallisation de la figure de l'acteur dans les écrits sur l'art théâtral et dans la presse a suscité, ces trente dernières années, un regain d'intérêt de la part des chercheurs, qu'ils adoptassent une approche théorique, littéraire, historique, ou, plus récemment, genrée[17]. L'actrice, souvent

17 Sur la figure de l'actrice à la Comédie-Française, voir par exemple Virginia Scott, *Women on the Stage in Early Modern France, 1540-1750*, Cambridge, Cambridge University Press, 2010 ; Judith Curtis, *Divine Thalie : the Career of Jeanne Quinault*, Oxford, Voltaire Foundation, coll. « SVEC », 2007, nº 8 ; ainsi que les articles suivants : Sabine Chaouche, « De l'anecdote croustillante à l'allégorie pornographique : la comédienne, femme de petite

au centre des débats (ainsi de l'opposition entre le style de Mlle Clairon et Mlle Dumesnil), souvent stéréotypée et portraiturée en fleur délurée des alcôves[18], a fait l'objet de l'attention des biographes. Cependant, curieusement, la trajectoire de certains acteurs de la pré-modernité est restée dans l'ombre malgré leur notoriété. Peu de biographies retracent le parcours des figures masculines qui ont marqué leur époque. Ainsi de François-René Molé, qui devint l'une des personnalités les plus en vue et les plus importantes de la Comédie-Française, s'illustrant dans la comédie, la tragédie, mais aussi le drame.

Acteur au physique agréable, chéri du public, à la vie personnelle aussi comblée que mouvementée, Molé méritait que l'on retrace son parcours. « Molé n'était peut-être pas aussi intelligent que Lekain, mais sa personnalité à la fois impulsive et marquée, de même que son implication dans les activités de la troupe, en font l'une des figures les plus intéressantes de la Comédie-Française au XVIIIe siècle[19] » soulignait Jacqueline Razgonnikoff il y a quelques années. Qui pouvait donc retracer avec autant de précision et de façon circonstanciée l'histoire de Molé, depuis l'envol du jeune premier, jusqu'aux tout derniers jours du vétéran de la scène[20] ? Archiviste bibliothécaire à la Comédie-Française pendant trente ans, passionnée par l'histoire du théâtre, et en particulier

---

vertu », *Revue d'histoire du théâtre*, n° 269, 2016, p. 16-27 et « L'Imago de l'actrice à l'âge des philosophes », *Revue d'histoire du théâtre*, n° 4, 2010, p. 373-383 ; Sophie Marchand, « Mademoiselle Raucourt : scandale et vedettariat féminin au XVIIIe siècle », Fabula / Les colloques, Théâtre et scandale, URL : http://www.fabula.org/colloques/document5806.php, (consulté le 12/10/2019), et « Mademoiselle Clairon et Sophie Arnould vues par les Goncourt ou le théâtre intime des actrices du XVIIIe siècle », dans *Cahiers Edmond et Jules de Goncourt*, n° 13, 2006, p. 23-35. Certaines biographies portent sur des actrices mais restent plutôt « romancées » : Jacques Aubert, *Mademoiselle Clairon : Comédienne du Roi*, Paris, Fayard, 2003.

18 Voir par exemple ce poème clairement pornographique : anon., « Scène cynique entre les demoiselles Gaussin et Clairon au sujet de la réception de cette dernière à la Comédie Françoise », 1743, Recueil de Fevret de Fontette, fond des manuscrits français, portefeuille K. 2 [Bibliothèque de l'Arsenal] En ligne : https://www.thefrenchmag.com/1743-Scene-cynique-entre-les-demoiselles-Gaussin-et-Clairon-au-sujet-de-la-reception-de-cette-derniere-a-la-Comedie_a103.html (consulté le 06/06/2021) ; *Le Petit Fils d'Hercule*, s.l., s.n., 1781.

19 Voir l'entretien avec J. Razgonnikoff : https://www.thefrenchmag.com/Interview-de-Jacqueline-Razgonnikoff_a39.html (consulté le 06/06/2021).

20 Rappelons que J. Razgonnikoff a contribué à classer et inventorier les archives de la Comédie-Française, notamment un fonds sur la Révolution, aussi ne s'étonnera-t-on point de la multiplicité de sources primaires.

de ce théâtre, Jacqueline Razgonnikoff a su patiemment reconstituer les multiples pièces du puzzle et assembler avec dextérité les fragments de la vie de Molé. Grâce à une reconstruction méticuleuse de la trame des événements qui ont marqué la vie de l'acteur, un pan méconnu de l'histoire de l'auguste institution est simultanément révélé. Molé connut les fastes de la Comédie-Française, ceux des spectacles de cour, ainsi que les joies de la célébrité. Il traversa également d'immenses peines, comme la perte de son épouse. Il vécut les années sombres et inquiétantes des troubles révolutionnaires[21], sillonna la France pour aller à la rencontre du public des scènes provinciales. Épuisé par des années de labeur, il tira enfin sa révérence, au temps de l'hiver, sous le Consulat, dans sa maison de campagne. En ce sens, on ne peut que louer la publication de la biographie de François-René Molé, en ce qu'elle rend enfin justice à cet acteur malencontreusement tombé dans l'oubli et négligé trop longtemps par la critique universitaire.

Sabine CHAOUCHE

21 Voir J. Razgonnikoff « La Comédie-Française – Théâtre de la Nation : les aléas du répertoire, de la prise de la Bastille à la fermeture (14 juillet 1789-septembre 1793). Du patriotisme à la réaction », dans *Les Arts de la scène et la Révolution*, Philippe Bourdin et Gérard Loubinoux (dir.), Clermont-Ferrand, Presses Universitaires Blaise-Pascal, 2004, p. 274-292.

LES DÉBUTS

Ô charme de ma vie, et de tous mes malheurs,
Palmire, unique objet, qui m'as coûté des pleurs,
Depuis ce jour de sang, qu'un ennemi barbare,
Près des camps du Prophète, aux bords du Saïbare,
Vint arracher sa proie à mes bras tout sanglants,
Qu'étendu loin de toi sur des corps expirants,
Mes cris mal entendus sur cette infâme rive
Invoquèrent la mort sourde à ma voix plaintive[1] !

Debout sur la table de bureau débarrassée des registres et papiers qui l'encombraient, drapé dans le tapis qui la recouvrait un instant auparavant, un blond adolescent jette aux chaises vides qu'il a disposées en cercle devant lui les vers exaltés de l'entrée de Séïde. Il est grand, bien fait, des yeux bleus pleins du feu de son texte, des membres déliés ; il s'agite comme un beau diable, articule avec application, projette sa voix légèrement voilée, si bien que la porte s'ouvre, interrompant la tirade au beau milieu de son élan. Augustin Blondel de Gagny, trésorier général de la Caisse des amortissements, l'homme généreux qui a procuré à ce jeune orphelin de père, un petit travail dans ses bureaux, entre et éclate de rire.

René Molé, penaud, saute à bas de la table et se confond en excuses. Il balbutie qu'il admire Voltaire plus que tout et qu'une récente représentation de *Mahomet* l'a enthousiasmé au point qu'il a appris le rôle de Séide.

– Je connais aussi ceux d'Égisthe dans *Mérope*, et Titus, et même Mahomet, ajoute le jeune homme, les joues en feu.

– Je n'en doute pas, répond Blondel, sur un ton qu'il s'efforce de garder sévère. Mais, mon ami, est-ce à cela que l'on vous paie ?

François-René Molé, né le 24 novembre 1734, depuis la mort de son père en 1749, privé de l'appui de ce maître peintre et graveur, estimé

1 Voltaire, *Mahomet*, Bruxelles, s.n., 1742, acte II, scène 1.

de tous, mais issu d'une famille ruinée par le système de Law, gagne modestement sa vie, tout comme son frère aîné, Louis-François, en tant que gratte-papier. De procureur en notaire, de notaire en bureau des finances, les deux jeunes gens, pour de modestes appointements, gagnent l'essentiel de l'argent du ménage, tandis que leur mère fait commerce de rouge et élève tant bien que mal le plus jeune de ses trois garçons.

François Molé, le père, a donné lui-même à ses fils les rudiments d'une éducation qui devrait leur permettre de se tenir dans le monde de la bureaucratie. De santé fragile, et atteint d'une maladie de poitrine dont il meurt après cinq ans de résistance, il n'a rien laissé à sa petite famille, pas même de quoi l'enterrer décemment. C'est René qui, désolé du chagrin de sa mère et profondément affecté de la perte de son père, a négocié l'emprunt des douze livres nécessaires à une cérémonie décente.

Son seul loisir, dès qu'il le peut, est de se glisser au parterre de la Comédie-Française, et d'y observer le jeu des acteurs tragiques, Grandval, Lekain, Bellecour, et même Mlles Clairon et Dumesnil, jeu qu'il s'applique à reproduire. Chez lui, impossible de donner libre cours à ses « interprétations ». Sa mère souffre déjà de voir la fascination qu'exerce le théâtre sur son fils aîné, et tâche de préserver le dernier de cette dangereuse contamination, ignorant qu'en cachette c'est le petit Augustin qui donne déjà la réplique à son frère puîné.

Blondel de Gagny, ami des artistes et proche de la Maison du roi, dont il sera intendant des Menus Plaisirs entre 1753 et 1757, est ému de la fougue et de l'enthousiasme de son jeune employé. Malgré ses incartades, il l'encourage, le garde à son service, et lui permet de continuer à fréquenter à un rythme soutenu les spectacles de la Comédie.

« Vous ne manquez certes ni de sensibilité ni d'aptitudes, mon ami, dit-il au jeune homme enfin débarrassé de son tapis tragique, mais il vous faut apprendre. Lisez les grands auteurs, apprenez la grammaire et la déclamation. Vous êtes si jeune... Commencez donc par aller à l'école de théâtre des Menus Plaisirs, et vous pourrez aussi jouer avec les élèves et amateurs qui se produisent au Théâtre du Temple. »

Ce théâtre de société, fondé en 1702 par le comte de Pontchartrain, donne des représentations dans l'enclos du Temple, sur les terres du prince de Conti, avant que ce dernier ne se brouille avec Louis XV. C'est sur ce théâtre, qu'a fréquenté Voltaire enfant, que débutent quelques-uns de ceux qui font la gloire de la Comédie-Française dans la seconde moitié du XVIIIe siècle, Lekain, Augé, Feulie... Quels rôles notre débutant a-t-il bien pu jouer dans ce lieu fréquenté par la meilleure société ? Nous l'ignorons malheureusement, mais on peut présumer qu'il s'agit de tragédie, car c'est la tragédie qui occupe tout ce petit monde, même si la comédie est aussi parfois au menu. Voltaire est l'idole du lieu et des apprentis tragédiens. Sa versification simple et persuasive convient aux premiers exercices de leurs passions. À force de travail et d'obstination, le jeune homme se fait un petit nom, obtient que son protecteur vienne l'applaudir, au grand désespoir de sa mère, qui refuse obstinément d'assister aux représentations, et fait alors jurer à son fils cadet, le petit Augustin, de ne jamais monter sur les planches, qui ont déjà séduit ses deux frères. Deux années se passent ainsi, où le jeune commis néglige de plus en plus son travail au profit du théâtre, se contentant pour subsistance des 500 livres de pension qu'il reçoit de l'école, et se passant plus souvent de dîner que d'assister aux représentations de ses idoles. Jusqu'au jour où Blondel de Gagny, élevé à la charge d'intendant des Menus Plaisirs, profite de son intimité avec les Premiers Gentilshommes de la chambre du Roi pour pousser son protégé et obtenir pour lui le très convoité ordre de début à la Comédie-Française qui consacrerait ses efforts. Molé a dix-neuf ans à peine, il est insouciant, léger, la tête un peu montée par ses succès et les sourires engageants des jolies femmes, que lui valent sa charmante figure et ses beaux yeux bleus pleins de passion. Un ordre de début, signé par le duc d'Aumont le 13 septembre 1754 ordonne aux Comédiens Français de Sa Majesté « de faire débuter sur leur théâtre le sieur Molé dans les rôles de Britannicus, de Séïde et de Frédéric pour que nous puissions juger de ses talents[2]. »

Le 7 et le 10 octobre 1754, le jeune homme débute dans le rôle de Britannicus et dans celui d'Olinde, dans *Zénéide*. Sa jolie figure et sa taille déliée ne manquent pas de toucher à son tour le public féminin de la Comédie-Française, mais, s'il ne manque pas d'enthousiasme et de sensibilité, il n'a pas encore acquis l'usage de la scène, et, malgré un naturel charmant, son jeu pêche par la faiblesse de sa voix, et une tendance, liée à ce défaut dont il est tout à fait conscient, à gonfler les mots pour se faire entendre. L'impression d'emphase qui en découle fait mauvaise impression. Le 12, il joue Nérestan dans *Zaïre*, aux côtés de Lekain, mais c'est dans le rôle de Séïde, de *Mahomet*, joué trois fois de

2 BmCF. Dossier Molé. Ordres de début.

suite, les 14, 17 et 19 octobre, que le parterre lui fait le meilleur accueil. Ce rôle, qu'il aime par-dessus tout, est difficile. Dans la salle, l'auteur comique Charles Collé, mauvaise langue s'il en fut, ne lui trouve aucun talent, malgré les applaudissements du parterre et la bonne opinion du *Mercure de France* :

> Il a donné de grandes espérances dans ce dernier rôle (Séide) qui est très important et le plus difficile de ceux qu'il a choisis pour son début. Il a deux avantages qui ne s'acquièrent point : une jolie figure et du naturel, il a la voix faible, mais elle se fortifiera avec l'âge et par l'exercice. Nous pensons que le jeune débutant doit éviter de trop enfler ses sons, il pourrait tomber dans une déclamation ampoulée, le plus grand de tous les défauts ; il ne faut jamais sortir de son naturel, même dans la crainte d'être froid. L'âme se développe quand on sent soi-même la situation qu'il faut peindre et qu'on est bien pénétré du rôle qu'on doit représenter[3].

3 *Mercure de France*, novembre 1754, p. 160.

L'ASCENSION

Tandis que René se fait une réputation en province, son frère aîné, Dalainville, qui l'a souvent précédé sur les planches, revient à la Comédie-Française, où il fait de nouveaux débuts le 29 janvier 1758. Il a, selon les témoignages des spectateurs, une taille avantageuse et un visage expressif. Il débute dans les rôles de Darviane (*Mélanide*), Olinde (*Zénéide*), Gusman (*Alzire*), le marquis (*Les Dehors trompeurs*), c'est-à-dire dans le même emploi que son jeune frère. Il est très vite reçu à l'essai (1er avril 1758) et, un an plus tard, il est sociétaire à demi-part, à l'époque où René est à Lyon. Mais Dalainville a le tort de prendre le parti de Mlle Clairon et de se faire son porte-parole dans l'affaire du *Venceslas* de Rotrou, « revu et corrigé » par Marmontel. Celui-ci, très proche de la tragédienne, a cru bon de retoucher à sa manière la célèbre tragédie de Rotrou. Les autres sociétaires, pour leur part, laissent filer le bruit que ces corrections sont non avenues et que l'on jouera la pièce telle qu'elle a été écrite par l'auteur. Dalainville écrit une lettre qui n'est pas appréciée en haut lieu et il est incarcéré pour vingt-quatre heures à For-L'Évêque, la « bastille des comédiens ». Déçu et humilié, il demande son congé et, dès juillet 1759, s'en va jouer en Hollande, où il fait une assez belle carrière, surtout dans la tragédie.

Quelques semaines après le départ de Dalainville, le duc d'Aumont, gentilhomme de la Chambre en exercice, expédie à Marseille, où François-René Molé se taille de beaux succès, un ordre exprès de début, lui intimant l'ordre de quitter incessamment la ville pour Paris, où la troupe du roi est à la recherche de nouveaux talents. Ce n'est pas sans peine que Belissen, le directeur de la troupe, va laisser partir celui dont il espère que le succès va redresser ses mauvaises affaires, et le duc de Villars lui-même, gouverneur de Provence, doit intervenir en sa faveur, et en celle du jeune Molé, insistant pour que lui soient payés ses appointements avant son départ pour Paris.

Le 28 janvier 1760, Molé débute donc à nouveau à la Comédie-Française dans le rôle d'Andronic, et continue, les jours suivants, dans ceux de Séide (*Mahomet*), Don Pèdre ((*Inès de Castro*), Titus (*Brutus*), Égiste (*Mérope*), Euphémon fils (*L'Enfant prodigue*), etc. Le *Mercure* de février salue ses qualités, mais reste sur sa faim : « Le sieur Molé, qui avait déjà paru sur le théâtre il y a quatre ans, a débuté de nouveau par le rôle d'Andronic dans la tragédie de ce nom. Cet acteur est jeune, d'une figure agréable, a de l'intelligence, joue d'après lui-même, a peu de voix, mais se fait bien entendre. On lui reproche d'être un peu maniéré, défaut qu'il a pris en province. On lui désirerait un peu plus de chaleur, et il lui est possible d'en avoir davantage. Enfin, il annonce beaucoup de talent[1] ».

Le 4 février, c'est dans le rôle pathétique de Darviane dans *Mélanide* de Nivelle de La Chaussée, que sa sensibilité et son charme emportent les cœurs. Ce rôle, il l'interprétera tout au long de sa carrière. À la clôture de Pâques, après dix-sept représentations, son destin n'est pas encore scellé. Les gentilshommes de la chambre veulent lui faire une pension et tester encore ses talents, mais ce qu'il souhaite, c'est d'être reçu dans la société le plus rapidement possible. Il menace de retourner en province et s'apprête à signer à Lyon, où Mlle Lobreau, directrice de la troupe, reçoit bien vite un ultimatum du duc d'Aumont lui interdisant d'engager le jeune homme.

D'autres débuts ont lieu concurremment, la troupe est en recherche de renouvellement. René Molé ne baisse pas la garde : il prend un maître d'armes, apprend la danse et la musique, et, s'il ne sera jamais un bon chanteur, sa voix n'étant pas très ample, il a l'ouïe musicale assez fine. Le 27 mai 1760, il joue le rôle-titre de *Britannicus*, il y est très applaudi. Antoine-Vincent Arnault, auteur dramatique, se souviendra plus tard des premiers pas de Molé : « Ses défauts s'étaient modifiés, ses qualités s'étaient fortifiées ; on lui pardonna la faiblesse de sa voix en faveur de la pureté de sa diction ; et, bien que cette fois, loin de pécher par exagération, il se fût montré un peu froid, sans doute par suite de la crainte que lui inspirait un tribunal qui l'avait jugé sévèrement, il fut accueilli du public avec bienveillance[2]… ».

---

1 *Mercure de France*, février 1760, p. 197.

2 Antoine-Vincent Arnault, *Les Souvenirs et les regrets d'un vieil auteur dramatique*, Paris, Charles Froment, 1829, p. 70.

Les Comédiens reconnaissent assez vite que ce jeune homme est en état de jouer les premiers rôles. Mais Grandval et Bellecour, ses chefs d'emploi, lui laissent rarement l'occasion de les remplacer ; il trouve alors des rôles où il fait voir qu'il en est capable, tel le Marquis dans *le Dissipateur*, et toujours Darviane dans *Mélanide* de La Chaussée. Des auteurs le distribuent dans des pièces nouvelles, et lui ménagent ainsi les moyens de se produire sans avoir de comparaison à supporter.

Dès lors, il est reçu aux appointements, par ordre du 20 juillet 1760, dans les troisièmes rôles, qu'il accepte sans rechigner. Dès sa réception, il se montre assidu aux assemblées, écrit dans le registre, se rend au nom de ses camarades et, sans doute au sien propre, chez Fonpertuis, intendant des Menus Plaisirs de la Chambre du Roi. Molé est perpétuellement amoureux et les amours multiples et parallèles ne l'effraient pas. Sur le point d'épouser une jeune musicienne de bonne famille, qui s'exilera en devenant l'institutrice des enfants d'un prince de Saxe, il a fait la conquête de Mme Préville, qui a quitté pour lui mari et enfants (elle en a quatre), liaison caduque, car le volage Molé s'est épris aussi d'une jeune et jolie comédienne. Elle s'appelle Hélène Pinet, mais prend le pseudonyme, bien plus élégant, de Mlle d'Épinay. On lui connaît un certain nombre d'aventures, elle a été la maîtresse de Valbelle, frère de l'amant en titre de la Clairon, et on lui attribue des liaisons multiples avec les gentilshommes de la Chambre. On la prétend protégée par le duc de Villeroy, et elle a mis au monde le 23 juillet 1760, une petite fille prénommée Élisabeth-Félicité, que Molé reconnaîtra 9 ans plus tard, lorsqu'il en épousera la mère (le 10 janvier 1769). En attendant, le 9 septembre de la même année, un ordre de début à la Comédie-Française est délivré à Mlle d'Épinay, qui ne débutera effectivement que six mois plus tard, en janvier 1761, avant d'être reçue à l'essai, le 15 février suivant. Pendant l'année 1760, Molé joue 133 fois. Il met les bouchées doubles en 1761, avec 226 jours de représentation, et il obtient enfin, le 30 mars 1761, la demi-part de bénéfice qui le consacre membre de la société. Mlle d'Épinay est reçue aux appointements de 2 000 livres par an le 10 décembre 1761. Mme Préville, amoureuse en titre du beau jeune premier, supporte mal les infidélités de son jeune amant. Elle ne retournera auprès de son époux que quatre ans plus tard, tout espoir de récupérer Molé étant perdu…

Il est de toutes les démarches, et c'est à lui qu'est confié le soin d'écrire, en avril 1761, une belle lettre de remerciements au comte de Lauraguais, dont l'aide financière a contribué à la révolution scénique de 1759, avec la disparition des banquettes sur la scène. Des spectateurs privilégiés, souvent sans gêne et peu discrets, constituaient un véritable obstacle à toute mise en scène et à l'utilisation des coulisses pour l'éclairage du décor. Lekain et Voltaire se sont insurgés avec raison contre cette coutume, certes d'un bon rapport, mais qui noyait les acteurs entrant en scène dans la foule des spectateurs... Les acteurs, reconnaissants, offrent à M. de Lauraguais pour la vie une des petites loges qu'ils ont fait construire de part et d'autre de la scène pour pallier les pertes dues à la suppression des places sur le théâtre. Molé présente bien, parle avec aisance et se montre particulièrement efficace lors des négociations avec les autorités supérieures, y compris avec le lieutenant de police, M. de Sartine.

L'année 1762 débute sous d'heureux auspices, car Molé crée un rôle dans une pièce présentée sans nom d'auteur. *L'Écueil du sage* (dont la *vox publica* répand le bruit qu'elle est de Voltaire) est créé le 20 janvier, Molé joue le chevalier Germance, un rôle de sensibilité qu'il aime à interpréter. La pièce, bavarde et trop longue, ennuie. Néanmoins, la performance du « jeune Molé » est épinglée par *Le Mercure de France* qui lui accorde « art » et « sensibilité ». La neuvième représentation, annoncée, est annulée sous prétexte d'une indisposition de Molé, et c'est *Zaïre* qui remplace la comédie. L'indisposition du comédien n'est sans doute pas fausse, puisque, malgré son hyperactivité habituelle, il reste sept jours sans paraître.

Il est certain que, face à Lekain et à Préville, Molé n'est encore qu'un débutant, mais ses chefs d'emploi, Grandval et Bellecour, commencent à s'essouffler, et n'offrent plus au public que de solides qualités techniques. Cantonné depuis ses débuts aux petits marquis sémillants, Molé ne peut pas encore faire la preuve de toutes les facettes de son talent, et, dans la tragédie, sa jeunesse et sa bonne mine le réduisent encore à Hippolyte ou Britannicus.

ILL. 2 – Molé dans le rôle d'Hippolyte (*Phèdre*), gouache par Fesch et Whirsker. Coll. Comédie-Française, n° inv. FW3-9 © P. Lorette, coll. Comédie-Française.

Le 27 mars, jour de clôture du théâtre, important dans la vie de Molé, car il est désigné pour débiter le compliment, un début d'incendie se déclare pendant le premier acte de *Sémiramis.* Des cris annonçant que le feu est à la salle créent une panique indescriptible, les spectateurs de l'orchestre montent sur scène, ceux de l'amphithéâtre dégringolent en hâte, les femmes quittent les loges en hurlant. Les portes et les cloisons cèdent sous le flot de la foule. Mlle Dumesnil (interprète de Sémiramis) se trouve mal. Bref la confusion est à son comble, lorsqu'on s'aperçoit que l'incendie annoncé se borne à une chaise brûlée, sur laquelle une actrice a laissé tomber une bougie allumée. Au bout d'une demi-heure, le calme est ramené dans la salle et la représentation reprend. Molé peut faire son compliment, après avoir été chaleureusement applaudi dans le rôle, presque pléonastique, de Charmant, dans la petite comédie de *L'Oracle*. Avec une feinte modestie, il se félicite d'avoir mérité la confiance de ses camarades, et renouvelle sa volonté sincère de plaire au public. Habilement, il ne revient pas sur les succès et les échecs des nouveautés de l'année écoulée, et se borne, sans danger de blesser quiconque, à rappeler la réussite de deux reprises de Corneille et de Molière : *Héraclius* et *Le Dépit amoureux*, flattant en même temps l'amour du beau et l'élévation du goût du public. Il termine en rappelant les devoirs que les comédiens ont à remplir dans « le talent de la représentation et l'imitation de la nature[3] ». Ce compliment, qualifié par le *Mercure de France* de « sage, modeste et rempli de sentiments que doit approuver le public[4] » est applaudi par des spectateurs que les progrès du jeune acteur n'ont pas laissés insensibles.

La rentrée après Pâques consacre la prolongation de l'engagement de Mlle d'Épinay, qui va bientôt participer à de nombreuses distributions, et l'on retrouve Molé comme orateur, annonçant, avec bien des regrets qu'il impute au public, la retraite prochaine de Grandval (dont les raisons véritables tiennent plus à sa mésentente avec le duc d'Aumont qu'à une fatigue due à l'âge !). Plus important pour sa carrière, Molé annonce, dans des termes qui témoignent de sa prudence, qu'il a été chargé de remplacer l'illustre Lekain dans le rôle de Siameck dans la tragédie de *Zarucma*, de Cordier de Saint-Firmin, créée le 17 mars. Lekain a été en effet dépêché auprès de Voltaire à Ferney afin d'obtenir de l'illustre exilé le texte de sa prochaine tragédie, intitulée *Olympie*.

La curiosité du public pour chaque nouvelle œuvre du philosophe est ravivée par cette annonce, très applaudie. Quant à l'interprétation

---

3 *Mercure de France*, avril 1762, t. 2, p. 159. Ce discours est aussi reproduit *in-extenso* dans les deux ouvrages consacrés à Molé : *Vie de François-René Molé., comédien français et membre de l'Institut national de France*, Paris, Desenne et Martinet, an XI-1803, p. 51-60. *Mémoires de Molé, précédés par une notice sur cet acteur, par M. Étienne*, Paris, Ponthieu, 1825. p. 2-4.

4 *Ibid.*, p. 160.*Vie de Molé*, *op. cit.*, p. 46-50. *Mémoires de Molé*, *op. cit.*, p. 4-6.

de Molé, elle permet d'entrevoir qu'il peut ne pas se borner à jouer les très jeunes princes et les petits marquis.

La création de *Zelmire* (8 mai 1762), tragédie nouvelle de Pierre Buirette de Belloy, confirme ces espoirs. Molé, dans le rôle d'Ilus, aux côtés de Lekain, de Brizard, de Dauberval et de Mlle Clairon, ne démérite pas auprès de ses illustres camarades, dans une pièce très bien accueillie par un public qui admire aussi la décoration sur fond de mer donnant une perspective nouvelle au spectacle. Seize représentations en sont données jusqu'à la mi-juin.

La mort de l'auteur tragique Crébillon coïncide avec la fin des représentations de *Zelmire*, et les Comédiens, malgré l'excommunication qui les frappe, décident, Mlle Clairon en tête, de rendre un hommage public et religieux au père de *Rhadamiste et Zénobie*. Les curés des Cordeliers et de Saint-Sulpice refusant de dire une messe à la demande d'excommuniés, ces derniers organisent le 4 juillet un service religieux en grande pompe, auquel ils invitent le tout-Paris, à l'église Saint-Jean de Latran, qui se trouve hors de la juridiction de l'archevêque de Paris.

Dans l'église tendue de noir, avec dais et catafalque, Mlle Clairon, tout de noir vêtue et sans aucun maquillage, mène le deuil, suivie par les comédiens de la troupe, quelques membres de l'Académie française, les comédiens italiens, des chanteurs et danseurs de l'Opéra. Le défilé des histrions à l'offrande, tout sérieux qu'il soit, déclenche dans le grand monde une hilarité de mauvais aloi. L'archevêque de Paris, indigné que l'ordre de Malte, dont dépend l'église de Saint-Jean de Latran, ait trempé dans ce qu'il considère comme une cérémonie blasphématoire, convoque un consistoire au cours duquel le malheureux curé est condamné à trois mois de séminaire et à une amende de deux cents francs à distribuer aux pauvres. Les Comédiens ne manquent pas de réagir à cette injuste punition, Mlle Clairon tempête, et d'aucuns menacent de leur démission une société qui leur refuse de prier Dieu et de rendre hommage à un de leurs grands auteurs. Voltaire, dans une lettre à Damilaville[5], fait le point sur le paradoxe qui écartèle les Comédiens entre le trône et la religion : « Est-il vrai que l'archevêque de Paris ait puni le curé de Saint-Jean de Latran d'avoir prié Dieu pour les trépassés ? » Il ajoute : « Le sort des comédiens est bien à plaindre, ils sont payés par le Roi et

5 Correspondance de Voltaire, *Œuvres Complètes*, Louis Moland (éd.), Paris, Garnier, 1883, t. 42, Lettre 4969, p. 172-174.

excommuniés par les curés ; le Roi leur ordonne de jouer tous les jours et le rituel de Paris le leur défend ; s'ils ne jouent pas on les met en prison, s'ils font leur devoir on les jette à la voirie. Nous les admettons à nos tables, nous leur fermons nos cimetières[6] ».

Bien entendu, les menaces de la Clairon, comme celles des autres comédiens, restent purement formelles et la troupe, malgré de nombreux relâches, causés par les chaleurs du mois d'août 1762, continue son service, à la cour comme à la ville. On reprend même *Zelmire*, avec moins de succès qu'au printemps, et le public semble prendre en grippe la jolie Mlle d'Épinay, malgré les efforts qu'elle déploie dans *Zénéide* ou dans *Le Sicilien.*

Sur le théâtre de Fontainebleau, la reprise de *Cinna*, le 4 novembre 1762, prend l'allure d'une nouveauté, les Menus Plaisirs ayant fait tailler pour les protagonistes des toges en satin blanc doublées de couleur de feu, qui s'harmonisent avec les nouveaux sièges à l'antique fabriqués pour l'occasion.

Molé est un bon lecteur. Sa réputation se répand chez les auteurs. Rochon de Chabannes, répudié par Mlle Clairon, s'empresse de faire mystère de sa nouvelle comédie, et de prendre Molé pour confident. Toujours diplomate, le comédien conseille à l'auteur de mettre aussi dans la confidence Mlle Dangeville, destinée à remplir le rôle principal. La lecture a lieu en l'absence de cette dernière, dont la protection est acquise, et est reçue sans obstacle. Créée le 29 novembre suivant, et intitulée avec bonheur *Heureusement*, la pièce, adaptée d'un conte de Marmontel, est courte et spirituelle, mettant en évidence les qualités de Molé dans le rôle de l'amoureux Lindor, que l'auteur avait d'abord pensé confier à une femme en travesti. Toutes les belles dames de Paris s'amourachent du joli Lindor et se pressent pour admirer sa bonne mine et sa vivacité.

En décembre 1762, Molé se voit débarrassé d'un rival, qui avait débuté à peu près en même temps que lui, le nommé Bernaut[7]. Une violente dispute l'a opposé à Mlle Clairon qu'il a copieusement insultée, à la suite de quoi elle n'a eu aucun mal à le faire renvoyer par les Gentilshommes de la Chambre.

C'est le 17 janvier 1763 qu'a lieu une des plus importantes créations dans la vie artistique de Molé, un rôle qu'il jouera presque jusqu'à la

6 *Ibid.*
7 Bernaut dirigera ensuite un temps le Théâtre de Rouen.

fin de sa vie, le personnage de Desronais, âgé de dix-huit ans, face au vieux Dupuis, joué par Brizard, dans une courte comédie en trois actes de Charles Collé. Cette « comédie », qui contient un certain nombre de scène pathétiques, peut s'inscrire dans le genre « sérieux » que prône Diderot et qui sied à Molé. La protection du duc d'Orléans dont jouit Collé n'est pas étrangère à la création de la pièce, contre l'avis de Préville, qui veut faire passer d'abord une comédie en 5 actes. À vrai dire, Préville, Bellecour et Mlle Hus, enragés de n'avoir pas eu les rôles, cabalent tant qu'ils peuvent pendant les trois jours qui précèdent la première. Préville brouille à ce point la cervelle de l'honnête Brizard, juste avant son entrée en scène, qu'il marche dans son texte et joue bien en dessous de son talent, entraînant dans sa confusion Mlle Gaussin, interprète de Marianne. Seul Molé, maître de lui, emporte par la finesse et la chaleur de son jeu l'adhésion des spectateurs. Collé est toujours très critique, et écrit qu'il a dû « parler ferme et river son clou au petit Molé, qui est un peu fat déjà, mais qui le deviendra davantage dans la suite[8] », mais il reconnaîtra plus tard que c'est à Molé qu'il doit de ne pas être tombé. Il faudra néanmoins attendre la quatrième représentation pour que, les acteurs ayant retrouvé leur tête, et grâce à la chaleur communicative de Molé, la pièce réussisse auprès du public, qui lui fera toujours bon accueil, de même que la cour, où elle est jouée le 25 janvier. *Le Mercure*, rendant compte de cette représentation, cite Mlle Gaussin, et Brizard, mais s'attarde sur la prestation de Molé : « Comme c'est ce dernier qui porte le plus de chaleur et de mouvement dans la pièce, nous ne pouvons nous dispenser de rapporter, si l'on peut dire, le cri public sur le feu, le sentiment, le naturel et la fine intelligence que met le sieur Molé dans les plus petits détails de ce rôle, qui ajoute encore à la réputation qu'il s'était si justement acquise[9]. » Peu reconnaissant, Collé commentera méchamment, un an plus tard, le départ de Mlle Dangeville, l'inimitable soubrette : « La Comédie-Française n'a plus de comédiens de marque, écrit-il, que Clairon et Prévillle, et, si l'on veut encore, Brizard et Molé ». Et il ajoute avec perfidie : « Molé n'a ni voix ni poitrine, il ne peut jamais devenir un grand acteur tragique ;

8 Charles Collé, *Journal historique ou Mémoires littéraires sur les hommes de lettres, les ouvrages dramatiques et les événements les plus mémorables du règne de Louis XV (1748-1772)*, Honoré Bonhomme (éd.), Paris, Firmin Didot, 1868 (3 vol.), t. 2, p. 286.

9 *Mercure de France*, février 1763, p. 153.

il est d'ailleurs libertin et menacé d'être pulmonique. » Cependant, à le voir à l'affiche presque tous les jours, on peut penser que ses faibles poumons ont une certaine résistance. Quant au libertinage, Molé a du succès auprès des femmes, cela est incontestable, et sans doute en profite-t-il largement, menant toujours de front ses intrigues auprès de Mme Préville et de Mlle d'Épinay ; Collé, qui n'a aucun charme, ne manque pas d'être jaloux de son charmant interprète. Les rumeurs les plus folles courent sur les succès féminins du jeune homme. Sans compter Mme Préville, qui se languit pour lui, les dames les plus huppées lui font des présents. Si l'on en croit un méchant article bien postérieur à Molé dont on ignore les sources volontiers diffamatoires, « il était toujours (qu'on nous passe l'expression, elle est d'une exactitude consacrée), *entretenu* par cinq ou six femmes à la fois. À ce propos, un soir, dans le foyer de la Comédie-Française, et en présence d'une vingtaine de personnes, il disait : « Je suis le seul homme du monde que les fournisseurs ne trompent pas ; aussi les choisis-je dans la bonne compagnie. Mme la comtesse d'Egmont a soin de ma cave ; ma table est sous le direction de la princesse de Kinski ; Mmes de Langeau et de Vau… sont chargées de renouveler mon mobilier ; Mmes d'Orvil… et de Saint-P… ont soin de ma garde-robe de ville ; ma garde-robe de théâtre regarde la princesse d'H… et Mlle Guimard, ainsi du reste. Tout me vient à point, sans que j'aie un tracas, sans que je dépense un sou[10] ».

Nous n'avons pas trouvé confirmation de ces assertions perfides. Mais la réputation de Molé n'est pas surfaite. Sa vanité est avérée à cette époque. Et si l'auteur de cet article affirme que Molé faisait « des mines » à la comtesse Du Barry, la fréquence des représentations de Molé chez cette dernière et la certitude qu'elle l'admirait sont assurées.

C'est encore dans un rôle de charme qu'il fait une nouvelle création très applaudie, dans *L'Anglais à Bordeaux*, comédie en 1 acte de Charles Favart, avec divertissement sur la paix (le Traité de Paris mettant fin à la guerre de Sept ans), circonstance qui donne à Mlle Dangeville l'occasion de faire un retour éphémère mais triomphal. Les Comédiens ont cru bon de lui faire débiter par Molé un plat compliment[11]. Cette célébration

10 *Courrier des Théâtres*, lundi 2 juin 1829.

11 Jean Nicolas. Servandoni, dit D'Hannetaire. *Observations sur l'Art des Comédiens*, Paris, Veuve Duchesne, 1775, p. 158, en note : « Anecdote » : Sur l'air : « La Bonne aventure

un peu forcée et sur commande de la nouvelle amitié franco-anglaise s'accompagne d'un divertissement où Vestris danse le rôle d'Apollon, découvrant la statue équestre du roi, une manière de susciter dans la salle les cris de « Vive le roi » !

Molé ne se contente pas de jouer, de lire, de donner son avis sur tout, il enseigne aussi. Il enseignera même aux futurs chanteurs de l'Opéra, persuadé qu'il est de l'importance d'une diction claire et c'est l'une de ses premières élèves qui débute à la rentrée de Pâques 1763 ; elle a seize ans, et elle a pour marraine de théâtre la tendre Mlle Gaussin, car elle est la fille de sa femme de chambre. Elle s'appelle Mlle de Maisonneuve, mais sera connue sous le nom de Mlle Doligny, l'une des plus charmantes ingénues de la Comédie-Française, désormais partenaire de son professeur. Les mauvaises langues lui attribuent une protection rapprochée du financier Bertin. Elle quittera la Comédie-Française en 1783 pour épouser l'écrivain Dudoyer de Gastels. Le jour de ses débuts, un malheureux incident la fait chuter au sortir de scène (on joue *La Gouvernante*), montrant au public la partie la plus charnue de sa personne. Mme Bellecour se précipite pour remettre en place les jupes de la jeune fille, toute rouge de honte. L'incident n'aura heureusement pas de suite…

Par le jeu habituel de la concurrence, Préville présente à son tour une de ses élèves, Mlle Luzy, interprète des soubrettes.

Entre-temps, Molé a été élevé au rang de sociétaire à part entière, en recevant la demi-part qui lui manquait, tandis qu'une autre demi-part est dévolue à Mlle d'Épinay. En peu de temps Molé est devenu l'acteur incontournable et c'est à lui que son ami le poète Dorat, congédié par la belle Mlle Dubois, dont les caprices commencent à défrayer la chronique et qui se pose en rivale de Mlle Clairon, dédie son *Poème de la déclamation.*

au gué » : « Pour Dangeville un couplet / Peut d'abord se faire ; / Mais je veux qu'il soit parfait, / Digne de lui plaire… / Oh ! j'en fais un sûr moyen, / C'est d'y mettre pour refrain / Le nom de Molière / Au gué / Le nom de Molière ». Ces couplets sont aussi rapportés dans la *Vie de Molé, op. cit.*, p. 79-80 et *Mémoires de Molé, op. cit.*, p. 21-22.

TOUT JOUER

Les créations un peu fades se succèdent en ce printemps 1763, où Molé n'a pas à forcer sa nature, qu'il s'agisse du *Bienfait rendu*, de Dampierre de la Salle, de *la Manie des Arts* de Rochon de Chabannnes, qui reproche à son interprète d'avoir estropié le monologue final. Curieusement, et sans lien réel, les titres de ces pièces font écho à l'incendie qui a détruit le 6 avril l'opéra du Palais-Royal, la salle historique de Molière, dont Lully avait chassé sans gloire les comédiens après la mort de leur chef. Bons princes, les Comédiens-Français ont offert leur salle gratis à leurs collègues trois jours par semaine, ce que se sont bien gardés de faire les Italiens, toujours en concurrence sévère avec eux.

Molé semble peu intéressé par ces bluettes et n'y met pas trop de zèle. Ainsi, lors de la création (et de la chute !) de *La Présomption à la mode*, de Cailhava de l'Estandoux, devant paraître au troisième acte, il ne monte s'habiller dans sa loge qu'à la fin du second acte, croyant toujours en être au premier. Il s'ensuit un entracte d'une demi-heure, qui fait gronder le public impatient.

À l'automne, Molé se lie d'amitié avec le grand acteur anglais Garrick, qui séjourne à Paris, et ne manque pas de venir voir jouer ses confrères. Au cours de longues conversations au Café de Foy, les deux acteurs, passionnés par leur art, échangent théories et conseils pratiques. Parmi leurs préoccupations communes, la façon de représenter un homme ivre. Molé montre à son camarade comment il joue l'ivrogne du *Retour imprévu*. Garrick donne de judicieux conseils à son jeune ami « Avinez plus vos jambes et moins votre tête. L'ivresse du peuple est dans tout le corps, contrairement au marquis dont l'ivresse n'entame pas l'élégance ». Le Chroniqueur de l'Œil-de-bœuf, qui rapporte cette conversation, conclut : « Voilà le secret de la supériorité de Garrick ; il raisonne son art, et l'on ne fera jamais qu'un mannequin mécanique d'un comédien qui ne suit que les préceptes de l'école[1] ».

1 Georges Touchard-Lafosse, *Chroniques de l'Œil-de-bœuf*, Paris, Garnier frères, [1860] 1922, t. 5, p. 54.

En peine de bonnes tragédies, la Comédie-Française crée coup sur coup une pièce de Saurin imitée de l'anglais, *Blanche et Guiscard*, avec le quatuor Lekain, Clairon, Molé, Brizard, qui a bien du mal à faire passer un épilogue sanglant, et *Le Comte de Warwick*, de La Harpe, autre épisode « anglais », l'histoire de l'ennemi héréditaire étant à la mode, depuis le Traité de Paris. En février 1764, c'est *Idoménée* de Lemierre, que Mlle Clairon crée à grand renfort d'attitudes esthétiques, totalement dépourvues d'entrailles. Et l'on attend toujours l'*Olympie* de Voltaire…

Le public trouve son compte dans la légèreté et la chaleur du jeu de Molé, et la cour confirme cet engouement. La représentation, à la Cour, de deux comédies, *Le Complaisant* et *L'Époux par supercherie*, renforce encore sa réputation. À cette occasion, il a retrouvé son ancien chef d'emploi Grandval, qui ne joue plus que pour la Cour et dont il n'a plus rien à craindre, car il a pris un tel embonpoint qu'il ne peut plus jouer les amoureux. Néanmoins Grandval revient dans *Le Misanthrope* à la ville, accueilli favorablement par le public. Il déclare qu'il se consacrera désormais aux rôles à manteau. Molé est de presque toutes les comédies du répertoire, et c'est encore son jeu « vif, ardent et passionné », si l'on en croit les critiques, qui sauve de la chute *L'Amateur* de Barthe, mettant en scène un amateur forcené de peinture et de sculpture. Que Molé exagère son jeu et papillonne outre mesure ne fait que renforcer le goût du public.

Le 17 mars 1764, enfin *Olympie* vient. Voltaire sacrifie au goût du spectaculaire : temple d'Éphèse, tremblement de terre, et, pour finir, un bûcher où Mlle Clairon, en concurrence avec Mlle Dumesnil dans les deux rôles féminins principaux, se jette avec une passion qui fait frémir la salle. Molé se contente de son *Amateur*, en attendant la création, après la fermeture de Pâques, d'une pièce tout à fait nouvelle d'un jeune auteur nommé Chamfort. *La Jeune indienne* est une courte pièce de huit scènes, mais elle fait parler une jeune sauvageonne en faveur de la liberté des esclaves et des femmes, reprenant une anecdote empruntée au *Spectator* anglais et développée en plusieurs chants poétiques par Dorat. L'effet sur le public est médiocre, malgré la jolie présence de Mlle Doligny, pudiquement vêtue d'une robe tigrée imitant une peau de bête, et le talent de Molé et de Préville. Les partisans de Chamfort voudraient en faire un succès et réclament l'auteur à cor et à cris. Déçu par la tiédeur de l'accueil, lui-même préfère rester à l'écart et pousse Molé à dire au public que l'auteur est absent. Sous les huées et les sifflets, il n'y a plus qu'à baisser le rideau. Pourtant, la jolie pièce de Chamfort va survivre à ces incidents, et faire figure de pièce prérévolutionnaire.

Molé n'est pas toujours bien inspiré dans ses choix, et, comme beaucoup de comédiens, se laisse entraîner par l'espérance d'un beau rôle, qui se révèle parfois être un faux beau rôle. Ainsi *Le Jeune homme*, comédie dont l'auteur est resté anonyme – et pour cause (il s'agirait d'un nommé Bastide) – n'a même pas pu dépasser la deuxième scène du troisième acte.

Toujours épris de sujets anglais, les Comédiens mettent au répertoire un *Cromwell*, de M. Du Clairon, où Molé joue le fils de Cromwell, et qui n'a que cinq représentations. Devant tant d'échecs, la troupe reprend, sans états d'âme, les pièces à divertissements, que leur disputent les Italiens, désormais Opéra-comique. En quelques mois, on revoit les comédies-ballets de Molière (*Le Malade imaginaire, Monsieur de Pourceaugnac)* avec leurs « agréments », et des pièces mineures en musique, avec ballets et chansons, comme *La Magie de l'amour, Deucalion et Pyrrha, L'Île sauvage, Les Grâces*, dont le public se satisfait toujours. Il serait temps de saisir un vrai succès. Mais, hélas, la tragédie des *Triumvirs* n'est jouée que deux fois, et l'auteur (qui n'est autre sans doute que Voltaire) ne dévoile pas son identité. C'est donc dans le genre comique qu'espère encore une troupe désenchantée.

Et c'est d'une piquante comédie en un acte que vient le salut, avec *Le Cercle ou La Soirée à la mode* de Poinsinet. Les personnages, saisis sur le vif, sont de vivantes caricatures des jeunes gens à la mode. Le moindre d'entre eux n'est pas Molé, qui, dans le rôle d'un colonel mieux fait pour la broderie au tambour que pour le commandement militaire, remporte le plus vif des succès, tel qu'Arnault dans ses *Souvenirs* le décrit : « Saisissant les ridicules de la jeune noblesse, il les reproduisit dans cette pièce avec la vérité la plus piquante. Mais comme cette vérité était alliée à beaucoup de grâce, il leur donna plus de crédit, et devint dans ce rôle le modèle de ceux dont il s'était fait la copie. Au lieu de se corriger, les petits-maitres venaient l'étudier, et ils se perfectionnaient d'après lui[2] ».

La folie du temps se déchaîne, et tous les jeunes gens adoptent la démarche sautillante de l'acteur dans ce rôle, son léger bégaiement

2 A.V. Arnault, *Les Souvenirs…*, *op. cit.*, p. 72 *sq.*

caricatural et surtout la broderie au tambour qui envahit les cercles masculins. C'est peut-être aussi à cette époque qu'il lança la mode des habits couleur de « fumée de Londres ». La pièce remporte un beau succès à Fontainebleau, même si Papillon de La Ferté se trouve déconcerté par l'arrivée de Mlle Hus, qui « ayant bu en chemin du vin rouge mêlé de vin blanc, par erreur de son domestique, est arrivée avec les sieurs Brizard et Molé, complètement dans les vignes du seigneur, et prétendant que ceux-ci l'avaient empoisonnée[3] ». Il lui fait avaler force cafés pour qu'elle puisse décemment paraître en scène, mais prévient les royaux spectateurs, que cela amuse beaucoup.

Il ne s'agit pas pour Molé de se laisser enfermer dans cette image aimable de petit-maître. Molé a l'ambition d'être un acteur complet et la tragédie, malgré la faiblesse de voix qu'on lui reproche régulièrement, a pour lui des attraits non négligeables. Une belle occasion de s'y distinguer lui est donnée dans la dernière pièce de Pierre Buirette de Belloy, qui, à l'encontre des malencontreux sujets anglais qui se sont tous révélés catastrophiques, revient à la tragédie nationale, avec *Le Siège de Calais*, dont la création, le 13 février 1765, passe pour un événement. Une nouvelle fois, le quatuor de tête est composé par Lekain, Brizard, Molé et Mlle Clairon, mais la critique est unanime à déclarer que le jeu supérieur de Molé dans le rôle de Godefroy de Harcourt empêche les sifflets prêts à se déchaîner à la première. La deuxième représentation est un triomphe absolu, et si quelqu'un s'avise de ne pas trouver bonne la tragédie, il est aussitôt taxé d'antipatriotisme. La pièce est choisie pour être représentée gratis le 12 mars suivant, sous les acclamations d'un public mixte de gens du peuple et de courtisans. Mais une curieuse affaire va interférer dans son succès. Le rôle secondaire de Manni est joué par un sociétaire de second rang, le sieur Dubois, père de la belle et capricieuse Mlle Dubois. Or, le bruit se répand que cet homme indélicat a « omis » de payer son chirurgien, qui l'aurait guéri d'une maladie dite honteuse. Dubois nie, se fait appuyer par le faux témoignage du jeune Blainville, un débutant. Mlle Clairon, indignée, remue ciel et terre, se plaint au duc de Richelieu, refuse de jouer désormais en compagnie d'un malhonnête homme, entraînant ses camarades dans sa mutinerie. Mais Dubois a pour lui un

3 Denis-Pierre-Jean Papillon de La Ferté, *Journal de Papillon de La Ferté, intendant et contrôleur de l'argenterie, menus-plaisirs et affaires de la Chambre du Roi (1756-1780)*, Ernest Boysse (éd.), Paris, Paul Ollendorff, 1887, p. 146.

argument de taille, sa fille, qui, se jetant aux pieds et sans doute dans les bras du duc de Fronsac, réussit à obtenir un ordre supérieur obligeant les comédiens à jouer *Le Siège de Calais*, dans la distribution originale. Refus des frondeurs, qui sont envoyés immédiatement à For-l'Évêque, tandis que de plates excuses au public sont prononcées sous la contrainte par le malheureux Bellecour, et que, sous les huées du public, *Le Joueur*, pièce prévue en remplacement, ne peut commencer. Molé et Lekain, qui ont été les premiers à quitter la place, en apprenant que Dubois n'est pas remplacé, se réfugient dans un premier temps chez leur ami Garrick, mais, dans un grand mouvement d'honneur, après l'arrestation de Brizard et de Dauberval, ils se rendent d'eux-mêmes à la prison des comédiens. Quant à Mlle Clairon, qui ne fait jamais les choses à moitié, elle est conduite à For-l'Évêque dans le carrosse de Mme de Sauvigny, intendante de Paris, et même sur ses genoux, au grand désespoir de l'exempt chargé de l'arrêter, et de M. de Sartine, lieutenant de police. La tragédienne, superbement logée, reçoit à For-l'Évêque les hommages de ses admirateurs, et les carrosses se pressent aux alentours de cette prison dorée. Au bout de trois jours, déclarée malade par son chirurgien, elle obtient d'être libérée et de rester aux arrêts chez elle, avec limitation des visites à quelques proches. En revanche, les autres comédiens vont rester trois semaines à For-l'Évêque, dont on les extrait pour les amener au théâtre lorsqu'ils sont distribués. Enfin libérés, ils se déclarent malades et la Comédie-Française se voit forcée à un relâche de trois jours ; le jour de la reprise, les comédiens sont copieusement applaudis par un public qui s'insurge contre les autorités. Cette affaire ne fait que renforcer l'idée du ridicule engouement du public pour les affaires privées des comédiens, et de la place exagérée qu'ils occupent dans la société… De Belloy, redevable de son succès à Mlle Clairon, a retiré sa pièce, quand les comédiens libérés s'étaient déclarés dans l'incapacité de jouer, mais les négociations vont bon train. Dubois est mis à la retraite, mais, grâce à sa fille, il part avec une pension supérieure à celle que ses états de service sont en droit de lui fournir.

Les représentations reprennent leur cours normal le 11 mai, sans Mlle Clairon.

L'affaire Dubois a laissé des séquelles dans les relations entre les Comédiens et les autorités. L'intendant des Menus plaisirs, le très sérieux Papillon de la Ferté, réunit chez le maréchal de Richelieu tous les sociétaires de la troupe, le 18 juin. Il s'agit surtout de faire oublier les événements récents et de rappeler les comédiens à leurs devoirs envers le public. Lekain a trouvé bon de ne pas assister à cette réunion. Molé, toujours prêt à jouer les bons offices, défend son camarade avec chaleur, et en profite pour revenir sur un sujet qui le touche à cœur, tout comme Mlle Clairon : l'excommunication des comédiens. Le maréchal écoute patiemment le comédien, mais cela ne débloque pas la situation.

Les comédiens se sont mis en tête de faire débuter dans le tragique Mlle Doligny, qui se montre une ingénue accomplie dans la comédie. Mlle Hus cabale autant qu'elle peut contre sa jeune rivale, mais la jeune femme a pour elle le soutien de son professeur Molé, qui doit jouer Britannicus pour ses débuts dans le rôle de Junie. Cette première tentative n'est pas vraiment un succès, mais il y a de l'obstination chez les protagonistes !

Une nouvelle tragédie, peu intéressante, *Pharamond*, s'ajoute aux précédentes créations de l'année 1765. C'est Lekain qui a présenté la pièce et en joue le rôle principal, Molé est aussi de la distribution. Deux représentations suffisent à en éteindre l'intérêt. Ce qui prouve que l'on peut être un bon tragédien mais un médiocre juge littéraire. Après un été assez terne, où les comédiens ont pris la décision de se donner congé tous les mardis, jours de petites chambrées, c'est encore à Voltaire qu'ils vont faire appel, en reprenant en septembre *Adélaïde Du Guesclin*, abondamment remaniée, dans la foulée de l'esprit « national » du *Siège de Calais* : de grands vers patriotiques, et l'utilisation de grands noms de l'histoire de France. Molé y joue Nemours avec un succès qui ne se démentira jamais. Le coup de canon final, qui avait choqué à la création en 1753, réussit parfaitement.

Fort échaudés par l'échec précédent de la première pièce d'un jeune auteur gascon, Cailhava de l'Estandoux, c'est avec réticence qu'ils se mettent à répéter la seconde, intitulée *Le Tuteur dupé*[4]. Molé arrive à la répétition, avec une heure et demie de retard, se prétend épuisé par une nuit sans sommeil et lit – mal – son rôle, d'une voix blanche, qui lui attire les aigres remarques de Mlle Hus. Elle lui demande de répéter une phrase. Il lui répond : « Ah ! l'on ne m'entend pas, cela est fort plaisant ! et faut-il recommencer cette phrase ? QUOI : cette sublime

4 Cette pièce fait l'objet d'une édition accompagnée d'indications de mise en scène, notées par le secrétaire-souffleur de la Comédie-Française, le très utile Étienne-François Delaporte.

phrase : QUOI[5]. » Et, boudant, il va se jeter dans un fauteuil… Un chat blanc qui se promène sur un toit détourne l'attention des acteurs et la répétition s'achève dans la consternation la plus grande. Cailhava se plaint des mauvais procédés des comédiens. D'une seule voix, Molé et Mme Drouin lui intiment d'écrire « de meilleurs rôles » !

Mais la pièce est reçue et doit être créée. Les comédiens craignent la chute au point qu'ils jouent d'un subterfuge pour attirer le public. Ils annoncent *Phèdre*, et, devant les spectateurs effarés, le rideau se lève sur une décoration qui n'a rien du palais grec, Préville s'avance et prévient le public de ce « changement » de spectacle, soi-disant causé par la crainte d'une cabale. En coulisse, les acteurs sont habillés pour jouer la tragédie, en cas d'insurrection du public. Mais celui-ci, bon prince, accepte le subterfuge et applaudit la pièce. Les comédiens ont passé outre l'obligation de police pour la représentation, à la grande indignation du censeur Marin… Adaptée d'une vieille comédie latine de Plaute (*Miles gloriosus*), la pièce fait une carrière honorable, bien jouée finalement par Molé, Préville et Mlle Doligny… Paradoxalement, *Le Tuteur dupé* bénéficie de la censure qui frappe une pièce nouvelle de Sedaine, *Le Philosophe sans le savoir*, qui devait être créée à Fontainebleau, mais dont la censure a interdit la représentation, parce qu'elle tourne autour d'un duel autorisé par le père du protagoniste (joué par Molé). La pièce de Sedaine est finalement créée à Paris en décembre, avec un succès auquel l'interprétation de Molé n'est pas étrangère.

Depuis longtemps, Molé se plaint de trop jouer et d'y user sa santé. Il semble donc urgent de lui trouver une doublure. Le jeune Vellenne fait des débuts prometteurs, et est engagé en double mais c'est lui qui va disparaître prématurément de la poitrine en 1769…

Une petite comédie en 1 acte de Saurin, *L'Anglomane ou L'Orpheline léguée*, créée le 6 novembre, s'attaque à cette fièvre anglomaniaque qui a saisi la France après la réconciliation politique entre les deux pays. Pétillante et habilement corrigée, elle réussit pleinement à la troisième représentation, défendue avec esprit par Molé, Préville, Brizard et Mlle Doligny.

5 Jean-François Cailhava de l'Estandoux, *Mémoire pour Jean-François Cailhava, en réponse à des défenses faites par les Comédiens Français aux directeurs du Palais-Royal, de jouer ses pièces*, Paris, Imprimerie Boulard, 1792, p. 9.

TROP, C'EST TROP !

Les succès comiques ne plaisent pas à tout le monde et Lekain, dans un mémoire intitulé « article de foi et de vérité sur l'état actuel de la Comédie-Française », s'attaque à Molé et à l'aréopage de jolies femmes qui l'entourent. Lekain se plaint qu'on ait licencié des actrices de talent pour les remplacer par « trois jolis perroquets à qui on siffle des airs qu'ils n'ont pas souvent l'intelligence de comprendre. » Ces trois perroquets ne sont autres que Mlle d'Épinay, la première visée, Mlle Doligny et Mlle Fanier. Toutes trois sont élèves de Molé. Le tragédien revient sur la contestation qui demeure entre Mlle Hus et Mlle d'Épinay, s'insurge contre le fait que quatre actrices puissent toutes revendiquer les rôles de soubrettes, souligne que Mlle d'Épinay, avait, lors de son engagement, signé un papier spécifiant qu'elle se retirerait d'elle-même si une « meilleure actrice » était engagée. Richelieu, sensible aux beaux yeux de la demoiselle, aurait jeté au feu cette imprudente promesse. Lekain reproche à Molé de ne tenir aucun compte du mépris et de l'excommunication dans lesquels sont tenus les comédiens. Il est vrai qu'il n'assistait pas à la réunion où Molé s'était pourtant fait le champion de la troupe à ce sujet. Molé a tendance, selon Lekain, à présenter la situation sous un jour favorable et faussé, que couvre, devant le maréchal de Richelieu, la jolie Mlle d'Épinay, pour qui Molé délaisse de plus en plus la pauvre Préville. Comme on ne prête qu'aux riches, on lui attribue aussi des vues sur son ancienne élève, Mlle Doligny…

Début décembre, *Le Philosophe sans le savoir* est enfin joué, les acteurs y ont tous excellents et c'est moins la situation, quelque intéressante qu'elle soit, que les caractères des personnages qui retiennent l'attention du public.

Du 16 décembre 1765 au 12 janvier 1766, les représentations sont interrompues à la Comédie-Française en raison de la maladie et de la mort du Dauphin, mais les querelles n'en cessent pas pour autant. Les efforts de réhabilitation de la fonction de comédien tant civilement que canoniquement sont annihilés par un refus obstiné du Roi, malgré un rapport relativement favorable du ministre Saint-Florentin. Les comédiennes s'affrontent à propos des rôles secondaires dans la tragédie et Molé s'emporte pour défendre sa chère Mlle d'Épinay. Il fait signer par ses camarades un mémoire que les autorités considèrent comme d'une grande insolence. Le duc de Duras s'en mêle, convoque le comité qui prétend n'avoir pas tout compris et signé sans avoir tout lu ou tout entendu. Molé à son tour est contraint de s'excuser.

Cela ne l'empêche pas, quelques jours avant cette algarade, d'être de la représentation, aux Menus Plaisirs, en l'honneur du duc de Brunswick, d'une pièce qui met en scène Henri IV « en déshabillé », *La Partie de chasse de Henri IV.* Elle est de Collé et plaît beaucoup à ceux qui l'ont vue ou lue, mais la Cour s'offusque de voir mettre en scène un roi aussi populaire, et en interdit la mise au répertoire de la Comédie-Française, créatrice des rôles en privé, et qui pense tenir là enfin un vrai succès.

La censure retient également une nouvelle tragédie de Lemierre, *Barnevelt*, contre laquelle s'insurge l'ambassadeur de Hollande, parce que le prince d'Orange, ancêtre du Stathouder actuel, y joue un mauvais rôle. De toute façon, Louis XV a déclaré qu'il ne souhaitait pas se mêler des affaires des histrions, comme l'avaient fait ses prédécesseurs.

Ces déceptions s'accompagnent de la déclaration officielle de la retraite définitive de Mlle Clairon, qui n'a pas pardonné l'affaire Dubois. Les mauvaises langues prétendent qu'elle est en train d'épuiser Buirette de Belloy, dont les comédiens attendent avec impatience la dernière tragédie, *Gabrielle de Vergy.* Les mêmes mauvaises langues se délectent du retour de Mme Préville, après une maladie de langueur dont l'inconstance de Molé, pour qui elle avait quitté mari et enfants, aurait été la cause.

Les Comédiens-Français, pour lutter contre les désordres de leur gestion et leurs luttes intestines, travaillent à de nouveaux règlements, où Lekain joue un rôle primordial. Un des premiers effets de ces travaux est le renouvellement d'un « comité d'administration » composé annuellement de sociétaires. Le premier de ces comités (du 1er avril 1766 au 1er avril 1767) est composé de Lekain, Bellecour, Préville, Brizard, Molé et Dauberval.

En septembre, après une longue série de représentations épuisantes, Molé, frappé d'une dangereuse fluxion de poitrine, accompagnée d'une forte fièvre, est obligé de s'absenter. Le public craint de perdre celui qui est devenu sa véritable coqueluche, et, devant la prolongation d'une absence cruellement ressentie, manifeste sa sympathie pour le jeune comédien, et demande régulièrement de ses nouvelles. Vellenne le remplace comme il peut, même dans les princes de tragédie.

Le comédien est à ce point atteint et considéré comme perdu qu'il renonce à sa profession, cette terrible obligation que fait peser l'Église gallicane sur les comédiens s'ils veulent assurer leur salut. Mais que l'on ne s'inquiète pas trop. Une fois tiré d'affaire, Molé renonce à sa renonciation.

Le parterre n'est pas seul à s'intéresser à la santé de Molé, toutes les dames de la cour sont aux abois, et, le bruit ayant couru que le vin était favorable à sa convalescence, elles lui en ont fait parvenir plus de 2 000 bouteilles ! Même le roi Louis XV fait prendre par deux fois de ses nouvelles. Et ce n'est pas tout, Mlle Clairon, qui n'est plus sur le devant de la scène, s'est mise en tête d'organiser une représentation privée au bénéfice du comédien, qui a pourtant touché un secours de 1 200 livres. Mlle Clairon se propose de jouer lors de cette représentation, elle a fait imprimer des billets, au prix exorbitant d'un louis, que se font un plaisir de distribuer les belles dames de la cour. Même les prélats y vont de leur obole. Les chansonniers se déchaînent, et c'est avec des mots insultants qu'ils rendent compte de l'événement[1]. C'est aussi l'occasion d'un bon mot du marquis de Bièvre, prince des calembours : « Molé malade ? Quelle fatalité (quel fat alité)[2] ! »

Le mépris des aristocrates pour les comédiens, que leurs femmes adulent pourtant et qu'ils n'hésitent pas à imiter eux-mêmes par un jeu de miroirs inversés, n'a pas de limites. Le chevalier de Boufflers lance à son tour une chanson où il n'hésite pas à comparer Molé au singe

1 Voir en annexe. Chanson citée dans : *Vie de François-René Molé*, *op. cit.*, p. 134-136; *Mémoires de Molé*, *op. cit.*, p. XX ; Louis Petit de Bachaumont, Barthélemy François Mouffle d'Angerville et Mathieu François Pidansat de Mairobert, *Mémoires secrets pour servir à l'histoire de la république des lettres en France, depuis 1762 jusqu'à nos jours*, Londres, John Adamson 1783-1789, 36 tomes en 18 volumes.

2 *Galerie Théâtrale ou Collection de portraits en pied*, Paris, Bance, 1812-1833, planche 29. Molé dans *Le Séducteur*, p. 3. Cité aussi dans *La Vie de Molé... op. cit.*, p. 133 ainsi que dans l'autobiographie du marquis de Bièvre.

que Nicolet dans son théâtre de Foire a mis en scène catarrheux et en bonnet de malade[3]...

Cependant le comédien doit faire profil bas, et le jour de sa rentrée au théâtre, le 10 février 1767, dans le rôle sensible de Sainville, de *La Gouvernante*, sous les applaudissements nourris de ses admirateurs et admiratrices, il se demande s'il doit prendre la parole. Sa fatuité naturelle[4] prend le dessus, il s'avance au proscenium et dit, presque à voix basse : « Messieurs, je dois mes talents à votre accueil obligeant, aux applaudissements dont vous m'avez honoré, à vos encouragements ; je dois la vie à vos bontés. Ah ! Messieurs, je ne peux que sentir, et le sentiment n'a point d'expression[5]. » Ce jour-là, la recette fait un bond de 2 000 livres par rapport à celle de la veille.

La présence dans la loge royale de la princesse de Lamballe fait paraître cette intervention hors de propos à ceux qui condamnent l'engouement du public pour un comédien, quel que soit son talent. Et, malheureusement, les défauts de Molé, sa vanité, son goût du luxe, sa façon d'intervenir dans tout et pour tout, ses aventures amoureuses défrayant la chronique, ne plaident pas en sa faveur. La preuve en sera encore donnée après la représentation dont la Clairon s'est faite la championne.

Elle a lieu le 19 février sur le petit théâtre privé du baron d'Esclapon, au Faubourg Saint-Germain, près de la Barrière de Vaugirard. Sont programmés *Zelmire* et *L'Époux par supercherie.* Environ six cents billets ont été vendus, qui procurent au comédien 24 000 livres de bénéfice, soit 12 000 livres tous frais payés. La crème de la Comédie-Française joue gratis, même Lekain qui semble avoir oublié ses récentes attaques contre son camarade. Étienne Delaporte, le zélé souffleur des Comédiens, a offert gracieusement ses services. Mlle Clairon plastronne, et l'inévitable Mlle d'Épinay joue dans les deux pièces, Molé se réservant le rôle du marquis dans la petite comédie. La rumeur répand le bruit que l'accueil a été plus froid qu'on ne l'attendait, mais aussi que le bénéfice

---

3 *Mémoires secrets... op. cit.*, 2 mars 1767. Voir en annexe. Cité aussi dans *La Vie de Molé*, *op. cit.*, p. 134-135.

4 A.V. Arnault, *Souvenirs...*, *op. cit.*, p. 74 : « Comme tous les enfants gâtés, Molé était enclin à la fatuité. Ses succès lui tournèrent la tête ; ce qu'il feignait d'être auparavant, il le fut ; les ridicules qu'il avait imités devinrent en lui des habitudes. Mais il les avait fait aimer, on les lui pardonnait. »

5 *Mémoires secrets...*, *op. cit.*, 17 février 1767. Voir en annexe.

conséquent touché par Molé lui a servi à couvrir de diamants celle dont, malgré les nombreuses femmes du monde qui gravitent autour de lui, il est maintenant passionnément épris, et dont il songe déjà à faire son épouse. Par retour de bâton, les Préville boudent. Préville est malade à son tour. Quant à Angélique, son épouse, ayant omis de prévenir celle qui devait la doubler, à savoir Mlle d'Épinay, qu'elle ne pouvait jouer un rôle, sa rivale triomphante a refusé de le jouer. Réprimandées toutes deux par les autorités, elles se toisent sans se parler. Atmosphère… En outre Mlle d'Épinay a des prétentions dans le tragique et veut doubler Mlle Dubois. Molé défend sa maîtresse et s'est assuré la protection du maréchal de Richelieu, contre l'avis du duc de Duras qui soutient Mlle Durancy, récemment engagée. Le malheureux intendant des Menus Plaisirs, Papillon de La Ferté, tâchant de s'interposer entre les deux gentilshommes de la Chambre, a cru réussir à convaincre Richelieu de demander à Molé de le prendre d'un peu moins haut. Mais Molé et sa belle l'ont devancé et, au cours d'une entrevue à Versailles avec le duc de Duras, arrachent ses promesses et le désaveu de l'intervention de Papillon de La Ferté. Molé n'hésite pas à réclamer un quart de part supplémentaire pour sa compagne.

Au même moment, c'est à Voltaire que Molé se met à causer du souci. Voltaire a donné aux Comédiens-Français sa dernière tragédie, intitulée *Les Scythes*. Il souhaite que Molé joue le personnage d'Indatire, secondaire par rapport à celui que remplit Lekain. Molé, peu soucieux d'être « en second », prétend que, relevant de maladie, il n'est pas en état de jouer le rôle. Voltaire s'offusque et s'attache à démontrer qu'il n'y a pas de danger pour la santé de Molé dans ce rôle qu'il lui attribue. La correspondance du philosophe avec son ami d'Argental témoigne de son obstination : « Il me semble que le rôle d'Indatire n'est pas assez violent pour faire mal à la poitrine de Molé » écrit-il le 24 avril 1767 ; trois jours plus tard il récidive « Le rôle d'Indatire ne peut tuer Molé ; et il me tue, s'il ne le joue pas. » et il insiste : « Le rôle d'Indatire n'est point du tout violent et il n'y a guère de principal rôle comique qui ne demande beaucoup plus d'action. » (Voltaire à d'Argental, 27 avril 1767[6]). De guerre lasse, Molé finit par accepter de jouer. Les personnages

6 *Correspondance* de Voltaire, *op. cit.*, 1887, t. 45, Lettre 6836, p. 234 et Lettre 6862, p. 241.

évoluent, vêtus de peaux de bêtes, dans un paysage champêtre de bancs de gazons, de rochers et de forêt. Molé n'a pas le temps d'être épuisé par le rôle, car la pièce n'a que quatre représentations. Sauvigny, auteur de *Hirza ou Les Illinois*, tragédie dont *Les Scythes* ont pris la place, prétend que Voltaire, à qui Lekain avait montré sa pièce, l'a abondamment plagiée, pour faire passer l'une avant l'autre. La maladie de Mlle Dubois, interprète principale de la pièce avec Lekain et Molé (qui semble avoir récupéré ses forces) interrompt les représentations dès après la première, jusqu'à une longue reprise en été 1767.

Molé n'en a pas fini avec les autorités. Molé veut épouser Mlle d'Épinay, mais il veut le faire au vu et au su de tous et même de la cour. Aussi demande-t-il un certificat officiel de congé délivré aux deux comédiens pour leur mariage. Les autorités, frileuses, préfèrent rester dans le vague, leur permettant de « vaquer à leurs affaires ». Mais Molé ne le prend pas sur ce pied là, s'imaginant, selon les propres termes de Papillon de la Ferté « que son mariage est une chose assez intéressante pour que le Roi doive s'en mêler, et employer pour cela son autorité[7] ». Du coup, le mariage semble reporté *sine die*.

7 Jean-Denis Papillon de La Ferté, *Journal …op. cit.*, p. 203.

SUCCÈS ET JALOUSIES !

C'est encore et toujours dans un rôle de charme et de vivacité que Molé se surpasse et emporte les suffrages du public. *Les Fausses infidélités* de Barthe ne durent pas plus de quarante minutes, mais l'esprit y est piquant, les dialogues vifs et l'intrigue bien nouée. Molé, en amoureux jaloux et emporté, se surpasse avec feu et sensibilité, et toutes les spectatrices le verraient volontiers se jeter à leurs genoux comme il le fait devant Angélique.

Pourtant cet hiver 1768 n'est pas faste pour les Comédiens-Français, Lekain, dont la santé donnait des inquiétudes depuis plusieurs mois, est dangereusement malade, sans doute du cœur et de la poitrine, Molé, malgré son talent, est encore trop faible pour jouer plus de trois fois par semaine, et la première tragédie d'un jeune auteur, Jean-François Ducis, intitulée *Amélise*, où il jouait le rôle de Gélanor, a été très mal reçue par le public. On ne le voit plus, comme à ses débuts, jouer tous les jours et parfois dans les deux pièces. Collé en est réduit à noter dans son *Journal* : « Le Théâtre français n'a jamais été si bas, à tous égards, puisque l'on est réduit à regretter Lekain. De mes jours, je ne l'ai vu si mal monté en sujets ; ils ne peuvent presque plus donner de tragédies, et, à l'exception de Molé et de Préville, la comédie n'est pas mieux rendue. Bellecour a quelques rôles ; mais, en général, il remplit très médiocrement le premier emploi dont il se trouve actuellement chargé[1] ». Pour remplacer Lekain, du moins provisoirement, on essaie le comique Augé dans les rôles tragiques, mais l'expérience est loin

1 C. Collé, *op. cit.*, t. 2, p. 186. Laissons à Collé la responsabilité de ses jugements. Mais on peut constater à peu près la même opinion dans la *Correspondance littéraire* de Grimm, déplorant la « disette de talents » : « Pour rendre au Théâtre-Français son ancien lustre, il faudrait commencer par renvoyer plusieurs acteurs qui n'auraient jamais dû être reçus, et dans ce scrutin, il faudrait donner la préférence à l'insupportable M. Bellecour et sa moitié, non moins insupportable, qui joue les rôles de soubrette à faire mal au cœur. » (*Correspondance littéraire, philosophique et critique de Grimm et Diderot, depuis 1753 jusqu'en 1790*, Jules Taschereau (éd.), Paris, s.n., 1829-1831, t. 3, p. 411.)

d'être concluante. Une petite farce de Rochon de Chabannes, *Un Tour de carnaval*, où Préville peut bouffonner, profite, avec *Les Fausses infidélités*, de la disette des acteurs tragiques.

Lekain reprend son service après la clôture de Pâques 1768, affaibli, la voix plus rauque et infiniment plus émouvant dans sa fragilité.

En privé, le couple Molé/d'Épinay prépare son avenir. La demoiselle Pinet achète, le 17 mars 1768, une jolie propriété à Antony. Au bord de la Bièvre, composée de deux corps de bâtiment, avec appentis, cour, basse-cour, parterre, jardin potager, et bosquets, elle longe le chemin de Bièvre. On peut penser que les 16 000 livres qu'il lui en a coûté ne sont pas de son seul fait, et Molé, par une clause de la vente et en vue du mariage prévu avec Pierrette, jouira, après la mort de sa femme, de l'usufruit de cette propriété qu'il finira par vendre, en 1783, pour ne garder que le terrain des « Mascottes », qui lui servira de tombeau. Il a réussi à imposer sa compagne dans le rôle de Marianne de *Dupuis et Desronais*, au grand désespoir de l'auteur qui ne la considère que comme un joli « perroquet » de son maître[2] et, pour avoir désavoué le changement de distribution, se brouille avec l'acteur.

Le 7 mai 1768 marque une nouvelle date essentielle dans la carrière de Molé. C'est la création d'une pièce imitée par Saurin du *Joueur anglais* et intitulée du nom du protagoniste, *Beverlei (Beverley)*. Sorte de tragédie bourgeoise, elle met en scène un personnage d'une grande noirceur et d'une rare violence, descendu aux derniers degrés du vice, en dépit de la présence d'une femme aimante et d'un petit garçon (imaginé par l'auteur français). Molé s'investit avec une frénésie naturelle dans ce héros désespéré, convulsif, qui, alors qu'il vient de s'empoisonner lui-même, songe à poignarder son enfant qui dort, pour lui éviter les horreurs d'une vie dégradée. Le jour de la première, il lève par deux fois le poignard sur l'enfant endormi, au grand frémissement de l'auditoire féminin. Dès le lendemain, les critiques fusent contre cette violence qui ne peut appartenir qu'à la fureur anglaise. Saurin adoucit alors son propos, et, devant l'enfant, le père s'attendrit, l'embrasse, pleure. Molé varie son jeu avec une profonde intelligence, et porte l'émotion à son comble. Unanimement, cette interprétation est considérée comme une sorte de sommet de l'art. Mlle Clairon force

2 C'est ainsi que Collé désigne Mlle d'Épinay. *Journal, … op. cit.* 19 mars 1768, t. 3, p. 149.

la porte de la loge de son ancien camarade et lui déclare, en se jetant à ses pieds « mon ami, je n'ai jamais rien éprouvé de pareil, je n'ai jamais rien entendu de si beau. Vous avez poussé l'art à son dernier degré de perfection[3]. » Les amis de Molé considèrent que la violence de son jeu pourrait mettre sa vie en danger, et la pièce n'est programmée que deux fois par semaine pour préserver ses poumons fragiles. C'est mal connaître un comédien dont la chaleur naturelle s'accompagne d'une parfaite maîtrise de soi, dont il fera plus tard une vraie ligne de conduite et concorde en partie avec les réflexions de Denis Diderot sur le « paradoxe du comédien ». Même Collé, qui, on le sait, n'aime pas particulièrement Molé, reconnaît : « On doit avoir été ébloui par le jeu de Molé ; je n'ai point vu de comédien rendre un rôle avec autant de vérité, de chaleur, de finesse et de perfection ; c'est la nature elle-même ; il ne laisse rien à désirer[4]. » Bellecour, qui a refusé le rôle et mis le calendrier des représentations en difficulté, doit se mordre les doigts du succès de son jeune camarade !

Entre les représentations de *Beverley*, Molé ne se repose pas. On l'applaudit dans *Le Philosophe sans le savoir, Turcaret* et *La Fausse Agnès*, puis dans de petites créations sans suite.

---

3 Anecdote rapportée par A.V. Arnault, *Souvenirs... op. cit.*, p. 75. Se trouve aussi dans *Vie de François-René Molé, op. cit.*, p. 73. et *Mémoires de Molé, op. cit.*, p. XXVI.

4 C. Collé, *Journal... op. cit.*, t. 3, p. 196.

ILL. 3 – François-René Molé dans le 5e acte de *Beverley*, gravure en taille douce par François-Roland Elluin d'après Le Clerc (1772), BnF, AA-3).

Les Comédiens-Français sont aussi les comédiens du Roi, et la mort de la Reine Marie Leszcinska, le 24 juin 1768, interrompt pour une longue période de vingt-trois jours les représentations de la troupe. Elles reprennent le 18 juillet pour une programmation d'été dont disparaît *Beverley*, qui ne sera repris qu'en novembre, lors du séjour à Paris du roi de Danemark.

En septembre, *Les Fausses infidélités* continuent leur carrière, mais les Comédiens s'arrangent pour que la comédie « tombe dans les règles » : lorsque la recette ne dépasse pas un quota fixé d'avance, les droits tombent directement dans leur escarcelle à la prochaine reprise, au détriment de ceux de l'auteur. Enfin Lekain, qui est allé se soigner aux eaux de Spa, revient et reprend son rôle dans *Warwick*. Le 22 octobre le Roi de Danemark vient l'applaudir incognito dans cette pièce, ainsi que Molé, qui joue aussi *Les Fausses infidélités*. Il reviendra plusieurs fois à la Comédie-Française, pour y voir *Le Misanthrope*, puis *Mahomet*, et ne ménage pas ses compliments à la troupe qui lui donne spectacle officiellement au Théâtre de la ville de Fontainebleau – le deuil de la reine ne permettant pas de jouer dans le palais. Lekain dans *Tancrède* et Molé dans *Le Cercle* sont encore les vedettes de cette représentation. D'autres représentations, d'opéra et de ballet, sont données dans les mêmes conditions en l'honneur de l'hôte étranger. Le malheureux Roi de Danemark subit jusqu'à l'indigestion l'accumulation des fêtes et des spectacles, chez la duchesse de Mazarin à Chilly, chez Mme de Villeroi à Paris, chez le duc de Villars rue de Grenelle. En un jour se succèdent dix-sept actes tant en prose qu'en vers, en déclamation, en chant, en musique, en italien et en français.

On reprend pour lui les grandes comédies-ballets de Molière, que le roi apprécie particulièrement. *Le Malade imaginaire* est joué dans la salle de la Comédie-Française et *Le Bourgeois gentilhomme* chez le Prince de Condé. Mlle Clairon participe aux représentations privées, quand elle n'est pas indisposée. Les Italiens et l'Opéra contribuent aux divertissements. Concerts, soupers fastueux, feux d'artifice continuent jusqu'à la fin du mois de novembre, et connaissent leur apothéose chez le prince de Condé par trois jours de fêtes ininterrompues (du 28 au 30 novembre), avec chasse au cerf, soupers et illuminations. Le Roi de Danemark fait aux comédiens de somptueux cadeaux, tabatières, boîtes en or, sans compter les bourses pleines de louis. Le Prince de Condé n'est pas en reste et on peut évaluer à 50 000 livres les cadeaux qu'il fait à la troupe de la Comédie-Française, essentiellement à Préville, Lekain, Molé et aux demoiselles Luzy et Doligny.

Laurette, comédie nouvelle de Dudoyer, l'adorateur de Mlle Doligny, d'abord arrêtée par la censure pour immoralité, est donnée le 14 septembre. Le rôle du comte, interprété par Molé, n'est que l'image d'un libertin, débauché. Le style en est froid. Devant les réactions négatives du public, l'auteur a retiré sa pièce.

La pastorale nouvelle de l'ami Rochon, *Hylas et Sylvie*, qui doit être mise prochainement au répertoire de la troupe est créée en privé chez la duchesse de Mazarin, le 7 novembre. Les comédiens ont fait pour cette pièce de divertissement de nombreux frais de costumes et de musique, composée par François-Joseph Gossec. Certaines dames de la cour qui ont assisté à cette représentation privée se sont effarouchées de quelques grivoiseries de mise en scène et ont alerté le préfet de police. M. de Sartine exige d'assister à une répétition pour en juger par lui-même. En compagnie de Moreau, procureur du Roi, il convient que ces dames se sont offusquées un peu rapidement et donne l'autorisation de jouer. Molé est Hylas dans cette comédie musicale, que les Italiens considèrent comme devant appartenir plutôt à leur répertoire qu'à celui des Comédiens Français. Ils envisagent une cabale et de reprendre la petite guerre qu'ils mènent contre ce qu'ils considèrent comme une injustice. La première publique d'*Hylas et Sylvie* a finalement lieu le 11 décembre. Et si une partie du public est encore choquée par la légèreté du propos, la pièce a tout de même une petite carrière.

La participation de la Comédie-Française aux représentations privées n'est pas favorable au déroulement ordinaire de son répertoire, et, après une nouvelle représentation de *La Partie de chasse de Henri IV*, toujours interdite officiellement, sur le magnifique théâtre de Mlle Guimard, le maréchal de Richelieu prend la décision d'interdire aux Comédiens de se produire ailleurs que sur leur propre scène… et pour le service de la cour.

Lekain, dont les affaires financières sont en mauvais état et dont la maladie et les soins qu'elle a exigés n'y ont rien arrangé, a reçu l'hommage d'une représentation à bénéfice, le 2 décembre. À l'affiche, *Sémiramis* et *Le Sage étourdi*, avec Molé dans le rôle de Léandre. Les spectateurs, parmi lesquels le roi de Danemark et le maréchal de Richelieu, font assaut de générosité et paient parfois le double ou le triple du prix normalement affiché.

En cette fin d'année 1768, l'atmosphère est plus que jamais empoisonnée au sein de la troupe. Les rapports privilégiés avec les Grands à l'occasion des fêtes en l'honneur du roi de Danemark, les somptueux cadeaux reçus, la familiarité accrue des soupers pris ensemble, tout cela favorise les jalousies et les manifestations d'une vanité excessive. Molé montre une fatuité exagérée, traînant derrière lui sa future épouse et un essaim de jolies femmes, et ne cesse d'intriguer pour accéder aux premiers rôles qu'il se croit en droit d'exiger depuis la retraite de Grandval et devant les faiblesses de Bellecour, son chef d'emploi. Lekain se déchaîne une fois de plus contre lui et voudrait le réduire aux seconds rôles, dans le comique comme dans le tragique. « Il n'est pas inutile de faire remarquer à M. le Maréchal, écrit-il à Richelieu, que cet acteur plein de feu, d'ambition, d'orgueil et d'adresse peut bouleverser l'ordre général de la Comédie, en détruire l'harmonie et le bon goût, si l'on tolère plus longtemps qu'il puise à son gré dans les premiers emplois pour en dépouiller ceux à qui ils appartiennent, qu'il s'annonce en protecteur déclaré d'un tas de petites créatures sans grâce et sans talent, et qu'il cabale sans cesse pour s'attacher des auteurs plus froids et plus ridicules encore que leurs ouvrages[5] ». Lekain s'insurge à la fois contre le désordre de la vie privée des actrices et contre les dépenses exagérées qu'exige le dispendieux Molé.

Dépassé par les événements, l'intendant des Menus Plaisirs, Papillon de la Ferté envisage d'accepter la démission de Bellecour, qui ne supporte plus les agaceries de Molé, et il ne réussit pas à ramener la paix dans la troupe, tracassée de plus par le remplacement de Mlle Clairon. Mlle Fleury a été reçue sans enthousiasme, et seuls les débuts de la jeune Mme Vestris, épouse du frère du « dieu de la danse », sont prometteurs.

---

5 BmCF, Ms 25033, Lekain, *Discours, Mémoires, Lettres et écrits par moi depuis le 18 mars 1752 jusqu'au 11 septembre 1775.*

MARIAGE

Le 10 janvier 1769, Mlle d'Épinay est enfin devenue Mme Molé, et elle paraît désormais sous ce nom prestigieux dans les distributions de la Comédie-Française. Ce n'est pas sans mal que les deux comédiens ont réussi à être unis à Saint-Sulpice. En effet, les Comédiens français, excommuniés par l'église gallicane – contrairement à leurs confrères italiens, qui sont « comédiens du pape » – n'ont le droit d'être mariés par un prêtre que s'ils signent une renonciation à leur art. Du coup, les comédiens ont jusqu'alors usé d'un subterfuge assez grossier qui n'a pas plu du tout à l'archevêque de Paris, Monseigneur Christophe de Beaumont. Après avoir signé la renonciation demandée par l'Église, dûment mariés, ils recevaient un ordre exprès du Roi de remonter sur scène et de reprendre leur service. Excédé de ce détournement, l'archevêque a donné l'ordre de ne plus marier aucun comédien qu'il n'ait définitivement renoncé à son art, sans nouvel ordre royal. Cet ukase est tombé justement au moment où Molé s'apprêtait à convoler. C'est donc à un autre subterfuge que le comédien s'est livré. L'autorisation concernant son mariage a été glissée dans une pile d'autres autorisations que l'archevêque a signées sans les lire. Munis de ce viatique, les deux tourtereaux se sont rendus dès six heures du matin à Saint-Sulpice, où le vicaire a procédé au sacrement de mariage. Au terme de la cérémonie, les deux époux ont reconnu la petite Élisabeth-Félicité, née le 23 juillet 1760, et déclarée alors « de père absent ». Est-elle réellement la fille du comédien, ou celle d'un riche protecteur de la demoiselle d'Épinay, nul ne le saura sans doute jamais. Toujours est-il que Molé l'a élevée avec tendresse et toujours considérée comme sa véritable fille, mais s'est trouvé en butte aux rumeurs les plus scabreuses sur ses relations avec elle. L'archevêque de Paris, lorsqu'il apprend la célébration du mariage, entre dans une colère noire, et, ne pouvant défaire ce que Dieu a uni, fait interdire le malheureux vicaire, qui n'a fait que son devoir…

Papillon de La Ferté profite de la visite de Molé, lui annonçant son mariage, pour lui faire la leçon, critiquer son attitude, qu'il lui demande d'amender. Molé est intelligent et, malgré la vivacité de son caractère, il ne veut pas gâcher ses chances et perdre son crédit auprès de ses supérieurs. Il offre de se présenter à ses camarades comme celui qui les pousse à demander à Bellecour de retirer sa démission. Il leur fait à l'assemblée un discours plein de bons sentiments tel qu'il est capable d'en faire. Le Maréchal de Richelieu, quant à lui, fin diplomate, se fait fort d'apaiser l'antagonisme entre Lekain et Molé, ces deux fortes personnalités, ambitieuses, dévorées par l'amour de l'art et habituées aux compliments. Il est également conseillé à Molé d'en rabattre des prétentions qu'il a pour sa femme, qui risqueraient de mettre à nouveau le feu à la troupe.

Une nouvelle création d'un rôle dramatique, dans *L'Orphelin anglais*, de Longueil, permet une fois de plus à Molé de tirer son épingle du jeu, dans une œuvre médiocrement accueillie lors de la première, le 26 janvier 1769. Le duc d'Orléans, protecteur de l'auteur, a suggéré à Molé de jouer une scène aussi pathétique que difficile à réaliser. Le héros emporte dans ses bras son enfant de cinq ans que des archers veulent lui enlever. Molé travaille ses attitudes : il se présente, portant l'enfant, le teint pâle, les cheveux hérissés et en désordre, les yeux égarés, exprimant à chaque pas, à chaque mouvement, les violents sentiments qui animent le personnage. La salle fait un triomphe à cette scène qui sauve de la chute la première représentation[1]. À la seconde, les quelques coupures faites par l'auteur dans la pièce lui assurent un beau succès. Longueil, qui a abandonné ses droits à Préville et à Molé, compte sur eux pour le soutenir. Cette pratique, pour vicieuse qu'elle soit, a été mise en place par les auteurs qui, sachant l'influence des deux acteurs, préfèrent être joués en perdant de l'argent que de ne pas être joués du tout[2]. Ainsi Vivant Denon a fait don à Molé d'une pièce médiocre, *Julie ou Le Bon père*, que Molé a imposée à ses camarades, et qui a échoué. De même Caron de Beaumarchais a offert son drame des *Deux amis*, à Préville. Tout cela renforce encore le sentiment de puissance des intéressés, au grand

1 Voir à ce sujet la correspondance entre Thomas et Barthe, publiée par Maurice Henriet, dans la *Revue Littéraire de la France*, 26e année, n° 2, 1919, Lettre LVI, 21 février 1769.

2 Voir aussi C. Collé, *op. cit.*, janvier 1769. p. 409-410.

dam des autorités. C'est aussi sans doute une des raisons données pour renvoyer à plus tard la reprise du *Siège de Calais*, réclamée à cor et à cris par Buirette de Belloy. Furieux, il apostrophe les acteurs en plein foyer, se plaint au maréchal de Richelieu, à qui, de leur côté, les comédiens s'adressent, à la réception d'une lettre particulièrement méprisante de l'auteur. Le maréchal de Richelieu donne l'ordre de reprendre la pièce, et devant le retard qu'ils mettent à obéir, les menace de représailles. *Le Siège de Calais* reparaît le 1er mars.

Les caprices de Molé ne sont pas du goût de tout le monde, et Cailhava de l'Estandoux, qui compte sur lui pour soutenir sa dernière pièce, *Le Mariage interrompu*, qu'il a déjà dû réduire en trois actes, est mécontent de l'interprétation du comédien. Bien plus tard, Molé conviendra qu'il a mal joué et qu'il n'aimait pas le rôle. Collé se plaint également de la mauvaise foi de Molé et de sa fatuité excessive. Cependant Molé va se retrouver une fois de plus acculé à jouer plus qu'il ne le voudrait. Le jeune Vellenne, qui le doublait, meurt prématurément de la poitrine, au grand chagrin de sa compagne, Mlle Hus. Quant à Bellecour, son chef d'emploi, surpris en galante compagnie par sa femme, Mme Bellecour, il est mis en congé pour quatre mois, afin que les querelles conjugales ne se règlent pas sur la scène. Molé peut cette fois s'emparer légitimement de certains rôles qu'il guignait, comme celui du comte d'Olban, dans *Nanine*, dans lequel il se montre infiniment supérieur à son prédécesseur.

À l'apogée de la gloire, il fait rappeler Dalainville, qui débute à nouveau, sous l'égide bienveillante de son frère. Molé, habile orateur, se permet même, le jour des débuts de Dalainville, un discours qu'il prononce d'une voix tremblante et timide. Après avoir, comme il le fallait, encensé Lekain sans le nommer, il fait appel au beau sentiment de fraternité qui les unit et flatte le public d'une indéfectible allégeance :

> Daignez donc, Messieurs, …, faire rejaillir sur un frère que j'aime tendrement, une partie de cette faveur que j'ai été assez heureux d'obtenir de vous ; ses succès me sont aussi chers que les miens ; une même âme nous anime tous deux ; et la mienne toute entière se déploie ici devant vous, pour vous conjurer de souscrire à notre réunion. Armés par l'espoir d'un prix si glorieux, et d'un avenir si cher pour notre tendresse, que ne tenterons-nous pas pour nous en rendre plus dignes de jour en jour ? Nous ne combattons ensemble que d'émulation, vos bontés répandues sur tous deux nous réuniront et nos cœurs sensibles qui vous devront à chaque moment leur élévation, leur

> encouragement et leur bonheur, s'efforceront à l'envi, de vous offrir le tribut légitime d'un respect et d'une reconnaissance sans borne[3].

Le public, sensible à l'amitié des deux frères, leur fait bon accueil et ils ont la joie de jouer ensemble dans quelques-unes des pièces affichées en cet été 1769.

Dalainville dans le rôle d'Achille participe à une expérience d'un nouveau genre. L'auteur Saint-Foix a proposé de mettre en action le dénouement d'*Iphigénie en Aulide*, de Racine[4]. Malgré les explications de Dauberval au public, le 31 juillet, jour de cette bizarrerie de mise en scène, les spectateurs ne l'ont appréciée que médiocrement, ils n'ont pas applaudi le dénouement, et on en a même entendus qui criaient « la pièce telle qu'elle est[5] ! »

En attendant, on reprend *Le Père de famille*, de Diderot, où Molé trouve un rôle selon son cœur, plein de pathétique et de sentiment. Louis XV, ému par la prestation de Molé, lui fait cadeau d'un somptueux costume de scène. La chaleur de ce mois d'août 1769 est telle qu'il ne peut jouer ce rôle que deux fois par semaine, pour ménager sa santé, restée fragile depuis sa maladie. Ce rôle reste dans son répertoire un de ses préférés et surtout l'un de ceux où il déploie cette « énergie du pathétique en la nourrissant de détails triviaux d'origine comique[6] ». Lors d'une reprise de la pièce, *Le Nouveau spectateur* nous donne une idée de son interprétation et de sa pantomime, si chère à Diderot. Il s'agit du moment où il prononce la phrase « Sophie était seule » : « Il altérait le texte en ajoutant : tenez, mon père, elle était… elle était comme ça. » et agrémentait sa phrase d'une pantomime. Il s'asseyait comme elle, les coudes sur la table et dessinait de ses doigts les larmes qui coulaient sur ses joues. Les puristes s'indignaient de ce qu'ils percevaient comme un jeu dépourvu de noblesse mais le public était enthousiasmé[7]. » On n'avait prévu que quelques représentations, mais le public se presse pour y pleurer, et la programmation en tient compte.

---

3 *Mémoires secrets*, *op. cit.*, 3 juillet1769.

4 Une pantomime accompagne le récit du sacrifice et le dénouement de la pièce.

5 *Mercure de France*, septembre 1769, p. 166-171.

6 Pierre Frantz, « Jouer le drame au XVIIIe siècle », dans *Le Drame. Du XVIe siècle à nos jours*, Philippe Baron (dir.), Dijon, Université de Bourgogne, 2004, p. 214.

7 Cité par P. Frantz, *ibid.*, p. 214.

Pour renouveler le répertoire tragique, Jean-François Ducis a adapté de l'anglais la tragédie de Shakespeare, *Hamlet*, au prix de nombreux amendements. L'auteur a proposé le rôle à Lekain qui l'a décliné au nom des bienséances auxquelles sont habitués les spectateurs de Racine et de Corneille. Le refus de Lekain fait le bonheur de Molé, à qui aucun rôle, même forcené, ne fait peur. Les rôles sont distribués une semaine après la réception de la pièce (18 juillet 1769) et les répétitions commencent vers le 1er août. On sait que Molé préfère que les répétitions ne commencent en groupe que lorsque le texte est su et qu'il aime apprendre tranquillement son rôle chez lui. Ce jour-là Ducis invite à souper Molé et le traducteur de Shakespeare, Pierre-Antoine de La Place. Le 30 septembre, a lieu la première représentation. Molé y déploie une énergie qui le laisse, à la fin de chaque représentation, exténué et haletant. Le public n'approuve que modérément la violence de l'intrigue, comme celle du jeu du protagoniste. Collé, toujours critique, traite Molé d'« énergumène » : « Il y fait des efforts si violents qu'ils pourraient bien le faire crever ; son organe faible est un obstacle insurmontable[8] ». La Critique est sévère pour l'interprétation : « L'acteur Molé, chargé du rôle principal a mieux senti que l'auteur tout ce que cette création originale exigeait d'énergie, mais il exprime trop souvent par de la fureur ce qui, dans le personnage, n'est qu'une sombre mélancolie. Il en résulte pour le comédien une fatigue qui l'empêche de fournir sa carrière jusqu'au bout avec une vigueur égale : c'est un coursier haletant et épuisé avant d'avoir atteint le terme de sa course. Si le succès d'Hamlet eût été plus grand, Molé était un homme mort[9] ». La pièce totalise douze représentations, cinq dans sa nouveauté, dix au mois de décembre et au début de janvier, après une absence de Molé, enlevé à la Comédie-Française par le prince de Condé pour les États de Bourgogne. Le public rejette le drame, demande instamment à ce qu'il soit déprogrammé au profit du *Père de famille.* Malgré un cinquième acte entièrement refait, la réception reste mitigée. Un drame bourgeois de Beaumarchais, *Les Deux amis*, lui succède, le 13 janvier 1770, avec Préville dans un rôle sérieux, et Molé dans celui du fils de Brizard. L'intrigue, fondée sur une double banqueroute, présente un tel imbroglio que le public ne s'y retrouve pas et se désintéresse du spectacle. Beaumarchais crie à la cabale, refuse de faire les changements que lui demandent les

8 C. Collé, *op. cit.*, 30 septembre 1769, p. 240.
9 *Chroniques de l'Œil-de-bœuf*, *op. cit.*, t. 5, p. 178-179.

comédiens, mène à son tour une publicité tapageuse, qui n'aboutit qu'à des réactions contradictoires, et, enfin, à la chute de la pièce « dans les règles », dès une onzième représentation superflue. Les créations et les propositions se succèdent pourtant et Molé reste un protagoniste et un lecteur préféré des auteurs. Ainsi, le 20 janvier, Molé incarne-t-il le marchand Hassan dans la pièce de Chamfort – auteur auquel il reste et restera fidèle – *Le Marchand de Smyrne.* Le trio Molé, Préville et Mlle Doligny, vêtue cette fois de gaze rayée, symbole de l'Orient rêvé du théâtre, fait merveille dans cette petite comédie, plus subversive qu'elle n'y paraît, car elle met en scène un musulman monogame qui sauve de l'esclavage un couple de Français capturés par les corsaires. L'humanité musulmane est un topos qui a du succès dans la seconde moitié du XVIIIe siècle, comme on peut le voir dans la première partie des *Indes galantes* de Rameau ou dans *L'Enlèvement au sérail*, de Mozart. C'est aussi une incarnation de ce que Sénèque appelait la « bienfaisance discrète », également à la mode à l'époque. Molé se sent à l'aise dans ces personnages empathiques, guidés par leur sensibilité, tel d'ailleurs que celui de Mélac dans *Les Deux amis.* On peut citer encore *L'Écossaise*, de Voltaire, *Le Philosophe sans le savoir*, de Sedaine, ou *Le Fabricant de Londres*, de Fenouillot de Falbaire.

Une affaire douloureuse affecte François-René au cours du mois de février 1770.

Son frère, dont il a tant soutenu le retour dans la troupe, est ignominieusement sifflé au cours d'une représentation de *Gustave*, au point qu'il faut interrompre la représentation. L'instigateur de ces huées n'est autre qu'un jeune acteur de la troupe, Chevalier, qui cherche à se débarrasser d'un rival encombrant, et qui a réussi à corrompre un certain nombre de « spectateurs ». Dalainville, profondément blessé, décide de quitter la place, demande au maréchal de Richelieu un ordre de retraite, confie à son frère sa femme et sa fille, et repart pour la province, où il se sait apprécié : Lyon, Marseille, puis Toulouse et Rouen, où il dirigera les spectacles

Molé écrit à ses camarades pour défendre l'honneur de son frère, et refuse catégoriquement de jouer désormais avec le nommé Chevalier, que les Comédiens s'empressent de chasser de la troupe. Molé, sans doute pour donner des gages de fidélité, joue presque tous les jours du mois de mars, et parfois dans les deux pièces.

À la clôture de Pâques 1770, le compliment prononcé par Dalainval fait espérer la construction d'un « vrai Théâtre de la Nation », tandis qu'est annoncé l'abandon de la salle historique de la rue des Fossés-Saint-Germain. Celle-ci, qui date de 1689, s'est considérablement délabrée : trop petite, une entrée étroite et mal aérée, pas de dégagements. Elle n'est plus conforme aux ambitions de la troupe. Les autorités ont pris la décision de construire un nouveau théâtre dans le goût de l'architecture des Lumières, un théâtre qui représente les progrès de la littérature et de la représentation ; plusieurs projets voient le jour à l'époque, selon les terrains envisagés pour cette nouvelle construction. Car les Comédiens ne veulent pas s'éloigner de l'endroit historique de leurs représentations, et en attendant la construction d'une nouvelle salle, ils prennent la suite de l'Académie de musique dans la grande salle des Tuileries.

Toujours à la recherche de quelqu'un pour doubler Molé, les Comédiens engagent un certain Monvel, d'une famille de comédiens au service de la cour de Lorraine. Il est jeune et intelligent, mais d'un physique médiocre qui ne peut pas lutter avec la belle allure et l'esprit brillant de Molé. Pendant toute sa carrière il devra, pour supporter la comparaison avec son rival et chef d'emploi, faire assaut de chaleur et de sensibilité.

Mlle Clairon, bien qu'ayant définitivement abandonné la Comédie-Française, ne s'avoue pas battue pour autant. Elle intrigue pour jouer à la cour le rôle d'Athalie, depuis toujours propriété de Mlle Dumesnil, une belle occasion pour les supporters de chacune des deux tragédiennes de se confronter. Molé ne se prononce pas et joue le rôle d'Azarias dans cette représentation pompeuse donnée avec les chœurs et dans des décorations somptueuses. Lekain, à nouveau malade, ne peut assurer les grands rôles tragiques, et c'est encore Molé qui le remplace dans le rôle de Tancrède, dans la représentation donnée à Versailles, avec Mlle Clairon dans le rôle d'Aménaïde. Brillant chevalier français, Tancrède convient à la chaleur communicative de Molé et chacun s'accorde à l'y applaudir, même s'il ne peut faire oublier Lekain, dont il ne possède pas la force. Zamore, dans *Alzire*, Arsace dans *Sémiramis*, cette fois avec Mlle Dumesnil, Molé se donne tout entier à Voltaire en ce début d'été 1770.

Les fêtes données pour le mariage du Dauphin donnent du travail aux comédiens. Chargé de l'illumination du théâtre, Molé dépense sans compter. Il s'est aussi fait le porte-parole des commerçants et voisins de l'ancienne comédie, qui réclament le retour des comédiens dans leur quartier, car les comédiens eux-mêmes n'aiment pas la salle des Tuileries, trop vaste, où les voix se perdent dans les cintres, où le parterre fait masse et ne réagit pas de la même façon que le public habitué des Fossés-Saint-Germain.

Une nouvelle tragédie, de Lemierre, *La Veuve du Malabar*, donne un nouveau rôle de général français à Molé. La pièce, exotique, évoque les mœurs qui veulent qu'une veuve indienne soit immolée sur le bûcher de son époux. Elle tombe dans les règles et ne dépasse pas les six représentations, tandis que l'auteur subit l'ironie de Molé, comparant les vers laborieux de Lemierre à la langue musicale de Racine.

C'est l'occasion pour le fielleux Collé de renouveler ses critiques contre Molé, qui, selon lui, soutient la nouveauté « par la diète », en acceptant de ne la jouer que deux fois par semaine. Il fait la différence entre un acteur et un comédien, et ne reconnaît la supériorité de Molé que dans le comique :

> Dans le comique, il n'a qu'un rôle, celui d'amant emporté et plein de sentiment ; il y est supérieur. [...] d'ailleurs, dans ces rôles d'amant impétueux, je trouve qu'il y est parfois trop outré : il l'est à en faire mal dans le tragique. Pour lui rendre justice, je dirai que Molé est un joli acteur, mais qu'il n'est ni ne sera jamais un grand Comédien. J'entends par acteur celui qui s'acquitte très bien d'une seule espèce de rôle ; j'entends par Comédien celui qui les joue tous également bien : tel était Baron[10].

Collé a toutes les raisons d'être en colère contre les Comédiens-Français qui ont joué plutôt mal que bien sa petite comédie de *La Veuve*, qu'il avait fait imprimer, croyant tenir un nouveau succès.

Molé prend un long congé, qui va lui permettre de jouer ailleurs, mais aussi de profiter de la petite maison acquise par son épouse à Antony. Les chroniqueurs daubent sur l'échec de *La Veuve du Malabar*, Grimm ricane sur la fatigue du « général Molé », et sur les débuts d'un certain Dorseville dans ses rôles, dans l'indifférence du public.

Le 3 octobre, Molé revient dans le rôle aimé de Saint Albin, du *Père de famille*. Il est très présent pendant tout le mois d'octobre, et crée une

10 C. Collé, *op. cit.*, juillet 1770, t. 3, p. 262.

nouvelle tragédie de Lefèvre, *Florinde*, au début de novembre. Il croit que le rôle gagnera à être joué en force et participe à la chute, bien méritée, de cette boursouflure sans intérêt, que les huées du public font tomber dès la première. La *Correspondance littéraire* le met en garde contre un fâcheux penchant : « Molé a joué le rôle de Rodrigue, déjà si absurde en lui-même, avec un tel emportement qu'il en est devenu vingt fois plus ridicule. Je crois déjà avoir eu l'honneur de représenter à M. Molé que, s'il n'y prend pas garde, il se perdra absolument[11] ». L'auteur ajoute : « Il n'a qu'à jouer encore six mois la tragédie dans ce goût là et des rôles de cette force, et, quand il voudra revenir au naturel et à la vérité, il sera tout étonné de n'y plus rien entendre. L'emportement et la chaleur immodérés sont aussi nuisibles aux progrès et à la perfection du talent que le froid et le défaut de sentiment[12] ».

C'est pourtant l'époque où Diderot, qui apprécie le travail du comédien, écrit à son tour, prémisse des développements connus plus tard sous le titre de *Paradoxe sur le comédien*, selon lequel l'acteur supérieur est celui qui joue de sang-froid.

> De nos jours Mlle Clairon et Molé ont joué en débutant comme des automates, ensuite ils sont devenus grands comédiens. Comme cela s'est-il fait ? Est-ce que l'âme, est-ce que la sensibilité, est-ce que les entrailles leur sont venues. Si cet acteur, si cette actrice étaient profondément pénétrés, comme on le suppose, l'un aurait-il le temps de jeter un coup d'œil sur les loges, l'autre de diriger un sourire vers la coulisse[13] ?

Le 2 décembre, débute dans le rôle de Zamore (*Alzire*), tenu par Molé depuis la maladie de Lekain, un jeune homme formé par Mlle Clairon, qui le protège de très près, Jean Mauduit Larive. Il est grand, il est beau, il est brillant, mais sa voix est sourde et, aux dires de ceux qui l'ont entendu débuter, il « manque d'entrailles ». Il n'est pas simple de vouloir remplacer Lekain…Molé se contente de reprendre les rôles qui font son succès auprès du public, les petits-maîtres et les jeunes princes de tragédie, sans oublier *Beverley* et *Dupuis et Desronais.*

---

11 *Correspondance littéraire … op. cit.*, t. 7, p. 112.

12 *Correspondance littéraire, ibid.*

13 Denis Diderot, *Observations de M. Diderot, sur la brochure intitulée Garrick ou Les Acteurs anglais*, dans *Correspondance littéraire…*, *op. cit.*, t. 7, 15 novembre 1770, p. 94 et suivantes ; édité par Sabine Chaouche, à la suite de son édition du *Paradoxe sur le comédien*, Paris, GF, 2000, p. 65.

Mais il joue de malchance avec les créations. Le nouveau drame de Fenouillot de Falbaire, *Le Fabricant de Londres*, où il joue le rôle-titre, tombe à la première représentation, malgré l'opinion favorable donnée par Marmontel, et sans doute – c'est ainsi que les comédiens se défendent – sous la pression de quelques personnes auxquelles ils sont redevables.

Le 13 janvier 1771, après *Iphigénie en Tauride*, où Molé ne joue pas, les comédiens s'aperçoivent que personne n'est là pour jouer le petit rôle de Lépine dans *Les Trois cousines* de Dancourt. Molé, qui se trouve en coulisse, accepte de jouer le rôle. Il y fait sensation avec son habit de ville doublé de fourrure.

Il accompagne la suite des débuts de Larive dans ses rôles habituels (Nérestan dans *Zaïre*, et Maxime dans *Cinna*), mais, en février 1771, il est heureux de retrouver Lekain, enfin remis sur pieds dans une mémorable représentation de *Britannicus*. Le quatuor Lekain (Néron), Mlle Dumesnil (Agrippine), Brizard (Burrhus) et Molé (Britannicus) est applaudi à tout rompre.

Déçu par les dernières créations tragiques, Molé soutient, de son talent, une comédie, au début de février. *Le Persifleur*, de Sauvigny, ne tient que par le portrait que fait le comédien du personnage. Le marquis de Bièvre ne manque pas un mot d'esprit « Hélas, dit-il, ce père siffleur avait bien des enfants au parterre[14] ». Il crée aussi le rôle de Valentin Raymond dans la médiocre petite comédie de *L'Heureuse rencontre* de Mmes Chaumont et Rozet.

Une création tragique destinée à se maintenir au répertoire, *Gaston et Bayard*, de Buirette de Belloy, est enfin donnée le 24 avril 1771. Lekain dans le rôle de Bayard, Molé dans celui de Gaston de Foix, duc de Nemours, Brizard et Mme Vestris emportent l'adhésion du public, dans cette tragédie patriotique et monarchiste, qui rapporte une pension à son auteur, et est jouée en grande pompe à Versailles pour le mariage du Comte de Provence.

Malgré le semblant d'ordre qui paraît régner à la Comédie-Française, avec le retour – bénéfique ! – de Lekain, les Comédiens s'insurgent contre les désaccords qui subsistent entre les Premiers Gentilshommes de la Chambre, et surtout entre les maréchaux de Duras et de Richelieu. C'est

14 *Mémoires secrets… op. cit.*, 10 février 1771.

Molé qui est chargé de lire à l'Intendant des Menus Plaisirs, Papillon de La Ferté, un long mémoire consacré à cette situation paradoxale, et il n'hésite pas à prédire la fin de la société si cela devait perdurer.

Bellecour, qui avait été mis en congé à cause de ses frasques extra-conjugales, revient en juillet et reprend tous ses rôles, dont quelques-uns avaient été remplis par Molé… L'amitié de Molé pour Diderot ne se dément pas et il s'obstine, en dépit des observations de ses camarades, à vouloir créer son drame du *Fils naturel*, imprimé vingt ans plus tôt. La pièce ne réussit pas à intéresser un public, pourtant nombreux (1051 spectateurs), qui la trouve froide et ennuyeuse. Collé, opposé à ceux qu'il nomme « dramatistes » (les Diderot, Marmontel et leurs complices) qualifie la pièce de « sodomie théâtrale », et fait peser sur l'amour-propre exagéré de Molé la chute de la représentation de la pièce de Diderot. Il en profite encore pour cracher son venin sur « l'ignorance crasse » de Molé[15]. Les deux camps habituels, constitués autour de Préville d'une part et de Molé d'autre part s'affrontent à nouveau. Mme Préville parle même d'abandonner son rôle. Molé lui fait des reproches. La querelle s'envenime, et, devant les réactions du public, Diderot préfère retirer sa pièce. Molé se rabat sur *Le Père de famille* et sur une nouveauté, due à l'auteur italien Carlo Goldoni, écrite en français, avec Préville dans le rôle principal. *Le Bourru bienfaisant* est bien accueilli du public, sa carrière sera longue et Molé, sensible à la vérité du dialogue, reprendra à la fin de sa carrière le joli rôle de Géronte.

Collé s'oppose toujours à ce que Mme Molé prenne le rôle de Marianne dans *Dupuis et Desronais*. Du coup, son irascible époux menace de ne plus jouer Desronais. Collé lui fait dire que d'autres que lui peuvent se charger du rôle. Le 25 novembre, après quelques péripéties verbales au sein de la troupe – et toujours cette vieille concurrence amoureuse entre Mme

15 C. Collé, *op. cit.*, octobre novembre 1771, t. 3, p. 325 : « C'est le comédien Molé qui seul a voulu et est venu à bout, malgré tous ses camarades, de faire représenter cette indigne rapsodie. M. Molé, qui a un amour-propre sans fonds et sans rives, s'est flatté qu'il ferait réussir tout ce qu'il entreprendrait ; M. Molé s'est trompé cette fois ; il se trompera souvent, d'autant plus que M. Molé est d'une ignorance crasse, qu'il n'a point fait ses études, qu'il ne sait ni latin, ni français ; qu'il ne connaît rien à l'art de la Comédie, qu'il n'a pu en prendre les vraies notions dans les sources. Il est coiffé des principes hérétiques sur la comédie de MM. Diderot, Marmontel et de leurs complices : tous ces impuissants dramatiques, se sont faits *dramatistes*, c'est-à-dire, compositeurs de ce que leur cabale appelle des drames. »).

Préville et Mme Molé –, Molé fait amende honorable. À l'assemblée, il déclare avoir songé quitter la troupe, avec sa femme, pour aller jouer en Allemagne. Collé en profite pour se moquer du comédien. Il imagine Molé se posant à lui-même la question de la légitimité de son départ, qu'il justifierait par le refus de Collé à donner un rôle à sa femme. Il n'oublie pas de rappeler que c'est au duc d'Orléans, son protecteur, que Molé doit le rôle de Desronais[16].

L'année 1771 se termine par la création d'une nouvelle comédie de Barthe, l'auteur des *Fausses infidélités*, intitulée *La Mère Jalouse.* Molé y joue M. de Terville, par amitié pour l'auteur, mais la pièce présente beaucoup moins d'intérêt que la précédente. Des coupures et un nouveau dénouement favorable sont nécessaires pour que le public ne s'en détourne pas.

Les représentations au grand théâtre des Tuileries vont durer près de douze ans, mais les Comédiens ignorent encore la durée de ce long entr'acte dans une salle qu'ils apprécient peu, où ils doivent donner de la voix et attrapent des rhumes à répétition. Aussi sont-ils favorables aux premiers projets que leur présente l'architecte Giraud, à l'exception, constate Papillon de La Ferté, « des sieurs Lekain et Molé, qui ne sont jamais de l'avis de leurs camarades[17] ».

16 C. Collé, *op. cit.*, novembre 1771, p. 327.
17 J.-D. Papillon de La Ferté, *op. cit.*, 8 janvier 1772, p. 317.

ÉCHECS TRAGIQUES
ET BISBILLES EN COULISSE

Buirette de Belloy, fort de ses succès précédents, a fait admettre une nouvelle tragédie, *Pierre le cruel*, dont Molé doit créer le rôle-titre. Mais la police en interdit la représentation et demande des corrections. Du coup, c'est Le Blanc, auteur des *Druides*, qui profite de cette vacance. La tragédie nouvelle est créée le 7 mars 1772. Molé joue le rôle de Clodomir dans cette pièce aux prétentions philosophiques sur les abus de la religion, dégénérée en superstition et en fanatisme. Le sujet est beau, mais la pièce, longue et emphatique, a dû subir l'examen minutieux d'un savant docteur en Sorbonne, avant d'être présentée au public. Incidents et coups de théâtre se succèdent à un rythme effréné, et les comédiens ont à beaucoup travailler leurs positions et leurs mouvements pour ne pas nuire au spectacle. Outre les coups de théâtre, la pièce contient de longues tirades et dissertations que tiennent les personnages, même à l'article de la mort, au cinquième acte. Deux heures et demie d'un spectacle aussi sophistiqué fatiguent les acteurs à l'excès et leur mémoire s'en ressent. Le public manifeste si bien son opposition, qu'il faut en retrancher 554 vers dès la deuxième représentation et en remanier le dénouement. Désormais plus personne ne meurt, ce qui prive Molé d'une scène de bravoure. La tragédie, donnée à la cour, choque infiniment le clergé qui voit dans l'utilisation de l'histoire ancienne un prétexte à applications sur la religion d'état, malgré l'éloge appuyé du roi de France déployé dans une prophétie, et les prélats se liguent pour la faire interdire. C'est autant de publicité faite à l'auteur, qui n'en demandait pas tant. Collé, toujours critique, constate : « Molé ne déclama pas, mais beugla son rôle[1] ».

Les représentations des *Druides* sont interrompues le 1er avril par le départ de Brizard et de Molé qui, anticipant de quelques jours la

1 C. Collé, *op. cit.*, avril-mai 1772, t. 3, p. 357-358

clôture de Pâques, partent remplir leurs poches en province[2]. L'absence, chaque année, des chefs d'emploi pendant plusieurs semaines provoque la colère du public et les sévères critiques de la presse : « On ignore ici ce que sont devenus les sieurs Bellecour et Molé, ces acteurs chéris du public à si juste titre. Nous prions notre VOYAGEUR de tâcher de les découvrir. Le sieur Larive, auquel on ne peut reprocher que d'avoir plus de zèle que de talent, les double ; mais aux yeux des spectateurs, *quantum distat ab illis*[3] ! »

Selon le souhait du public, la pièce est affichée à la réouverture, mais la police fait parvenir à midi l'ordre de ne pas la jouer. Cette interdiction profite à *Pierre le Cruel*, juste retour des choses. On peut dire que Molé n'a pas de chance avec les nouveaux premiers rôles tragiques. Celui, de Pierre, roi de Castille, est, selon la critique « un monstre plus abominable encore que ne le peint l'histoire, et de ce genre qu'Horace veut qu'on ait grand soin d'écarter des yeux des spectateurs[4]. » Le parterre ne s'y trompe pas et siffle la pièce d'un bout à l'autre.

Le 2 juin, profitant de la fermeture du théâtre pour vidange des latrines – cela doit bien se faire de temps en temps ! –, la troupe se réunit pour prendre une importante décision. Dès le mois de juillet, le jeudi, de quinzaine en quinzaine, sera consacré au répertoire de Molière, « l'auteur divin[5] ». Tous les rôles seront tenus par les chefs d'emploi et l'on mettra un soin particulier à ne pas y autoriser les débuts d'acteurs malhabiles.

Molé reste en délicatesse avec le duc de Duras, auquel il est pourtant bien obligé de se soumettre, car ses camarades ne le soutiennent pas. De plus, le ton monte entre les princesses et reines de tragédie, la sœur cadette de Mlle Saint-Val ayant débuté en juin avec succès, Mme Vestris et Mlle Dubois cabalent contre sa réception, et se heurtent à une partie de la troupe, soutenue par Préville et Molé.

---

2 Sur cette habitude qu'ont les Comédiens d'aller faire fortune en province, on connaît le couplet satirique attribué à un sociétaire : « Le Kain, mon cher, est à Lyon, / Madame Belcourt est à Lille, / Molé va partir pour Mâcon, / Ma femme part pour Abbeville. / À Rouen Bourret a du succès / Et Brizard récolte en Provence. / C'est bien le Théâtre-Français / Car il est dans toute la France. » (couplet extrait du vaudeville de Merle et Brazier, *Préville et Taconnet ou la Comédie sur le boulevard*, Paris, Barba, 1817).

3 *Le Nouveau spectateur, ou Examen des nouvelles pièces de théâtre*, Paris, 1770-1776. t. 6, 15 juin 1776, p. 378.

4 *Mémoires secrets, … op. cit.*, 21 mai 1772.

5 *Mémoires secrets, …op. cit.*, 2 juin 1772.

Après *Hamlet*, le jeune Ducis s'est attaqué à une autre pièce célèbre de Shakespeare, *Roméo et Juliette*. Bien entendu, le beau Molé joue Roméo avec sa sensibilité et sa chaleur habituelles. Le succès est grand et, du coup, voilà Molé en scène pratiquement tous les jours de ce mois d'août 1772. Les représentations ne s'arrêtent qu'en raison de la fatigue que cause à Brizard la lourdeur du rôle de Montaigu. Ne pouvant tout jouer, Molé a laissé à son double Monvel le rôle de Desronais. Pour le plus grand plaisir de l'auteur[6].

Molé, dont la réputation de brillant lecteur n'est plus à faire, est assiégé par les auteurs. Il en est un, le malheureux Boivin, vieil homme originaire d'Artois, voulant mettre en valeur le héros local Arminius, qui passe son temps à faire antichambre chez Molé, au point que le comédien, excédé, lui a promis qu'on jouerait sa tragédie, mais qu'il ne voulait plus le voir chez lui. Boivin, qui ne voit rien venir, tente d'avoir un nouveau rendez-vous, et, sans réponse, se rend à Antony en plein mois d'août, et se présente à la porte de Molé vers une heure et demie. Sans respect pour le grand âge et l'humilité du pauvre auteur, Molé le renvoie, prétextant un dîner en ville avec sa femme. Molé est loin de s'impliquer dans le rôle d'Arminius, dans ces *Chérusques* enfin créés le 26 septembre 1772, et dont le clou est l'apparition de Mme Vestris le casque en tête et la pique à la main. Huées et sifflets se succèdent. À la deuxième représentation, le parterre interpelle Monvel, prêt à faire l'annonce : « Dites à Molé qu'il apprenne mieux son rôle, et à Mme Vestris qu'elle a très mal joué[7]. »

Molé s'indigne au foyer des critiques du parterre : « Comment, dit-il, parce qu'un homme meurt de faim, il faut que nous nous donnions la peine d'apprendre de mauvais vers[8] ? » On lui répond que sa réflexion est juste, mais qu'il doit la garder pour lui, que lorsque le public veut bien avoir la charité de venir s'ennuyer à une tragédie, il est de son devoir de s'efforcer à bien la jouer et surtout de ne jamais être insolent.

6 C. Collé, *op. cit.*, juillet 1772, vol. 3, p. 363 (« L'on m'écrit encore que Mlle Doligny a eu un succès prodigieux dans le rôle de Marianne, et que Monvel a été applaudi généralement dans celui de Desronais. On m'a ajouté que Molé en est en fureur ; tout cela me fait plaisir à tous égards. Je suis très satisfait de la réussite de l'actrice que je croyais trop jeune pour le rôle ; je suis enchanté que Molé soit convaincu que ce n'est point lui qui a fait le succès de ma comédie ; charmé qu'il soit humilié comme un fat qu'il est… »).

7 *Mémoires secrets… op. cit.* 30 septembre, 1772, VI, 234-236.

8 *Ibid.*, 239-240.

Molé et Préville s'affrontent à nouveau à l'assemblée, et l'insolence de l'un n'a d'équivalent que l'obstination de l'autre à recevoir des excuses pour une réponse malsonnante. Le duc de Duras tente de calmer les deux adversaires qui menacent chacun de leur côté de quitter la troupe avec armes et bagages. Papillon de La Ferté assiste à l'assemblée, mais Molé n'y paraît point.

C'est donc chez le maréchal de Richelieu que Molé se rend pour se faire promettre une lettre affirmant qu'il n'a pas de torts envers Préville. Le maréchal le flatte et lui promet tout ce qu'il veut, y compris une pension pour ses bons services, au grand désespoir de Papillon de La Ferté et du duc de Duras. Le maréchal autorise même Molé à rédiger lui-même la lettre en question, que l'intendant des Menus Plaisirs se voit forcé de signer tout en exigeant d'en recevoir l'original écrit de sa main[9].

Cette lettre est un modèle du genre ampoulé, et Molé, de sa belle écriture élégante, n'a pas ménagé ses expressions :

> Vos supérieurs, Monsieur, m'ont chargé de répondre à la lettre qu'ils ont reçue de vous, que certainement vous n'avez pas compté au fond de votre cœur obtenir d'eux l'ordre de retraite que vous leur avez demandé ; que vous connaissez trop le cas qu'ils font de votre personne, de vos talents et de vos bons services pour l'avoir espéré. Ils ont été très aises d'apprendre de vous-même que vous n'avez ni dit, ni eu l'intention de rien dire d'offensant ou de déplaisant au sieur Préville, et ils ont vu avec la plus grande peine qu'un léger démêlé, dont vous n'avez pas été l'auteur, et qui n'aurait pas dû sortir de l'assemblée, avait fait autant d'éclat, quand le plus simple éclaircissement l'aurait terminé. Ils vous invitent à jouir, dans une société qui doit vous aimer et vous estimer, de toute la tranquillité que vous devez y avoir au milieu du travail que vous y faites. Ils veulent que vous comptiez, dans toutes occasions, sur leur protection et sur leur justice, et qu'enfin vous vous livriez au service de la Cour et du public avec autant de plaisir que vous avez jusqu'ici montré de zèle, et qu'on en a eu à jouir de vos talents. Je suis enchanté d'être en cela leur interprète et de vous assurer, Monsieur, etc.[10]...

Ce morceau de littérature est cause d'une violente dispute entre le duc de Duras, partisan de Préville, et le maréchal de Richelieu, soutien indéfectible de Molé. Il est enfin demandé à Molé d'écrire une lettre à l'assemblée, dans des termes aimables envers Préville.

9 J.D. Papillon de La Ferté, *Journal*, *op. cit.*, septembre 1772, p. 330.
10 BmCF, Dossier Molé.

Une fois lue à l'Assemblée, cette lettre n'est qu'un nouveau prétexte à vifs échanges entre Lekain et Molé, pour qui Brizard reprend véhémentement, reprochant au couple Préville de mettre de l'huile sur le feu. Le malheureux intendant des Menus Plaisirs ne sait plus à quel saint se vouer, chaque réunion étant le prétexte d'une nouvelle « fermentation dans le tripot comique[11] ». Molé va jusqu'à essayer d'empêcher Lekain de jouer au prochain voyage de Fontainebleau, mais le maréchal de Richelieu convoque le couple Molé et se fait agonir d'injures par l'irascible épouse du premier amoureux de la troupe. Papillon n'a plus qu'à constater que la familiarité manifestée par le maréchal avec les comédiens est extrêmement dommageable à son autorité. Molé n'a de cesse de montrer ses réticences devant les privilèges qu'accumule Préville, à la ville comme à la cour, et dans les théâtres de société.

Les désordres internes à la Comédie-Française favorisent les épisodes tumultueux dans la salle. En témoigne un incident qui s'est déroulé le 1er décembre 1772. Juste avant le lever de rideau sur *Le Comte d'Essex*, un spectateur de l'orchestre est monté sur la banquette où il était assis et s'est mis à haranguer le parterre. Ce personnage, nommé Billard, a expliqué qu'il avait soumis aux comédiens une pièce intitulée *Le Suborneur*, qu'il n'était pas arrivé à faire recevoir par les Comédiens. Se fiant aux suffrages du public, il s'apprêtait à lire sa pièce quand un sergent l'a arrêté et conduit au corps de garde. La tragédie s'est déroulée dans le calme, mais lorsque Molé, entre les deux pièces, a voulu faire l'annonce, le public a réclamé l'auteur du *Suborneur*. Il a fallu envoyer trente hommes de garde et procéder à quelques arrestations. Pendant ce temps, au corps de garde, c'est aux soldats que Billard s'apprêtait à lire sa pièce. Pour épilogue de cet incident, Billard, traité comme fou, a été conduit à Charenton. Libéré, après avoir fait subir à plusieurs reprises à ses gardiens la lecture de son œuvre, Billard a été envoyé dans sa famille à Nancy, d'où il ne peut plus nuire à la tranquillité du public. Mais les spectateurs eux-mêmes n'hésitent pas à créer le brouhaha dans la salle. L'acteur Ponteuil, peu aimé et acteur médiocre, a été abondamment sifflé dans le rôle d'Achille dans *Iphigénie*. Perdant la tête, il a apostrophé le public, pour lui demander de l'écouter avant de le juger. Poussé par ses supérieurs, il a dû faire de plates excuses.

11 *Mémoires secrets, … op. cit.*, 25 novembre 1772.

Ill. 4 – Mlle Clairon et Molé, dans *Didon*, gouache par Fesch et Whisker. Coll. Comédie-Française, N° inv. FW4-3 © P. Lorette, coll. Comédie-Française.

Mais un nouvel épisode vient s'ajouter aux querelles qui agitent la troupe : celle des reines et princesses. Brizard fait débuter dans *Didon*, une de ses élèves, Mlle Raucourt. Elle a 16 ans et demi, est belle comme une déesse, et, dit-on, aussi sage que belle. Les spectateurs se précipitent, les places sont vendues sous le manteau à des prix exorbitants. On raconte qu'un de ces vendeurs à la sauvette officiant dans la cour des Tuileries n'est autre qu'un homme à la solde de Molé. Pour manifester sa solidarité envers Brizard, le jour des débuts de la jeune actrice, Molé, qui incarnait

Énée, n'a pas hésité à se précipiter sur la scène en habit de ville après la représentation, pour embrasser le professeur de la nouvelle merveille. Les sœurs Sainval et Mme Vestris cabalent à qui mieux mieux. Un plaisantin a même prétendu que le miaulement intempestif d'un chat pendant la représentation de *Cinna* ne pouvait provenir que du chat de Mme Vestris. Or la jeune débutante séduit tout le monde, y compris le vieux roi Louis XV, qui, malgré son peu d'intérêt pour la tragédie, est demeuré jusqu'au bout de la représentation. Mme Du Barry, pour se faire bien voir, la couvre de cadeaux et lui offre un magnifique habit de théâtre. L'engouement est tel que ces Messieurs mettent son pucelage aux enchères. De mauvaises langues répandent en septembre le bruit que l'heureux vainqueur est le duc d'Aiguillon, lors du séjour de la belle à Compiègne. Pour d'autres, c'est le marquis de Bièvre, dont la belle écorne la fortune autant qu'elle le peut. Pour d'autres enfin, le roi Louis XV a peut-être devancé tout ce beau monde.

Sur le plan professionnel, la comparaison entre Raucourt et Sainval cadette est au détriment de cette dernière qui se voit renvoyée à la fin de l'année…

Molé est resté fragile de la poitrine et chaque rhume lui pose problème. Il ne s'en cache pas et en profite pour exprimer ses désiderata, tels qu'il les formule dans une lettre à ses camarades, du lundi 25 janvier 1773 :

> Je jouerai de tout mon cœur Martian dans Héraclius, mais pour le rôle d'Héraclius, je prie qu'on m'en dispense ; le quatre et le cinquième acte me fatiguent beaucoup, mon maudit rhume qui me retient chez moi ce matin et dont je voudrais me débarrasser, ne me permet pas beaucoup d'efforts ; il s'en prépare un pour moi dont je souhaite n'être pas la dupe, c'est l'Oreste de Crébillon, cela joint avec le cours ordinaire du service me met dans l'impossibilité de trop entreprendre. À l'égard de l'amoureux de Pourceaugnac, je ne l'ai jamais presque su et sûrement j'ai oublié le peu que j'en savais ; allant demain à Choisy, vous devinez qu'il me sera impossible de l'apprendre. Je suis au désespoir, mon cher Camarade, des allées et venues que mon absence vous cause, mais avec ma mauvaise poitrine, un rhume aussi tenace est une chose à ménager. Pardon si je ne peux pas faire plus. Molé[12].

Quelques mois plus tard, c'est un mal de gorge qui l'empêche d'aller à la répétition, et le force à se gargariser :

---

12 BmCF, Dossier Molé.

> Mon cher Des Essarts, je vous prie de m'excuser auprès de Mr Cailhava et de mes camarades si je ne vais point ce matin à la répétition ; mais outre un grand mal de gorge auquel il faut que je donne mes soins si je veux pouvoir jouer samedi, c'est qu'il y a fort longtemps que je n'ai joué le Père de famille, et que j'ai besoin de tout mon temps pour le remettre et savoir le rôle dans la pièce de lundi. Je vais me gargariser à force et m'échauffer le moins possible en étudiant.
>
> Je vous embrasse de tout mon cœur Molé
>
> Dimanche, je serai parfaitement au fait de mon rôle[13].

Cette année 1773 voit, pour la première fois, les Comédiens-Français célébrer un anniversaire. En effet, le 17 février, il y a cent ans que Molière est mort. Lebeau de Schosne écrit à cette occasion un à-propos intitulé *L'Assemblée*, dont Lekain voudrait consacrer les bénéfices à l'érection d'une statue du grand homme. Dès le lendemain un autre à-propos paraît sur la scène, *La Centenaire de Molière*, du sieur Artaud, bibliothécaire du duc de Duras. On couronne le buste de Molière, on défile en costumes de ses comédies, mais les deux pièces ne sont pas des œuvres de génie. Les trop grandes dépenses réalisées pour les costumes des divertissements, demandés par le maître de ballet Deshayes, poussent Molé, premier semainier, à interdire au tailleur Pontus d'obéir aux ordres du maître de ballets, laissant à la sage Mme Drouin le soin des dépenses d'habillement.

Au cours de l'été 1773, le dauphin et la dauphine Marie-Antoinette, suivis bientôt du comte et de la comtesse de Provence, font leurs entrées officielles dans la capitale, et, tout naturellement se montrent aux différents spectacles. Ces jeunes gens aiment le théâtre et bientôt, une nouvelle habitude va naître : les Comédiens, tant Français qu'Italiens, vont jouer à Versailles, chez le dauphin, tard dans la soirée, sur un petit théâtre improvisé dans la pièce confinant à la salle des gardes. Bien entendu, il ne s'agit plus de jouer le répertoire, mais des parodies, parfois même des gaudrioles, suivies de soupers arrosés. Le beau Molé s'y produit, déguisé en femme, la nourrice Tetonice, dans *Arcagambis*, tragédie burlesque des italiens Biancolelli et Riccoboni[14].

Les créations à Paris n'ont rien d'exceptionnel, et si la malheureuse pastorale érotique de Mme Chaumont, *L'Amour à Tempé*, déclenche,

---

13 BmCF, Dossier Molé, Lettre à Des Essarts, avril 1773.

14 *Arcagambis*, tragédie en 1 acte de Pierre-François Biancolelli et Antoine-François Riccoboni. Paris, Noël Pissot, 1726.

par sa platitude et son ridicule, l'hilarité des spectateurs, au point de devoir en interrompre la première et unique représentation (4 juillet 1773), Dorat, ami de Molé, remporte un certain succès en donnant, dans une même soirée, une tragédie *Regulus* (Molé y joue Licinius, tribun du peuple) et une comédie, *La Feinte par amour* (Molé joue l'amoureux Damis). Dorat n'a pas la même chance avec son *Malheureux imaginaire* (7 décembre 1776), mais il dédie tout de même à son interprète des vers qui témoignent de l'amitié qui lie l'auteur et le comédien, tout autant que de leur humour devant l'échec[15].

En septembre, Molé fait une fois de plus la preuve de son talent dans une tragédie « égyptienne », somptueusement décorée, de Blin de Sainmore, *Orphanis*. Dans le rôle d'Arcès, il pousse à son comble le pathétique, notamment au 5e acte et s'attire des applaudissements personnels nourris.

Au cours du mois d'août cependant, il faut épingler deux événements qui auront un retentissement sur l'histoire de la Comédie-Française. De Belloy, auteur du fameux *Siège de Calais*, écrit à Molé une lettre importante. Le sculpteur Caffiéri a réalisé en plâtre un beau buste de l'auteur Piron, et souhaite en offrir une version en marbre aux Comédiens-Français, en échange d'entrées à vie au spectacle. De Belloy se présente en négociateur. Molé consulte l'assemblée et répond positivement.

De cet échange de correspondance va naître la magnifique et unique collection des bustes en marbre qui ornent foyers et couloirs du théâtre. Le projet de construction d'une nouvelle salle excite la compétition des artistes. Les sculpteurs à l'affût rivalisent de zèle pour offrir aux Comédiens les bustes des grands auteurs, gagnant ainsi leurs entrées.

Autre nouvelle, le 24 août, est consigné le préambule de l'autorisation donnée aux Comédiens-Français de construire un nouveau théâtre sur les terrains de l'Hôtel de Condé, au Faubourg Saint-Germain, la salle des Tuileries où ils donnent provisoirement leurs représentations ne convenant ni à leurs voix ni à leur répertoire.

Un long séjour à Fontainebleau occupe une bonne partie du mois d'octobre. Le maréchal de Richelieu oblige les comédiens à y séjourner sans retour à Paris, ce qui prive les représentations parisiennes des

---

15 Voir en annexe les vers écrits par Dorat en hommage à Molé. Cités dans *Vie de François-René Molé*, *op. cit.*, p. 81-82 ; et *Mémoires de Molé*, *op. cit.*, p. XXXIII.

vedettes de la troupe et demande un gros effort à ceux qui y jouent. Molé et Lekain se disputent le rôle d'Oreste, fatigant autant pour l'un que pour l'autre. Le couple Molé, dès que Papillon de La Ferté veut leur faire entendre raison, ne répond que par des emportements et des mouvements de colère que supporte difficilement l'intendant des Menus Plaisirs, mais il est lui-même tiraillé entre les Premiers gentilshommes de la chambre, dont l'un, le maréchal de Richelieu, se montre proche des Molé, et l'autre, le duc de Duras, défend plutôt Lekain. Molé revient de Fontainebleau avec un « mal de côté » qui le handicape dans certains rôles lourds.

Le 31 octobre, il a failli se retrouver veuf : lors d'une représentation de *Nanine* à Paris, un portant de lumière s'est détaché et s'est fracassé sur le coin de scène où se trouvaient Monvel, Mme Bonioli et Mme Molé. Mme Molé, à qui Monvel a fait faire une pirouette, en a été quitte pour la peur. Les courageux comédiens ont repris le cours de la représentation, sous les applaudissements nourris de la salle.

Tandis que Molé use ses poumons en jouant quasiment tous les jours dans les deux genres, Lekain, absent pendant les trois-quarts de l'année, s'assure, par la rareté de ses apparitions, des chambrées pleines et des triomphes. Le succès mitigé de la dernière tragédie de Voltaire (*Sophonisbe*, d'après Mairet, le 15 janvier 1774), les met pourtant à égalité dans les suffrages du public. La mort du roi Louis XV a privé pendant un mois les spectateurs de représentations. Le spectacle de réouverture, *Heraclius* a été soigneusement choisi pour ses allusions heureuses à la monarchie, à l'instar des Comédiens italiens qui ont donné *Le Déserteur*, où l'on crie *« Vive le Roi ! »*.

Une fois de plus, les Comédiens ont présenté un drame dont les spectateurs se sont montrés mécontents. Les seuls applaudissements qu'a reçus cet ouvrage qualifié de détestable l'ont été « pour Molé ». Quelques arrangements ont prolongé la carrière de la pièce jusqu'à dix représentations.

Mais le parterre, à cette époque, est de plus en plus agité et cette agitation oblige parfois les comédiens, sous le coup de la censure, à modifier leur texte. Molé en a été victime, dans le rôle de Pépin, de la tragédie d'*Adélaïde de Hongrie*, de son ami Dorat. Trois vers ont été applaudis comme application à la situation contemporaine de la justice :

« J'ai déjà réprimé ces hardis novateurs / Vrais fléaux des états, et vous leurs bienfaiteurs. / Je rends aux tribunaux leur auguste exercice[16]. » Ce dernier vers, qui avait miraculeusement échappé à la censure, est prétexte au tumulte. La police est intervenue et, deux jours plus tard, Molé/Pépin dit : « Je laisse aux tribunaux leur auguste exercice ». Mais ce n'est pas assez, et, le 20 août, on entend, sur un nouvel ordre de la police : « J'assure aux tribunaux leur auguste exercice », le 24, afin que toute allusion soit éloignée, « conserve » est dicté à Dorat et à son interprète, dans un vers devenu caduc. Delaporte, au bas de la page du Registre des feux du 3 septembre rapporte que Pépin est revenu à « J'assure », et le public a cessé d'applaudir.

Souvent souffrant et absent des répétitions et assemblées pour un simple rhume, Molé n'a qu'à bien se tenir. Le jeune Ponteuil lorgne sur ses rôles et cherche à les lui confisquer. Molé, n'osant plus brandir une menace de démission, constate les faits avec amertume et une assez perfide ironie. Il écrit à ses camarades :

> Samedi 16 juillet 1774, Molé aux Comédiens (Des Essarts) :
> Vous connaissez tous mon zèle, mes chers camarades, mais je voudrais bien aussi qu'on n'oubliât pas sans cesse ce que je suis à la Comédie, et les droits de ma place, et mon ancienneté, et, peut-être l'espèce de considération que j'aurais dû m'attirer par mes services. Je trouve tout simple que Monsieur Ponteuil cherche à se placer et de tout mon cœur je lui en laisse les moyens, mais comment se fait-il que toute la besogne tombe toujours sur moi ? M. Ponteuil devait demain jouer Thésée dans Ariane, le rôle n'est pas bon, il est vrai, mais ce qu'il n'a pas pu pour demain, que ne le peut-il pour lundi ? Il a, dit-on, appris le Jaloux désabusé en trois ou quatre jours, comment n'a-t-il pas pu savoir Thésée en huit ? Je l'entends sans cesse offrir quand je ne peux pas jouer la portion de premiers rôles tragiques que je me suis réservés, c'est, dit-il, pour faire aller la chose, je le crois, mais pour faire aller la chose, que ne joue-t-il Don Sanche dans le Cid, que ne sait-il Pharnace dans Mithridate ? Très assurément, de nous deux, ce n'est pas à moi de jouer ces seconds rôles, et s'ils étaient sus par Monsieur Ponteuil, la chose irait et sa conduite envers moi n'en serait, peut-être, que plus louable. Si l'on a une pièce à proposer, je vois sans cesse s'adresser à lui ; je prie mes camarades d'observer que tant que je serai à la Comédie ce ne sera point à lui qu'il faudra s'adresser : dernièrement, c'est à lui qu'on a proposé de jouer Tancrède et s'il ne jouait Orbassan, j'ai vu le moment où l'on m'allait

16 Claude-Joseph Dorat, *Adélaïde de Hongrie*, Paris, Monsey, 1774, acte I, sc. 4.

> proposer de jouer Lorédan comme on l'a déjà fait ; Pardon, mes amis, de la vivacité de celle-ci, mais je vois qu'à la Comédie tout va au diable, on ne s'y entend plus, tout y est bouleversé, la charrue est devant les bœufs, et c'est je crois là une des principales causes de sa décadence prochaine. Au surplus, toute réflexion faite, je finis comme j'ai commencé en vous disant, vous connaissez tous mon zèle, je jouerai dans Adélaïde Du Guesclin ; j'ajoute de plus que ce sera avec le double plaisir de faire mon devoir et de procurer à Ponteuil l'occasion de mériter des applaudissements, au fond je suis le meilleur garçon du monde, mais qu'on me rende ce que je rends encore à mes amis. Viendra le moment, et ce moment n'est peut-être pas loin, où Ponteuil lui-même ne sera pas fâché de citer en sa faveur l'exemple de l'espèce de condescendance qu'on doit à l'ancienneté.
>
> J'ai l'honneur, non, le plaisir, d'être, mes chers camarades, votre serviteur Molé[17].

Néanmoins, il ne s'est pas opposé à la réception de Ponteuil dans la société, à condition qu'il reste à sa place !

Il a cependant de nouvelles raisons de s'inquiéter, avec les débuts, en avril 1775, du beau Larive, élève et sigisbée de Mlle Clairon, dont la prestation, quelques mois plus tard, dans le monologue si particulier de Jean-Jacques Rousseau, intitulé *Pygmalion*, fait date, aux côtés de Mlle Raucourt, en statue d'une beauté irrésistible. C'est Larive qui remplace Molé dans *Le Connétable de Bourbon*, tragédie de M. de Guibert, créée à Versailles au grand dam du jeune roi qui n'apprécie pas la pièce. Remaniée, elle reparaît à Paris quelques mois plus tard.

Molé, toujours opposé au clan Préville, se montre bien plus offensif, lorsqu'on apprend, après la longue fermeture des spectacles due à la mort du Roi Louis XV (10 mai 1774), qu'il est question d'attribuer à Lekain et Préville de nouveaux privilèges, l'un relatif à la création d'une école dramatique, l'autre visant à étendre le privilège de la Comédie-Française, confié à Préville, aux résidences royales de Versailles, Compiègne et Fontainebleau. Le maréchal de Richelieu se met en colère contre ce nouvel effet de la protection du duc de Duras et s'oppose de toutes ses forces à un projet qui ferait de Préville une sorte de « directeur » de la Comédie-Française au détriment de la Société. Molé est chargé de lire en assemblée, puis chez le duc de Duras, en présence du duc de Fronsac, un long mémoire qui réfute cette possibilité. Préville a d'ailleurs été

17 BmCF, Dossier Molé.

la cible des spectateurs lorsque l'auteur du *Vindicatif*, lui a confié un premier rôle « sérieux ».

Malgré un nombre toujours croissant d'auteurs qui déposent leurs manuscrits dans les mains des comédiens (avec l'espoir plus ou moins avoué de se voir « lire » par Molé), le répertoire ne s'enrichit guère de chefs-d'œuvre. Molé a la réputation de ne pas toujours lire les manuscrits dont on le charge. Ce défaut lui a valu, dix ans plus tard, d'être le héros d'une comédie parodique jouée chez Audinot. Cette comédie, intitulée *La Matinée du comédien de Persépolis*, met en scène un comédien imbu de sa personne, à qui un jeune auteur a confié un manuscrit, en rouleau fermé d'un ruban. Lorsque le jeune homme, un peu plus tard, lui demande son avis sur sa pièce, le comédien, d'un air inspiré, lui énumère un certain nombre de critiques. Or, dénouant le ruban qui entoure le rouleau, l'auteur ne lui montre qu'un ensemble de pages blanches.

En 1775, on voit enfin « créées » à Paris deux pièces répétées et jouées ailleurs, et dans lesquelles Molé joue un rôle important.

La Partie de chasse de Henri IV, de Charles Collé, reçue depuis plusieurs années, a conquis tout un public, en province et sur les théâtres de société, y compris chez la dauphine. Interdite sur la scène officielle du vivant de Louis XV, pour montrer un roi de France d'une manière trop familière, elle est enfin représentée aux Tuileries le 16 novembre 1774, dans une distribution établie depuis longtemps. Molé, comme à la création hors Comédie-Française, y joue toujours Richard.

La seconde pièce est *Le Barbier de Séville*, comédie de Beaumarchais, interdite par la censure en février 1774. L'auteur, pris dans le tourbillon de ses démêlés avec la justice, a fait du bruit, mené une cabale qui a saisi à tout propos, même dans des pièces parfaitement innocentes comme *Crispin rival de son maître*, des « applications » à sa situation. L'autorisation est enfin donnée en février 1775. C'est Bellecour qui crée l'amoureux Almaviva, que reprendra Molé en 1779. Cette création, très attendue, déçoit profondément un public qui trouve la pièce trop longue, verbeuse et d'un comique sans éclat. Beaumarchais, vexé, se remet au travail, coupe, aménage, cisèle, et la version en quatre actes qui est donnée quelques jours plus tard emporte enfin l'adhésion du public.

Malgré ses rhumes et extinctions de voix à répétition, malgré aussi une certaine paresse de sa femme, qu'il est toujours prêt à excuser,

Molé reste séduisant dans les rôles d'amoureux auxquels il prête sa vivacité et son charme. Il n'a pas son pareil pour charger son rôle de petites interjections qui lui donnent ce naturel sensible qu'apprécie le public. Sa mémoire est, dit-on, phénoménale, mais il lui arrive aussi de « jouer au souffleur », signalant l'arrivée d'un blanc ou d'un trou par un geste familier, qu'il tire sur ses manchettes, tapote son jabot, cherche sa tabatière, touche son épée ou change son chapeau de place. Les belles dames des loges en sont toutes amoureuses, bien qu'il avoue la quarantaine accomplie. Il sert toujours de modèle aux jeunes gens à la mode et l'on dit même que le comte d'Artois, frère du jeune roi Louis XVI, imite sa démarche[18].

Le prince de Ligne raconte une anecdote qui en dit long sur le caractère de Molé. Il concède qu'il est habile à imiter le ton sémillant d'un marquis. Jouant au billard avec Louis XVI, il sollicite du roi un cordon bleu. Le roi comprend que ce ne peut être pour le prince, Grand d'Espagne, et soupçonne une « recommandation à la diable ». « Non, sire, répond le prince, c'est pour l'acteur Molé qui veut la plaque du Saint-Esprit pour jouer le Malheureux imaginaire ! ». Évidemment Louis XVI « l'envoya promener[19] ».

Devant la pénurie d'un répertoire de choix, les auteurs commencent à se révolter et accusent les comédiens de leur mener la vie dure.

Une première salve est tirée par Renou, auteur de la tragédie *Térée et Philomèle*, tombée à la première. Il publie le texte de sa pièce, précédé d'une préface, où il démontre, preuves à l'appui, l'insolence inouïe des comédiens. La réponse ne se fait pas attendre. Un pamphlet anonyme (attribué à Monvel, auteur et comédien) cloue le malheureux auteur au pilori d'une ironie cinglante. Louis-Sébastien Mercier, qui n'a pas le caractère facile mais possède une plume leste, offre à son tour *De l'art dramatique.* Les Comédiens y sont franchement mis en cause tant pour leur incompétence que pour leur arrogance. Un procès s'ensuit, où Mercier réclame des dommages et intérêts. Du coup, lorsqu'il veut

18 Commentaire du chroniqueur de *l'Œil-de-bœuf* : « Bien choisi on n'a pas quand on veut un prince du sang qui vaille un bon acteur ; et heureusement pour le frère du roi, le respect m'interdit une comparaison entre son moral et celui du comédien. » (*Chroniques de l'Œil-de-bœuf, … op. cit.*, t. 5, p. 341).

19 Cette anecdote est racontée par le biographe du prince de Ligne, Louis Dumont-Wilden, *La Vie de Charles-Joseph de Ligne, prince de l'Europe française*, Paris, Plon, 1927, p. 210-211.

assister à un spectacle, en raison de ses entrées d'auteur, la porte lui est claquée au nez.

Dans une moindre mesure, Palissot, à qui les « demoiselles de la Comédie-Française » ont refusé de jouer sa pièce des *Courtisanes*, comme inconvenante, se joint aux voix de ses confrères. Or c'est Lonvay de La Saussaye qui met le feu aux poudres avec un Mémoire, écrit par un jeune avocat de grand avenir, François de Neufchâteau, où sont relatées en détail les vicissitudes de ses relations avec les Comédiens. Une pièce reçue en 1763 ne s'est vue représentée qu'au bout de dix années de tergiversations, de prétextes à retardements, pour tomber dans les règles au bout de quelques représentations, le malheureux auteur voyant ses droits tomber dans la bourse des comédiens. Le mémoire est solidement argumenté et appuyé de pièces justificatives.

Malgré les efforts du nouveau lieutenant général de police, Albert, pour apaiser la querelle qui semble prendre de l'ampleur, la situation ne se dénoue pas. À peine si les Comédiens trouvent un nouveau subterfuge pour se débarrasser d'une pièce qu'ils ne veulent plus jouer, en versant à l'auteur des *Arsacides*, ennuyeuse tragédie de Beaussol, la somme de 1 200 livres pour qu'il la retire…

Toujours plus avides de bénéfices, les Comédiens ont fait construire de part et d'autre de la scène et au parterre quelques « petites loges » d'un excellent rapport. Ils en ont été punis : Fontaine, le caissier responsable, s'est enfui avec l'argent à Bruxelles, où il a été arrêté. Par le plus grand des hasards, c'est grâce à Mme Molé, qui a fait la description du voleur au cocher qui la ramenait chez elle, que ce dernier l'a reconnu et a pu le faire rattraper.

SUCCÈS ET REVERS – LA SUCCESSION DE LEKAIN – VOLTAIRE ET MOLÉ

Molé continue à occuper dans la société un rôle de premier plan, il est même chargé des discours de clôture et d'ouverture du théâtre à Pâques 1776. Et, lorsqu'il s'agit d'inaugurer, en juillet 1776, le nouveau théâtre de Monsieur et Madame à Brunoy, non seulement il est de tous les spectacles, mais encore participe-t-il, avec son épouse, au prologue composé pour l'occasion, prologue qui égratigne au passage les habitudes de la Comédie-Française, couvre de fleurs le couple princier, et met le comédien aux ordres. Quelques extraits : Mlles Fanier et Doligny se félicitent d'un congé qui leur permet : « d'échapper pour quelques instants / aux chefs d'emplois, aux débutants, / aux tracas, à la jalousie, / aux comités persécutants, / aux héros de la tragédie[1]… »

Après les louanges aux lieux enchanteurs et à leurs propriétaires, paraissent Molé et sa femme. Sans prétention, Molé joue son personnage d'acteur fatigué : « De rôles je suis excédé, / Soit anciens, soit nouveaux, moi, j'en ai tant à faire, / Que d'autant de démons je me sens possédé. […] / Faites de moi tout ce qu'il vous plaira, / Héros, berger, valet, amant, et caetera, / Je ne recule à rien ; parlez, je suis bon frère, / La voix pourra manquer, mais l'âme y suppléera[2] ». Quant aux représentations officielles données dans les demeures royales, désormais la jeune reine y a permis les applaudissements. Cela a donné plus de vivacité au jeu des comédiens, mais a aussi supprimé une distance nécessaire entre les spectateurs royaux et les comédiens.

Certes, les succès de Molé ne font pas l'unanimité. Derrière le « chef d'emploi » se profilent Monvel et Larive. Sans compter le jeune Fleury, dont Molé dit dédaigneusement que la Comédie-Française « fleurirait »

1 Le Fuel de Méricourt, *Journal des théâtres ou le Nouveau spectateur*, Paris, Ruault, 1776, numéro VIII, 15 juillet 1776, p. 521-529.

2 *Ibidem.*

sans lui ! Mais il est difficile de toucher à l'idole, et le rédacteur du *Journal des Théâtres* répond vertement à un correspondant qui n'a pas apprécié son interprétation du *Misanthrope*. Il rappelle sa manière nette et forte de prononcer les vers, son phrasé plein de légères nuances, et même les petits bégaiements dans les moments de vivacité qui marquent le naturel de son jeu. Et tant pis si ce même rédacteur qualifie de « grosse dame », Mme Molé à qui il concède esprit et finesse. Les critiques rappelleront souvent à Monvel, « que tout le monde ne peut pas bégayer avec autant de grâce que le sieur Molé[3] ». Les deux hommes ne s'entendent guère, et on leur reproche à tous deux de n'accepter que « les bons rôles »

Néanmoins Molé est le plus souvent chargé du répertoire de Fontainebleau, et c'est lui qui signe, en août 1776, une *Lettre circulaire des Comédiens-Français à quelques auteurs*[4], dans laquelle, alarmés par les rumeurs de la création d'une troupe dépendant de Monsieur, les Comédiens proposent quelques arrangements pour favoriser les auteurs, dont la grogne continue. Cette lettre qui exprime le mépris général des journalistes pour les « histrions » est qualifiée de « fort plate, fort mal écrite, et remplie d'une dignité ridicule[5] ». On parle même d'un procès entre Beaumarchais et la Comédie. En octobre 1777, le Bureau de législation dramatique se pose en alternative à l'hégémonie des Comédiens.

La vie d'un comédien est aussi faite de faits divers et, le 14 octobre, un domestique de l'auteur dramatique Lefranc de Pompignan, porte plainte contre Molé, parce qu'une planche détachée du grenier de la maison occupée par Molé est tombée sur le fils dudit domestique, âgé de 14 ans. Un dédommagement de 48 livres est demandé au comédien, pour la contusion dont souffre le garçon et pour la déchirure causée à son habit.

Deux succès tragiques remettent du baume au cœur de la troupe, avec *Mustapha et Zéangir*, du jeune Chamfort, qui a tant ému la jeune reine qu'elle a fait obtenir une bourse à l'auteur. Comme elle avait brodé pour son royal époux un bel habit, celui-ci le trouvant trop clinquant à son goût, il en fait don à Molé, tout heureux de le porter dans ce rôle de Zéangir qui fit pleurer Marie-Antoinette. Lekain ne voulant plus jouer le rôle de Mustapha, qu'il a créé à la cour, c'est Larive qui le reprend à la ville, dans une version maintes fois retravaillée par l'auteur.

3 *Journal des théâtres*, *op. cit.*, I, n° 6, 15 juin 1777.
4 *Journal des Spectacles*, *op. cit.*, n° 9, 1er août 1776. Voir en annexe.
5 *Mémoires secrets… op. cit.*, 18 août 1776.

Le deuxième succès tragique dont la longévité fut plus grande, est une nouvelle tragédie de Buirette de Belloy, *Gabrielle de Vergy*, dont l'atroce dénouement fait évanouir nombre de belles dames dans la salle. Molé, dans le rôle de Raoul de Coucy, ne ménage pas sa chaleur.

Mais c'est un succès de comédie qui finit par réconcilier Molé et Monvel, aux grands applaudissements du public. Monvel, auteur de *L'Amant bourru*, confie intelligemment à son rival le rôle difficile de Morinzer, mélange piquant de sensibilité et de brusquerie. À la fin de la première représentation, l'auteur étant demandé, Molé le pousse en scène, et Monvel se jette dans les bras de son interprète.

Monvel, qui pratique aussi le théâtre de société, compose pour le Théâtre de Choisy, une tragédie burlesque intitulée *Aeiou*, dont Molé interprète en travesti, perruque blonde et paniers roses, le rôle principal, la princesse Aeiou, fille de Tirlipon et de Pataqu'est-ce… Sans commentaires ! On voit aussi beaucoup les Comédiens-Français dans les parodies que l'on donne sur le petit théâtre de Versailles et Molé n'est pas le dernier, notamment dans une parodie du *Zémire et Azor* de Grétry. Ces succès compensent un certain nombre d'échecs dans les deux genres, tels un malheureux *Caius Marcus Coriolan*, de Gudin de la Brenellerie, la dernière production de Dorat, *Le Malheureux imaginaire*. Ou enfin *Le Dramomanne*, de Cubières, qui n'est pas reçu. Molé, toujours en quête de « premiers rôles », et lecteur exceptionnel, manque parfois de discernement et, ainsi que le constate Mme Campan : « Molé lisait pour l'auteur. Je n'ai jamais pu expliquer par quel prestige cet habile acteur fit généralement applaudir un ouvrage aussi mauvais que ridicule. Sans doute que l'organe enchanteur de Molé, en réveillant le souvenir des beautés dramatiques de la scène française, empêche d'entendre les pitoyables vers de Dorat-Cubières[6].

L'année 1777 est une année extrêmement active à tous points de vue pour Molé[7], avec des hauts et des bas. Il est aussi, le plus souvent, l'orateur de la troupe, chargé d'annonces qui ne sont pas toujours bien accueillies. Ainsi, la comédie de Laplace, *Le Veuvage trompeur*, n'ayant pas eu l'heur de plaire, il doit tenir ce discours peu gratifiant : « Quoique la troisième représentation

6 Jeanne-Louise-Henriette Campan, *Mémoires sur la vie privée de Marie-Antoinette, reine de France et de Navarre, suivis de souvenirs et anecdotes historiques sur les règnes de Louis XIII, Louis XIV et Louis XV*, Paris, Baudoin frères, 1823, p. 153.

7 117 représentations pour toute l'année 1777, avec parfois des rôles dans les deux pièces, à la ville comme à la cour.

du Veuvage trompeur ait été annoncée en trois actes, l'auteur, profitant de vos observations et désirant se rendre digne de vos suffrages, a réduit sa pièce en deux actes, et c'est dans cet état, Messieurs, que nous avons l'honneur de vous la présenter[8] ». Inutile de dire que ce genre d'arrangement demande aussi aux comédiens de nouveaux efforts de mémoire et de mise en scène. Molé ne lâche aucun rôle, mais il tente de convaincre ses camarades de sa fatigue. Il leur écrit, le 21 novembre, après le retour du voyage habituel à Fontainebleau, une lettre plutôt amère, qui ne manque pas d'évoquer la nécessité pour la troupe de « faire de l'argent » :

> Je conçois votre embarras, mes chers camarades, et mon intention n'est point de vous y laisser, malgré mon mal de reins. Mais au moins que je vous dise que la fatigue de six semaines que j'entends opposer au service dont vous avez besoin, ne peut pas entrer en comparaison avec le service de 18 ans tout à l'heure que j'ai eu le bonheur de vous rendre. Dix-sept représentations de l'Amant bourru et les représentations de Fontainebleau qui toutes ont été fatigantes pour moi, sans compter les autres rôles à la traverse de tout cela peuvent se citer comme de la fatigue, mes reins m'en assurent ; cependant, vous ne me voyez point retirer mon service et vouloir m'en faire un droit à rester chez moi ; j'apprends dans Artaxerce et je m'occupe de vous. Je vais me mettre dans le bain. Je ne vous ai écrit ceci que pour éclairer l'humanité qui vous fait respecter ces mots je suis fatigué, au point de n'avoir plus de répertoire. Que les plus fatigués vous offrent comme moi ce qu'ils peuvent et nous trouverons à jouer samedi et lundi. Si c'est Mlle Sainval qui fait changer, Monvel vous reste ; si c'est Monvel et que Larive ne puisse pas jouer, point de tragédie ; je vois qu'on va me proposer Beverlei ou le Père de famille. Oh, pour le coup, c'est trop fort pour ma santé. Que faire ? Voyez, arrangez cela de votre mieux, pourvu qu'on fasse de l'argent, il n'y aura pas le mot à dire ; que les fatigués attendent pour se reposer *Mustapha et Zéangir* ou telle autre pièce où ils ne joueront pas ou pas de rôles fatigants, et que moi je ne sois pas crevé pour les pièces où ma santé sera utile. Vous êtes bons et sages, je m'abandonne à vous. Mais de l'argent, et l'argent, et que Dieu vous ait en sa sainte et digne garde. Pour une pauvre fois que ma femme est sortie, elle est prise d'un rhume, d'un enrouement et mal de gorge à n'y pas dormir, cela et sa faiblesse vont fort mal ensemble. Votre serviteur et ami Molé[9].

Sa « fatigue » ne l'empêche pas d'aller se produire à Rouen en janvier et février 1778 ; il y interprète les plus grands rôles du répertoire tragique, notamment Rodrigue, dans *Le Cid*, ou Polyeucte ; il y est applaudi par le

8 BmCF, Registre des feux, 130/9, 12 mai 1777.

9 BmCF, Dossier Molé. Lettre du 21 novembre 1777.

rédacteur du *Journal des Théâtres* : « Ce comédien, digne de toute sa célébrité par la supériorité de ses talents, sera très difficile à surpasser. Où trouver un jeune homme qui, aux dons extérieurs, aux grâces naturelles (allie) une âme aussi sensible, une intelligence aussi fine, ce jugement exquis, ce tact délicat qui saisit si bien toutes les nuances, et ne laisse apercevoir aucune différence entre la copie et les originaux. » Tout en exhortant les jeunes « à bien étudier le sieur Molé », le journaliste épingle les petits défauts qui font aussi le charme de ses interprétations et qui ne peuvent appartenir qu'à lui : ses interjections, ses apocopes et ses gestes[10]...

Lekain, qui a décliné un rôle dans la dernière tragédie de Voltaire, *Irène*, meurt subitement le 8 février 1778, au grand désespoir du maître de Ferney. Après avoir renoncé solennellement à son état de comédien, il est enterré pompeusement à l'église Saint-Sulpice et inhumé sur place. Évidemment, ses héritiers sont aux aguets ; Molé et Monvel d'une part, Larive de l'autre, réclament la succession des rôles tragiques et le droit de doubler Bellecour, qui se fait vieux et meurt à son tour en novembre 1778. Le duc de Duras pratique un jugement à la Salomon. Il fait trois parts distinctes des rôles de Lekain et en distribue une à chacun des rivaux. Molé a tout de suite remplacé Bellecour dans le rôle de Ninias de *Sémiramis*, où il ne manque pas de faire beaucoup d'effet par le pathétique de son jeu. Entre-temps, les reines et princesses continuent à s'entredéchirer, Mlle Raucourt, devenue par sa conduite de tribade un objet de scandale, Mlle Sainval cadette qui ne lui arrive pas à la taille par le talent, Mme Vestris et Mlle Sainval aînée qui s'accrochent à leurs rôles, et une dernière débutante, Mme Thénard.

Voltaire, depuis toujours partisan de Lekain, n'apprécie Molé que modérément, tout en admettant qu'il est parfois nécessaire à ses succès.

Dans *Irène*, que l'on répète activement, le maréchal de Richelieu a distribué à Mme Molé (à qui l'on prête quelques privautés au duc) le rôle de Zoé. Voltaire y préférerait Mlle Saint-Val aînée. Molé, toujours sensible dès qu'il s'agit de son épouse, se rebelle et fait savoir à tous les vents que ce rôle est « pour sa femme », étant de l'emploi des confidentes. Richelieu conseille à Voltaire de ne pas insister, s'il ne veut pas se mettre le clan Molé à dos. Voltaire réplique violemment à Molé, et lui écrit, feignant de baisser la garde : « Le vieux malade ne s'est point mêlé de

10 *Journal des théâtres*, III, n° 22, 15 février 1778, p. 306-307.

donner décidément des rôles à des personnes dont il ne peut connaître les talents. Il s'en est rapporté à d'autres. Il serait très fâché de faire la moindre peine à M. Molé à qui il ne cherche qu'à plaire. Il vient d'envoyer le rôle de Zoé à madame son épouse qu'on lui avait dit être malade.

Il s'en rapporte d'ailleurs entièrement aux ordres et au goût de monseigneur le maréchal de Richelieu. » Dans une autre lettre, à son ami d'Argental, Voltaire avoue tout de même qu'il a cédé aux instances de Richelieu : « Monsieur le Maréchal de Richelieu sort de chez moi ; il est touché des larmes de M. Molé ; il m'a assuré que Mme Molé n'était pas absolument détestable[11] ».

Cependant, il utilise en douce les services de Sophie Arnould, de l'Opéra et du tout-Paris, pour convaincre Mlle Saint-Val, arguant du fait que le rôle n'est pas d'une confidente mais d'une « princesse favorite », et propose à Mme Molé un « meilleur rôle » dans sa comédie *Le Droit du seigneur.* Mme Molé abandonne la place et Voltaire se fend d'une lettre bien doucereuse au couple Molé[12]. Néanmoins, à la même époque, il écrit encore à d'Argental : « Songez que Molé m'a mutilé, indignement, sottement, insolemment ; qu'il ne veut point jouer son rôle dans le Droit du Seigneur, etc.[13] » À la quatrième représentation d'*Irène*, les Comédiens font au vieillard, qui s'est rendu au théâtre en carrosse bleu azur étoilé d'or, une fête exceptionnelle, le couronnant dans sa loge et couronnant son buste en scène. Du coup Molé, quelques jours après cette « apothéose » de Voltaire, rédige et prononce, pour la clôture d'avril, un discours d'éloge adressé à Voltaire, plein d'emphase et d'outrance, qui ne manque pas de chatouiller l'amour-propre de l'auteur.

Et, malgré les vieilles rancœurs, il écrit une notice sur Lekain, dans laquelle il analyse avec beaucoup de finesse, les défauts et les qualités de l'illustre tragédien.

---

11 *Correspondance générale* de Voltaire, Lettre 10 172 à M. d'Argental, 19 février 1778, p. 367. Cette correspondance entre Voltaire, Molé et le comte d'Argental est mentionnée sans références par Jean-Jacques Olivier dans son ouvrage sur *Voltaire et les comédiens interprètes de son théâtre.* Paris, Société française d'imprimerie et de Librairie, 1900.

12 Voltaire à Mme Molé, le 20 février 1778 : « Le vieux malade de Ferney n'a point de terme pour exprimer la reconnaissance qu'il doit à l'amitié que M. Molé veut bien lui témoigner, et aux extrêmes bontés de Mme Molé. Elle lui sacrifie ce qui n'était pas digne d'elle et ce qu'elle embellira quand elle daignera le reprendre ; il est pénétré de ce qu'il doit à sa complaisance ; il espère l'être de ses talents, quand il aura le plaisir de l'entendre. Il lui présente ses respectueux sentiments. » (*Correspondance générale* de Voltaire, lettre 10 180, p. 373).

13 *Ibid.*, Lettre 10190, à d'Argental, mars 1778, p. 374.

INDISCIPLINES ET PRIVILÈGES

L'espèce de familiarité qui s'est instaurée entre les jeunes couples princiers et les comédiens lors des représentations tardives données à Versailles ou autres demeures royales, est cause de dérives nouvelles. Les Comédiens n'hésitent pas à prendre du retard aux spectacles de la cour, à refuser des rôles ou à étaler en public leurs querelles intestines.

Un premier incident de ce genre a lieu fin juin à Versailles, où Molé s'est présenté en retard au spectacle de Trianon. Morigéné par les Premiers gentilshommes, il fait partager son humiliation à ses camarades et Delaporte rédige ou copie simplement une lettre de justification, signée de tous les sociétaires. Les comédiens s'y plaignent de recevoir les ordres au dernier moment et de ne pas toujours pouvoir y répondre en temps voulu.

Un soir d'octobre 1778, les spectateurs royaux attendent à Versailles la représentation de la comédie *L'Étourderie*... et ils attendent trois-quarts d'heure. La responsable de ce retard est, semble-t-il, Mme Molé, que le duc de Villequier ordonne de punir en l'envoyant à For-L'Évêque. Le lendemain donc, après avoir joué, Mme Molé est conduite dans sa prison, avec autorisation pour son mari de passer la nuit avec elle. Il serait dommage qu'elle s'ennuyât ! Inutile de dire que, malgré ce privilège, Molé ne décolère pas. Louis XVI, bon prince, lui promet de faire libérer madame s'il joue bien dans *Le Joueur*, affiché à Marly. Il faut croire que le contrat est rempli, puisque, immédiatement après le spectacle de Marly, Mme Molé est renvoyée dans ses foyers. Mais c'est mal connaître notre amoureux. Dès le 26 octobre il envoie à ses camarades une lettre, modèle de mauvaise foi, où, pour justifier les derniers événements, il prétexte de la santé fragile de sa femme, et justifie son innocence par des « négligences » et « malentendus ». Il termine ce morceau d'insolence par sa détermination à ne pas jouer à la cour lors du prochain voyage, craignant ce qu'il appelle toujours « les malentendus »... Molé boude, et, alors que Monvel et les autres le supplient de reprendre son service, il répond avec emphase qu'il est atteint dans son honneur et celui de sa femme et postpose sa réponse. Lorsque le couple reparaît enfin sur scène à la mi-novembre, il est accueilli non par des huées, comme on pourrait s'y attendre, mais par un tonnerre d'applaudissements[1]. En février 1779, une pension du roi est accordée à Mme Molé, de préférence à Mme Préville, qui a sur elle droit d'ancienneté, les gentilshommes de la chambre considérant ce privilège comme une réparation pour « l'humiliation » qui l'a envoyée à For-L'Évêque. Ce privilège n'a évidemment pas l'heur de plaire aux autres comédiennes, qui ne manquent pas de s'en plaindre.

Toujours chatouilleux dès qu'il s'agit de son épouse, Molé n'hésite pas à écrire aux journalistes lorsqu'il en est mécontent. Dans *Roséide*, comédie de Dorat créée le 2 octobre 1779, où le couple Molé joue des rôles importants, la performance de Mme Molé obtient des éloges des rédacteurs du *Journal de Paris*. Molé leur adresse une lettre de remerciements, où il profite de l'occasion pour égratigner le rédacteur du *Mercure*, Jean-Charles Levacher de Charnois, gendre de Préville, qui a omis de citer Mme Molé dans la distribution de *Roséide* et a donné le nom de Mlle Luzy (élève de Préville !) « qui n'y joue pas[2] ».

Levacher de Charnois a déjà été la cible d'un poème satirique publié dans *Les Après-soupers de la Société*, dont le rédacteur est Billardon de Sauvigny, auteur du *Persifleur*. Il date sans doute de l'année 1777, époque où le journaliste prend en main la rédaction du *Journal des Théâtres*[3]. L'auteur de la *Vie de François-René Molé*[4] attribue la paternité de ce morceau de littérature à Molé lui-même.

La querelle des actrices tragiques a pris des proportions inouïes. Mme Vestris, maîtresse du duc de Duras, bataille contre Mlle Saint-Val aînée pour un emploi où elle est titulaire d'un bien plus grand nombre de rôles que sa rivale. Mlle Saint-Val cadette a été éloignée et sa sœur refuse de jouer tant qu'on ne la réintégrera pas. Elle joue à Bordeaux où on

1 *Le Monde dramatique*, janvier 1835, p. 131 (article signé de Mélanie Waldor (A. Dumas ?)).

2 Lettre au Journal de Paris, citée dans *Vie de François-René Molé, op. cit.*,, p. 14-16 (*Mémoires de Molé, op. cit.*, p. 103-104).

3 Voir ce poème en annexe. Cité dans : *Vie de François-René Molé, op. cit.*, p. 206-208 ; *Mémoires de Molé, op. cit.*, p. 18-21.

4 Attribuée à Pierre-Charles Gaugiran Nanteuil ou Pierre-Antoine Ledoux de la Mésangère, Paris, Desenne An XI-1803, p. I.

la porte aux nues. On a même fait revenir la Raucourt à la réputation scandaleuse. Bien entendu, à l'intérieur de la troupe, deux camps se sont formés, et il n'est pas étonnant de voir une fois de plus s'opposer Molé et Préville. Mémoires, pamphlets et chansons circulent librement et entretiennent l'ébullition. Parmi ces publications, dont la plupart traînent les comédiens dans la boue et traitent les comédiennes comme des courtisanes, le 30 septembre 1779, la *Gazette de France* fait paraître un *Supplément* présentant un état de la troupe en termes de marine, qui rend assez bien compte de l'atmosphère qui règne au tripot comique[5]. Les deux camps y sont présentés comme des bâtiments de deux flottes rivales, sous les bannières, l'une blanche, de Vénus, pour Mme Vestris, l'autre rouge, de Melpomène, pour Mlle Sainval. Les grivoiseries et plaisanteries sur les mœurs ou les talents supposés des comédiens de chaque camp y fleurissent à loisir et font le bonheur des salons à la mode, où l'on se passe de mains en mains les copies de ce « supplément ». Visiblement l'auteur se situe plutôt du côté Sainval et en profite aussi pour s'en prendre aux mœurs de la demoiselle Raucourt.

L'atmosphère est d'autant plus détestable au sein de la troupe. Les Préville en profitent pour bouder en chœur. Larive accuse ses rivaux d'être jaloux de ses talents. Quant à Molé, l'un des seuls « grands » de la troupe à défendre Mlle Sainval, il prétexte des rhumes à répétition pour ne pas jouer et traite assez mal le jeune Fleury, engagé pour le doubler et alléger son service.

Il n'est donc pas étonnant de trouver, dans les *Mémoires* apocryphes de Fleury quelques pages peu aimables pour son chef d'emploi, bien qu'il lui reconnaisse aussi des « perfections ». Entre autres anecdotes, il raconte comment, devant remplacer Molé, indisposé, dans le rôle de Nérestan (*Zaïre*), il aperçoit Molé dans les coulisses. À sa prochaine entrée, Fleury s'adresse au public et dit : « Messieurs, j'ai dû remplir mon devoir en jouant le rôle de Nérestan ; mais M. Molé est en ce moment au théâtre, et j'ai l'honneur de vous annoncer qu'il jouit de la santé la plus parfaite[6]. » Molé, de la coulisse, guette le jeu de Fleury ; il est aperçu par l'auteur Dorat, qui se trouve dans une loge d'avant-scène et qui le désigne au public. Des applaudissements saluent cette double incartade

5 Voir en annexe. *Gazette de France*, 30 septembre 1779, Supplément.

6 J.B.P. Laffite, *Mémoires de Fleury de la Comédie-Française*, Paris, Adolphe Delahays, 1847, p. 372.

et Molé se garde désormais de se faire remplacer au dernier moment ! Fleury souligne également qu'il s'est souvent trouvé « en présence de l'écrasant Molé », qui « jouait toujours le grand rôle, le rôle à effet[7] ».

L'indiscipline et l'animosité règnent dans la troupe, dont les gentilshommes de la chambre, eux-mêmes largement compromis, ne peuvent venir à bout.

Et pourtant, au milieu de cette cacophonie, M. et Mme Molé, honnêtes bourgeois de Paris, marient leur fille, Élisabeth-Félicité[8], à Gabriel-François Reymond, à l'église Saint-Médard, le 24 janvier 1780. Reymond est comédien, il a fait des débuts non suivis à la Comédie-Française et joue à Lyon. Il a fait en revanche d'excellents débuts à la Comédie Italienne, le 14 décembre 1779. Mais, pour pouvoir épouser religieusement la jeune fille, qui a aussi débuté au théâtre à Lyon, après de bonnes études faites au Couvent de la Présentation, il renonce officiellement à sa profession le 20 décembre 1779 et il est déclaré secrétaire du maréchal de Noailles, sous le couvert de son père, au service du duc. Molé donne à sa fille une dot de 3 000 livres comptant et des « espérances de 24 000 livres au moment de son décès[9]. ». Le jeune couple retourne momentanément à Lyon, où tous deux ont à remplir des engagements. Reymond est reçu à la Comédie italienne au mois d'avril 1780, pour doubler Clairval et Michu, soit dans l'emploi des amoureux. Élisabeth débute à son tour à la Comédie Italienne le 11 septembre 1781 dans l'emploi des soubrettes, et y est reçue en novembre. Tous deux sont encore dans la troupe en 1789. Le ménage semble ne pas avoir été très heureux. Les époux se séparent, aux environs de 1790, après la naissance d'une petite-fille, avec qui Élisabeth va rejoindre son père dans son hôtel du 34 de la rue du Sépulcre (aujourd'hui rue du Dragon). Le divorce sera prononcé en

---

7 *Ibid.* Et l'auteur des *Mémoires de Fleury* d'ajouter : « Toute grande création, à côté de la vôtre, détruit la vôtre ; toute création moindre, mais sans un autre qui vous efface, mais avec la condition d'être l'acteur principal, vous classe à coup sûr. Je devais donc regarder ma position de second dans les pièces, comme une sorte d'immolation à laquelle je voulais d'autant plus me soustraire, que Molé, qui n'était pas toujours le meilleur des camarades, aimait à me dominer, à m'adresser la parole en scène, avec cet air qui semblait me dire : – On te met auprès de ma personne, à peu près comme on met un petit chien dans la cage d'un lion. » (p. 466).

8 On dit qu'elle est le modèle du joli portrait de la « jeune fille au manchon » de Mme Vigée-Lebrun.

9 BmCF, Dossier Molé.

1793. On a beaucoup dit que Molé avait une liaison « incestueuse » avec sa fille (pour autant qu'elle soit sa fille biologique, car, malgré la reconnaissance officielle, le doute peut subsister), et que c'est le chagrin de cette liaison qui aurait causé la mort prématurée de Mme Molé. Le témoignage du comte de Tilly serait accablant si on pouvait prendre au sérieux ses « Mémoires » souvent entachés d'erreurs. Néanmoins, il raconte être tombé sous le charme de Mme R…, rencontrée chez Sophie Arnould. Il la qualifie d'emblée, par rapport à Molé, de « sa belle-fille et maîtresse, peut-être un peu sa victime. » et accrédite l'idée qu'elle est en réalité la fille du duc de Villeroy, jadis amant de Mlle d'Épinay. Il prétend aussi que Reymond, qu'il méprise copieusement, aurait plus ou moins prostitué sa femme pour obtenir des privilèges à la Comédie-Italienne, notamment auprès d'un vieux comédien de la troupe, nommé Camerani. Il essuie d'abord les refus de la jeune femme, mais finit par en obtenir ce qu'il veut et prétend donc avoir eu une liaison avec elle. Tilly est un libertin affiché, qui accumule les liaisons plus ou moins scandaleuses[10]. Toutes ses assertions ne sont pas vraiment étayées par des preuves, mais « calomniez, calomniez, il en reste toujours quelque chose ! ». Et, lorsque, en 1783, Molé fait une donation à Élisabeth et prolonge sur sa tête une rente qui lui est faite, le document porte bien le nom de « Élisabeth Molé » et la qualité de « fille » y est employé. Campardon, publiant ce document, le corrige, et adopte la version selon laquelle Élisabeth ne serait que la belle-fille de Molé et reprend les assertions selon lesquelles Molé aurait eu des relations incestueuses avec sa « belle-fille[11] ».

Les frasques des Comédiens-Français en font presque oublier qu'ils ont à assurer l'enrichissement du répertoire. Malheureusement les dernières créations sont loin d'avoir comblé les spectateurs. Molé, toujours très engagé, est de presque toutes les nouveautés, tragiques ou comiques. Un seul drame semble émerger de la grisaille, il s'agit de *Clémentine et Desormes*, du camarade Monvel, où Molé se distingue encore, comme dans *Le Jaloux sans amour*, du jeune Imbert, qui n'a eu que quatre représentations. En revanche, Molé a insisté pour que soit reprise une vieille

10 *Mémoires du comte Alexandre de Tilly pour servir à l'histoire des mœurs de la fin du 18e siècle*, Paris, Chez les marchands de nouveautés, 1828, t. 2, p. 299 *sq.*

11 Émile Campardon, *Les Comédiens du Roi de la troupe italienne*, Paris, Berger-Levrault, 1880, 2 vol., t. 2, p. 169 *sq.*

tragédie de Crébillon, intitulée *Pyrrhus*, dont il souhaitait jouer le rôle-titre. Cinq représentations ont été programmées. Certains considèrent qu'il s'agit de la meilleure tragédie de Crébillon, mais cela ne semble pas être l'opinion du public.

Les gazettes se font l'écho de la médiocrité du travail des Comédiens à qui elles reprochent de n'avoir fait que sept créations et six reprises. Elles n'hésitent pas à attribuer cette pénurie de créations à l'atmosphère irrespirable qui règne à la Comédie-Française et au temps « dissipé en intrigues et en cabales » plutôt qu'en études[12].

Molé se distingue toutefois par son interprétation du *Misanthrope*, où, après avoir été longtemps cantonné au rôle d'Acaste, un petit marquis, il joue enfin, depuis la mort de Bellecour, le rôle d'Alceste. Aux dires de ses contemporains, il y était prodigieux, jouant la colère froide au début de la pièce, cassant une chaise à son entrée en scène, et tirant les larmes dans la grande scène du 4e acte. Au moment de la démission du ministre Necker (19 mai 1781), le parterre n'a pas manqué d'applaudir les passages où Molière fustige les intrigues de cour et les complots contre les honnêtes gens.

---

12 *Mémoires secrets*, *op. cit.*, 31 mars 1781b. « Quant à la Comédie-Française, elle n'a donné en tout que sept nouveautés : une tragédie, *Thamas-Kouli-Kan* ; deux pièces héroïques, *Le Siège de Saint-Jean-de-Losne* et *La Réduction de Paris*, une comédie en cinq actes, *Le Jaloux sans amour* ; deux petites pièces, *L'Antipathie pour l'Amour* en deux actes, et *Le Bon ami* en un ; enfin un drame en cinq actes, *Clémentine et Desormes*. L'indisposition de Mlle Sainval a empêché de jouer la tragédie de *Richard III*, de M. Durosoy, à l'étude depuis longtemps. Ils ont remis six tragédies : *La Veuve du Malabar, La Mort de Pompée, Orphanis, Pierre le cruel, Œdipe chez Admète* et *Pyrrhus*. *Le Retour des officiers, Les Carrosses d'Orléans* et *Le Roi de Cocagne* sont les seules comédies remises. »

ILL. 5 – Costume de Molé dans *Le Misanthrope*, par Janinet, gravé par Dutertre, dans *Costumes et Annales des Grands théâtres de Paris*, n° IX, 1re année. Coll. Comédie-Française, Cote Res-GRA-Leva-009 © Coll. Comédie-Française.

Préville, qui boudait et faisait même courir le bruit qu'il était mort, utilise, en se faisant plus rare, la même tactique que Lekain. Le public, moutonnier, applaudit... Molé préfère s'absenter chaque année pendant près de deux mois au moment de la clôture de Pâques. Il joue en province, et s'offre ainsi de quoi vivre sur un grand pied. Il ne manque pourtant pas de générosité, et c'est lui qui, lorsque le jeune Grammont perd ses effets de théâtre dans l'incendie de son auberge à Rochefort, incite ses camarades à lui donner une représentation à bénéfice.

Aux responsabilités officielles dont il est chargé au sein du Comité d'administration de la troupe, s'ajoute, en juillet 1780, celle de juger des pièces que l'on doit jouer sur les Boulevards, sans empiéter sur les privilèges de la Comédie-Française et de la Comédie-Italienne. Il s'y livre avec beaucoup de rigueur, et constate avec amertume que certaines pièces qu'il a refusées sont néanmoins jouées ou corrigées. Il écrit à Lenoir, lieutenant général de police, le 25 février 1781 :

> Vous conviendrez qu'il est inutile de faire perdre le temps à un comédien français, très occupé d'ailleurs, d'examiner des pièces quand ses réclamations sont comptées pour rien. Quelque plaisantes que m'aient paru les pièces que j'ai approuvées, telles que l'Amour enragé et autres, je n'ai point consulté le succès qu'elles pouvaient avoir, toutes les fois qu'elles m'ont paru du genre des Boulevards, c'est-à-dire représentant des personnages pris dans le peuple, d'un dialogue appartenant à ce genre et que leurs situations ne me paraissaient imitées en rien. Je désire, Monsieur, conserver d'une part votre estime sur l'accomplissement d'un devoir dont je suis chargé envers ma société et de l'autre éclairer votre justice sur des abus qu'on s'est, sans doute, efforcé de vous faire ignorer. Je suis avec un profond respect, Monsieur, votre très humble et très obéissant serviteur. Molé[13].

Monvel, acteur et auteur à succès, souvent double de Molé, et parfois mis en comparaison avec son chef d'emploi, est exilé de Paris en juin 1781. Il a, dit-on, été surpris en pleins ébats avec des jeunes gens dans les jardins des Tuileries. Bien que l'homosexualité ne soit pas un fait rare à la cour, la sanction est sévère. Monvel part pour Stockholm où il se met au service du roi.

Les doublures de Molé ne sont décidément pas des gens sérieux. Le beau Larive et le jeune Florence se disputent en coulisse, combattent

13 BmCF, Dossier Molé, Copie d'une lettre de Molé à M. Lenoir, lieutenant de police, en date du 25 février 1781, remise le 26.

avec des armes de théâtre, avant de se rencontrer en duel le lendemain aux Champs-Élysées. La réaction ne se fait pas attendre : Florence passe dix jours à For-L'Évêque.

Du coup, on recherche de nouvelles doublures, mais Molé se méfie de la réputation de ceux qui sont susceptibles d'être engagés. Tel Granger qui s'est fait une belle réputation dans l'emploi des petits-maîtres à Bordeaux. Molé a déclaré que, si l'on engageait Granger, c'est lui qui partirait… C'est donc la Comédie italienne qui profite des talents de Granger, et il y remporte des succès bien mérités. Molé, pendant toute sa carrière, reste jaloux des rôles qu'il assume et les laisse rarement jouer à ses doubles : « Si le sieur Molé s'est aperçu qu'il n'y réussit pas, il n'a pas voulu que d'autres y réussissent ; le public a donc été la victime de son amour-propre lorsqu'il a forcé le sieur Larive à renoncer au comique et à vendre sa garde-robe[14] ».

Non content de soutenir sa réputation d'acteur incomparable, Molé s'est pris au jeu de l'écriture et a présenté, sous couvert d'anonymat, une petite comédie de son cru, *Le Quiproquo*, qu'il a jouée avec sa femme et Mme Préville. Toujours présentée sans auteur par Molé qui fait l'annonce, la pièce a remporté un succès d'estime à la deuxième représentation, mais ce n'est pas le succès du siècle, et Molé est sans aucun doute meilleur interprète que dramaturge. D'ailleurs, il vaut mieux qu'il reste dans sa catégorie, car les auteurs continuent, bien entraînés par Beaumarchais, à s'opposer aux comédiens et à exiger une plus juste répartition des bénéfices. Pour une fois, Molé et Préville sont d'accord pour se méfier de l'auteur du *Barbier de Séville*, à leurs yeux chicanier et fanfaron… La guerre est largement ouverte, et d'autres auteurs se joignent à la bronca des premiers. Ainsi Laplace, auteur de *Jeanne Gray, Venise sauvée* et *Adèle de Ponthieu*, a rédigé un sextain assassin : « Sotte victime des noirceurs / De vous et de vos prédécesseurs, / Par leurs promesses et les vôtres / Depuis trente ans amadoués, / Vous ne m'avez que trop joué ; / Adieu, Messieurs, jouez-en d'autres[15] ».

Molé n'est pas seul à se prendre pour un auteur. Mlle Raucourt propose au public un drame intitulé *Henriette*, où elle joue en travesti – ce qui ravit son cercle de tribades – Le public applaudit et Molé, qui

14 *Correspondance littéraire*, *op. cit.*, t. 14, décembre 1785, p. 280.
15 *Mémoires secrets…op. cit.*, 4 janvier 1782.

participe à l'aventure, soutient sa camarade. Toujours en vogue, il reçoit une allocation de 4 200 livres.

Après douze années de représentations dans la grande salle incommode des Tuileries, les Comédiens la quittent à la clôture de Pâques, sans regrets, mais avec un peu d'inquiétude devant l'inconnu. Un beau théâtre a été construit rien que pour eux, au Faubourg Saint-Germain, sur les terrains de l'Hôtel de Condé, par l'architecte des Lumières, Charles de Wailly. Un « temple de Melpomène et de Thalie », avec colonnade et fronton marqué des lettres « Théâtre Français », dominant une place et un carrefour en patte d'oie, dont les rues portent les noms des grands auteurs du répertoire. Les alentours demandent encore quelques travaux, lorsque la salle est inaugurée le 24 avril 1782, et les carrosses pataugent encore dans la boue pendant quelques mois. Grande nouveauté, le parterre est assis, et le prix de la place saute de 30 à 48 sols. La salle comporte 1913 places, soit une centaine de plus que celle des Tuileries. Un à-propos d'Imbert accompagne l'ouverture, *L'Inauguration du Théâtre-Français* dont la platitude déplaît au public. Dès le lendemain, il est remplacé par un autre, cette fois de la plume de La Harpe, *Molière à la nouvelle salle*, qui remporte les suffrages des spectateurs. Les Comédiens ont trouvé le moyen de s'assurer les bonnes grâces du parterre, en se répartissant, pour chaque représentation, deux billets de parterre qu'ils peuvent donner à qui bon leur semble. Cet arrangement ne fait évidemment pas l'affaire des auteurs, qui n'en continuent pas moins de solliciter Molé pour la lecture de leurs pièces.

MALADIE DE MME MOLÉ – REPRISE DU SERVICE – LE MARQUIS DE BIÈVRE – L'ÉCOLE DRAMATIQUE – *LE MARIAGE DE FIGARO*

Selon ce qui est devenu chez lui une habitude, Molé se plaint d'avoir trop de travail. Répéter *L'Homme dangereux* de Palissot, jouer *Le Père de famille*, assister aux assemblées et y assumer des responsabilités paraît trop pour un seul homme : « Il y a pour ce matin sur le répertoire […] une répétition de l'Homme dangereux ; vous avez, de plus, fait mettre une assemblée dont les objets sont importants. Je prévois ce qui arriverait, c'est qu'on ne répéterait point l'Homme dangereux ou que si on le faisait, on ne s'y mettrait que vers midi ou midi et demie au plutôt [*sic*], ce qui conduirait à deux heures. Je joue aujourd'hui le Père de famille, je voudrais dîner de bonne heure sans peine[1] ». Ce n'est pas la première fois que Molé demande à ne pas répéter le matin lorsqu'il joue le soir. Il est vrai aussi qu'il a quelques soucis à se faire en privé. Sa chère Pierrette est en mauvaise santé. En octobre 1781, un grave malaise au cours du deuxième acte de *L'Homme à bonnes fortunes*, interrompant la représentation, et suivi d'une absence de deux mois, a donné l'alarme. Mme Molé tombe dangereusement malade en juin 1782, et ne reparaîtra plus sur scène. Elle souffre de ce qu'on appelle aujourd'hui un cancer de l'utérus. Molé fait venir les plus grands médecins, parmi lesquels le célèbre obstétricien Baudelocque. Mais il semble que ce soit trop tard, et le mal progresse à grands pas. Désorienté, Molé fait appel à la sympathie de ses camarades :

> 10 juin 1782
>
> Je ne sais que vous dire, mes chers camarades, ma situation pourrait se dépeindre par un autre, mais vous avez tous des âmes, suppléez-moi,

1 BmCF, Dossier Molé, Lettre du 25 avril 1782.

aidez-moi, conseillez-moi, guidez-moi, je ne suis à rien, je n'ai plus de pensée ; mes amis, si vous saviez le peu d'espoir qu'on me laisse, vous seriez effrayés, déchirés. Quel coup inattendu ! Le croiriez-vous ? Ils croient qu'il y a déjà plus de six ou sept ans que cette maladie de matrice a jeté ses premiers fondements ; ils l'augurent sur le récit fidèle des divers petits chiffonnages qu'elle a éprouvés depuis longtemps et qu'on traitait pour des sables, des nerfs, des glaires, et mille autres causes qui étaient selon les médecins des signes assez certains ou du moins assez inquiétants pour un homme de l'art, pour devoir lui faire porter son attention vers cette partie si délicate et si essentielle à veiller. Enfin, mes amis, elle est victime et moi aussi de sa confiance et de l'erreur où on l'a tenue. Grand Dieu, si j'avais été éveillé sur la crainte pour cette partie dangereuse, par combien plus de soins, de ménagements, de précautions eussè-je ajouté à ma profonde tendresse pour elle, tous les secours que l'art et la nature eussent pu lui prodiguer. Ah, je n'existe pas de crainte ; quelquefois un peu d'espoir vient m'aider à vivre ; je me dis, elle est jeune, elle a toujours eu le sang pur ; elle sera sensible aux soins ingénieux et toujours actifs et renaissants de la plus vive tendresse, c'est depuis bien peu de temps qu'on a découvert la véritable source de son mal. Des remèdes exprès pour la matrice pourront peut-être avoir quelque effet. Oh, on dit qu'ils sont bien impuissants ! Mes chers camarades, vous représentez-vous la sécurité dans laquelle j'existais sur sa vie ; quel retour a cette certitude ! Mes amis, au nom de l'humanité, donnez-moi cette semaine pour me reconnaître. Lundi, j'aurai l'honneur de vous écrire ; s'il m'était possible d'oublier son danger, j'étudierais. M. Louis m'avait donné quelque espoir, je l'avais employé à vous servir, j'avais étudié environ cent vers des Philosophes ; ah, je n'ai pas été longtemps dans cette douce erreur, M. Petit a presque tout détruit. Je ne vous dis pas la cent millième partie de ma douleur, elle est inexprimable. Adieu, mes amis. Molé

Elle n'a pas trop souffert cette nuit et repose à présent[2].

Molé, anéanti, multiplie les courriers de ce type, demande des congés pour rester auprès de sa chère malade. Il n'arrive plus à apprendre ses rôles. Il ne dort plus, fait des cauchemars, sa propre santé s'en ressent, il s'arrange pour jouer le moins possible, et reste au chevet de Pierrette, dont les souffrances sont atroces. L'été 1782 se déroule dans une alternance de doutes et d'espoirs. Il devient tatillon quant aux horaires de répétition : « Mille pardons, mais je crois que la répétition de demain serait inutile. J'aime mieux l'employer à étudier et me mettre en état de jouer lundi[3] ». Dès qu'un léger mieux se fait sentir, il est aux ordres de

2 BmCF, Dossier Molé, Lettre du 12 juin 1782.
3 BmCF, Dossier Molé, Lettre du 7 juin 1782.

ses camarades, qui sont obligés, au milieu du mois d'août, de demander à Larive de faire un effort en faveur de son chef d'emploi. Mais Larive y met de la mauvaise volonté, dont Molé lui garde rancune. Lorsqu'il s'agit de répartir les loges les plus proches de la scène, il soutient les « princesses de tragédie », à qui il sacrifie son droit d'ancienneté, et vote en faveur de Mlle Raucourt contre les prétentions de Larive qu'il égratigne au passage : « il sue[4] », dit-il.

Molé tâche cependant de ne pas démériter de la troupe, il leur fait des propositions qui lui permettraient de ménager sa femme et lui-même :

> Je reste chez moi, mes chers camarades, toute la maisonnée est malade ou se purge, ma pauvre femme n'a pour aujourd'hui presque que moi pour la soigner ; il m'est impossible d'aller à l'assemblée. Mettez des répétitions de *L'Écueil des mœurs* si vous voulez, demain, mercredi et jeudi pour jouer la pièce le vendredi, ainsi qu'il m'a semblé que cela était convenu, je suis prêt à l'Écueil des mœurs. Je serai prêt aussi à Tibère pour jouer samedi ; arrangez les répétitions, et pour la mémoire, je pourrai le jouer samedi. À l'égard du couple de *L'Amour et de la fortune*, la belle Louison Contat jouant un rôle important dans l'Ecueil des mœurs, ne pourra se mettre que samedi à son rôle d'Aurore, moi, qui saurai dans Tibère mercredi au plus tard, je pourrai me mettre à mon Roger jeudi matin, deux jours avant Louison, j'ai aussi bonne mémoire qu'elle, ainsi j'y serai prêt aussitôt qu'elle, ergo, je ne retarde rien. Jouera-t-on demain, ou ne jouera-t-on pas ? Si on joue demain, on aurait aussi bien fait de me faire jouer aujourd'hui, et de garder *Mélanide* pour demain, ce qui avec le débutant aurait amené du monde et épargné au débutant la fatigue d'un grand rôle le lendemain de Séïde qui me crevait dans ma jeunesse. Si on peut se passer de moi demain, on me fera plaisir, à moins que je ne sois nécessaire dans une pièce du débutant. Pardon si je finis si court. Molé[5].

Début septembre, tandis que l'on soigne le cancer de sa femme à coups de bains chauds et en lui faisant boire du lait, il est à bout de forces et contracte un vilain mal de gorge persistant, retardant représentations et répétitions. Ses lettres sont empreintes d'un désespoir qui n'est pas feint. Un jour même, alors que, prêt à partir pour le théâtre, il passe la saluer, elle le supplie de « ne pas l'abandonner » :

---

4 BmCF, Dossier Molé, Avis de Molé. Délibération concernant la loge au-dessus de celle de Mlle Saint-Val, destinée pour Mlle Raucourt et demandée par M. Delarive. Lundi 6 janvier 1783. Mrs Brizard et Dorival Semainiers.

5 BmCF, Dossier Molé, Lettre du lundi 22 juillet 1782.

> Ah, je ne sais pas ce que je ne donnerais pas pour ne pas jouer aujourd'hui, écrit-il derechef à ses camarades, Mon Dieu, si tantôt, elle ne veut pas encore que je l'abandonne, si elle me veut auprès d'elle, que ferais-je ? Refuse-t-on quelque chose à une infortunée dans son état ? Qu'on a donc mal fait de ne pas faire revenir M. Larive quand *elle a été administrée* ; on n'a pas plus de pitié de moi que d'un chien ; tire la charrue, misérable, pendant qu'un autre gagne de l'argent pour son compte. Depuis quatre mois, on a vu combien j'ai intéressé ma délicatesse à forcer la nature pour remplir mon devoir. Suis-je en état de jouer ? Quelle âme me suppose-t-on donc ? Pardon de mes plaintes, elles sont faites dans l'amertume de mon cœur. Je vous écris aux gémissements expirants de cette pauvre infortunée. Ah, si du moins on pouvait me dispenser de jouer demain ! Ah, j'ai bien peur d'ici-là d'être le seul qui reste à plaindre… Molé[6].

Dix jours plus tard, la malheureuse Pierrette d'Épinay, épouse François-René Molé, âgée de 42 ans, meurt dans les bras de son mari. La cérémonie funèbre a lieu à Saint-Sulpice, là où ils s'étaient mariés, et leur paroisse, car ils habitent toujours rue du Sépulchre. Molé, dont on ignore vraiment les convictions, comédien excommunié par l'Église gallicane, fait dire dans la suite des messes pour le repos de l'âme de celle qu'il a aimée et protégée envers et contre tout et tous.

Grimm rend justice à Mme Molé. Il lui concède des qualités physiques et spirituelles, malgré un embonpoint qui gâchait son joli visage et un manque de naturel qui la faisait paraître maniérée[7].

La seule consolation de Molé, dans l'immédiat, est de jouer, et de jouer encore. En janvier 1783, il est de nouveau l'interprète d'une adaptation shakespearienne de Jean-François Ducis, *Le Roi Lear.* C'est Brizard qui interprète le vieux roi, et Molé est chargé du rôle noir d'Edgard.

Recevant en legs une rente de 6000 livres tournois de la part d'un ex-trésorier de Bretagne, il la rend réversible sur la tête de sa fille, qu'il appelle affectueusement Dame Chiffon.

Revoici Beaumarchais, avec la suite du *Barbier, Le Mariage de Figaro ou la Folle journée.* Molé y reprend le rôle d'Almaviva[8], au cours de répétitions à l'Hôtel des Menus Plaisirs, qui doit en accueillir la création. À la stupeur générale, le 13 juin, un ordre émanant du roi vient en interdire la représentation, au prétexte que « Ceux qui ont vu des répétitions

6 BmCF, Dossier Molé, Lettre du 6 septembre 1782.

7 *Correspondance littéraire*, *op. cit.*, t. 11, décembre 1783, p. 501

8 Dans lequel il avait succédé à Bellecour en 1779.

assurent qu'il y a non seulement beaucoup d'ordure, mais encore des tirades indécentes contre différents corps, contre la magistrature, contre les ambassadeurs[9]. … »

Molé vieillissant et souvent frappé de cet enrouement qui lui est coutumier n'en défend pas moins sa position de chef d'emploi. Il bataille pour qu'on ne joue pas sans lui *Les Coups de l'amour et de la fortune*, souligne l'ambition démesurée de Larive, à qui néanmoins il concède de jouer *Hamlet.* C'est d'ailleurs le même Larive, qui est chargé de créer la dernière adaptation de Ducis, *Macbeth.*

Enfin réconcilié avec « Papa Préville[10] », il est parmi les premiers à lui demander de rester encore un peu dans la troupe, alors qu'il souhaite prendre une retraite bien méritée.

En dépit des ordres royaux, *Le Mariage de Figaro*, lu et répandu partout par Beaumarchais lui-même, est joué le 27 septembre 1783 à Gennevilliers chez le comte de Vaudreuil, en présence du comte d'Artois, frère du roi.

Les répétitions vont pouvoir reprendre. Molé, cœur vacant, se prend au jeu de l'amour et tombe amoureux de sa partenaire dans le rôle de Suzanne, la belle Louise Contat, dont les amants ne se comptent pas, et qui vient d'accoucher d'un enfant attribué au comte d'Artois.

Outre Almaviva, Molé, séduit par l'esprit du « marquis de Bièvre », prince des calembours, s'est juré de jouer et de faire réussir sa pièce du *Séducteur*, rôle qui sans doute lui est proche, roué pour roué. Les deux hommes, devenus amis, font assaut d'esprit dans une brillante correspondance, pleine de concetti… Quelques exemples des lettres envoyées par Molé, qui s'amuse à parler de lui à la troisième personne, à son auteur, lettres qui sont aussi autant de témoignages du soin que Molé prenait à étudier ses textes :

> Molé ne trouve pas nette l'expression *et je pourrais songer si c'est en l'épousant que je dois me venger.* Ce *je pourrais* ne présente pas une idée nette, quel est l'arrêt du Conseil qui empêcherait de mettre *La sienne m'est présente, Et je suis à songer*

9 BmCF, 2AA-1783-2. Versailles, 13 juin : Copie par Delaporte d'un ordre du roi, signé Amelot et notifié par Vaugien : interdiction de jouer *le Mariage de Figaro* à l'Hôtel des Menus Plaisirs. Voir aussi : *Mémoires secrets…op. cit.*, 14 juin 1783.

10 Préville, en 1783, avait soixante-deux ans, il était doyen de la troupe depuis 1778, et les Comédiens l'appelaient affectueusement « Papa Préville ».

> *si c'est* etc., ou bien *là j'en suis à songer.* En jetant les yeux sur le manuscrit pour chercher ces deux vers, j'en reviens à remarquer que le dialogue n'est pas assez conséquent, que le marquis répond à ce que l'héroïne ne lui a pas dit et que cela rend ce susdit dialogue d'une intelligence difficile et par conséquent moins chaud, moins vif pour le spectateur.
>
> Si le Molé était une jolie femme, il dirait à Monsieur le marquis de Bièvre, venez le matin entre 7 et 8 heures, la tasse de chocolat, et M. de Bièvre n'y manquerait pas, mais proposer cela pour une pièce, on mettra en action *Minerve est éconduite et Venus tient la pomme.* Puisque c'est comme cela, deux mots de réponse avec une meilleure plume que la mienne[11].

Et encore :

> Rendez-moi un peu plus fin quand les femmes veulent me faire expliquer ; le talent de parler sans rien dire n'appartient qu'aux imitateurs, les originaux doivent savoir se tirer de tout, on adore ce cher roué, on est fâché de le voir fléchir, sans compter que s'il vous est permis de le faire parler sans rien dire pour les femmes, il faut qu'il dise au moins quelque chose pour le public, il est là pour l'amuser et quelque vrai que puisse être l'embarras qui le rend fort diffus, sa diffusion même doit être comique. Si le vrai genre de la comédie était suivi, si Molière (le bon Molière) n'était pas abandonné, je ne douterais pas du grand monde de mercredi ; mon espoir est qu'on aime assez les aimables mauvais sujets. Je vous remercie de ma gloire, je vous remercie plus encore du bonheur d'avoir été utile à la vôtre. Courage ! oh, courage ! conservez-moi jeune, je tâcherai au moins de n'y rien gâter[12].

Le marquis de Bièvre avait d'abord soumis son manuscrit à Ducis, mais avait peu tenu compte de ses remarques. Pour Molé, il rédige six pages de « Notes pour le rôle du Marquis dans le Séducteur ». Les échanges entre les deux hommes sont fructueux et Molé peut se targuer d'avoir empêché l'auteur de changer le dénouement, après la représentation de la pièce à la cour, le 4 novembre 1783. Il faut dire aussi qu'il y a le dernier mot. La distribution est plus que brillante, et le couple Contat/Molé s'y montre particulièrement remarquable.

---

11 BmCF, Dossier Molé, correspondance avec le marquis de Bièvre, novembre 1783.

12 *Ibid.* Voir aussi Gabriel de Mareschal de Bièvre, *Le Marquis de Bièvre, sa vie, ses calembours, ses comédies, 1747-1789*, Paris, Plon-Nourrit, 1910.

ILL. 6 – Molé dans le rôle du *Séducteur*, aquarelle par Favart (s.b.g. Favart 1811).
Coll. Comédie-Française, n° inv. A-2007-06.
Cote Res-Cad DES 1 MOLE 1 © P. Lorette, coll. Comédie-Française.

En dépit des changements habilement suggérés par le comédien, la pièce, fondée essentiellement sur le persiflage à la mode, et dénuée d'une intrigue réellement charpentée, tenue grâce à la réputation de l'auteur et l'interprétation brillante de la troupe, voit son succès s'étioler. Le marquis de Bièvre, néanmoins reconnaissant, abandonne à son interprète les honoraires de sa pièce, soit une somme d'à peu près 10 000 francs. Une anecdote significative met en scène l'auteur et l'acteur. Un jour, Molé, pris de son habituel mal de gorge, avoue au marquis qu'il n'est pas content de lui : « Je crains d'avoir affaibli mon rôle, car j'étais enroué ». À quoi le prince des calembours répondit : « Vous n'avez jamais été meilleur, c'est *en roué* qu'il faut jouer le Séducteur[13] ». La pièce ne termine pas là sa carrière, et est reprise, à Rouen, par Molé lui-même, et plus tard, à la Comédie-Française, par Fleury.

En 1788, le marquis de Bièvre veut renouveler l'expérience et confie à Molé et Louise Contat le manuscrit d'une nouvelle pièce, intitulée *Les Réputations.* Une fois de plus Molé fait à l'auteur des remarques pertinentes, la pièce est reçue et créée, mais elle tombe dans les règles à la troisième représentation, Bièvre ayant eu l'impertinence de s'attaquer aux journalistes, qui se déchaînent.

L'idée de fonder une école dramatique, avec l'aide des Comédiens-Français qui ont déjà des élèves en privé, idée envisagée du temps de Lekain et alors combattue par Molé, a fait son chemin. Molé, sollicité, jette sur le papier quelques idées sur l'organisation de l'école. Associé à Préville, il prévoit que chacun des maîtres disposera d'une journée entière à consacrer à l'enseignement assorti d'un monopole, à son choix dans la semaine. Il préconise l'organisation de cours de langue française, de prosodie et de poésie, mais aussi de cours de danse et de maniement des armes. Pour éviter tout désordre, l'entrée sera interdite à tout élément étranger (père, mère, ami ou autre). Il ne sait que trop bien combien le laxisme des Comédiens sur ce point a causé de problèmes au théâtre. Les élèves privés de Molé et de Préville seront intégrés à l'école *de facto.* Une journée d'information permettra, en présence des gentilshommes de la chambre, de l'intendant des Menus (c'est à l'Hôtel des Menus Plaisirs que se tiendra ce nouvel établissement), des professeurs dans

---

13 *Ibid.*, p. 252 *sq.*

les différentes disciplines, d'inscrire officiellement les élèves et de leur proposer l'organisation des cours. Il insiste sur l'excellence d'une école réservée uniquement à former des sujets pour les théâtres royaux, les villes de séjour royal et la province, à l'exclusion des théâtres forains, des boulevards et de banlieue. Les premiers bénéficiaires de cet enseignement seront les pensionnaires de la Comédie-Française, ainsi que les futurs acteurs et chanteurs de l'Opéra et des Italiens. Molé et Préville seront solidaires pour signer tout ordre de début, et, en cas de disparition de l'un des deux, le survivant aurait à faire choix d'un successeur. Les professeurs auront aussi le droit de signer des billets, « objets de récompense et d'encouragement », permettant aux élèves d'assister aux spectacles.

Quant au contenu des cours et à leur déroulement, il envisage d'étudier des scènes plutôt que des pièces entières, dont il fait cependant un choix dans les différents genres du répertoire. Il exige une discipline de fer, silence absolu pendant les prestations des élèves, écoute attentive, rires et commentaires interdits. Il suggère que les répliques soient données par les élèves eux-mêmes. Toutes ces suggestions sont très concrètes, il va jusqu'à proposer de fixer des horaires, soit une demi-heure par élève, à raison de 5 élèves par matinée, selon un ordre déterminé d'avance.

Toutes ces recommandations nous paraissent aujourd'hui marquées au coin du bon sens et de la rigueur et rappellent le fonctionnement traditionnel du Conservatoire.

Le Mémoire de Molé[14], lu à l'assemblée, est apprécié de ses camarades, à qui il donne quitus de l'amender à leur goût.

L'École dramatique voit le jour le 24 mai 1786. Préville a déjà pris sa retraite. Les professeurs désignés sont donc Molé, Dugazon et Fleury[15].

Molé a repris son service, et ses interprétations favorites de « caractères », tels *L'Impatient, Le Séducteur, Le Bourru bienfaisant*, *L'Inconstant*, etc. Le 11 mars 1784, il crée la dernière pièce de Rochon de Chabannes, *Le Jaloux*, et, comme chaque année, consacre son congé de Pâques à une fructueuse tournée, et se produit à Amiens.

14 BmCF, Dossier Molé.

15 Voir Monique Sueur, *Deux siècles au Conservatoire national d'Art dramatique*, Paris, CNSAD, 1986.

Dès la rentrée, a lieu l'un des plus importants événements de l'histoire de la Comédie-Française. Le 27 avril 1784, enfin, *La Folle journée ou le Mariage de Figaro*, de Pierre-Augustin Caron de Beaumarchais, est joué sur la scène du Faubourg-Saint-Germain. Le succès est immense, on se bouscule, on s'écrase même aux guichets du théâtre, chansons et libelles circulent, Beaumarchais exulte, Plus de cent représentations dans la foulée, une sorte de folie « figaresque » saisit la noblesse, qui pourtant n'est pas épargnée par l'habile dramaturge. Il a veillé à tout : mise en scène, décors, costumes...La vogue des « justes à la Suzanne », des coiffures « à l'Almaviva », des vestes « à la Figaro » n'est qu'un des épiphénomènes du succès. À ce propos, les costumes portés par les Comédiens lors de la représentation de Gennevilliers chez le comte de Vaudreuil leur ont été offerts. C'est Molé, coquettement vêtu d'un costume à l'espagnole lui permettant d'exhiber ses belles jambes, qui s'interpose pour récupérer chez Mlle Fanier, à qui il avait été envoyé par erreur, le joli costume de page qui revient à Mlle Olivier, charmante interprète de Chérubin, et dont la mort prématurée oblige à une interruption dans les représentations de la pièce.

ILL. 7 – Molé (Almaviva), Mlle Olivier (Chérubin) et Louise Contat (Suzanne) au 1er acte du *Mariage de Figaro*, gravure d'après une gouache de Fesch et Whirsker, publiée dans *Souvenirs et regrets d'un vieil amateur*, d'Antoine-Vincent Arnaud. Coll. Comédie-Française, Res-GRA-FW-031 © Coll. Comédie-Française.

Dans sa cinquantième année, Molé est au sommet de son art. Son interprétation du *Misanthrope*, toute moderne et presque romantique, est portée aux nues. Des vers circulent de mains en mains sur cette interprétation. Ces vers seront publiés presque dix ans plus tard lorsque Molé jouera à nouveau Alceste au Théâtre National[16]. Lorsque sera repris *Le Mariage de Figaro* au Théâtre Feydeau, avec Molé et Fleury en alternance dans le rôle d'Almaviva, la critique ne s'y trompe pas et fait la différence : « Fleury, qui fait le rôle du comte Almaviva à la place de Molé, y met moins de noblesse et moins de délicatesse, mais en revanche bien plus de froideur[17] ».

Fidèle à sa devise, « donner son cœur et garder sa tête », il enchaîne rôle sur rôle, passant avec une facilité surprenante du petit-maître musqué de la dernière comédie de Vigée (*La Fausse coquette*) aux rôles tragiques ou dramatiques de son répertoire habituel.

Il est parfaitement conscient que les rôles de petits-maîtres et de roués que les auteurs continuent à lui proposer commencent à être « trop jeunes pour lui », ainsi qu'il l'écrit à Delaporte[18], à propos d'une comédie que lui a proposée Bret et il profite de l'engagement du jeune Saint-Fal pour lui céder, sinon ses grands rôles de comédie, du moins la plupart de ses rôles tragiques. Il est très intéressé par les rôles qui demandent une implication psychologique dramatique, tel celui de Beverley. Il prépare soigneusement chaque rôle et n'hésite pas à se renseigner, Il n'est donc pas étonnant de découvrir dans ses papiers, pieusement recopié par le fidèle Delaporte, un mémoire de médecine qui s'intéresse aux caractéristiques de « l'Homme passionné[19] ». Ce type de démarche est assez rare à l'époque chez les comédiens et mérite donc d'être mentionnée.

16 Oui, pour nous consoler des fatigues du jour, / Alceste tout entier s'est montré sur la scène. / Je l'avais vu souvent vigoureux dans sa haine ; / Je l'avais toujours vu faible dans son amour. / L'intégrité de ce grand caractère/ Perce enfin jusqu'au cœur du public assemblé ; / Sa passion déchire, et son courroux sait plaire. / Voilà l'acteur, voilà Molé. (*Journal des Spectacles*, 19 frimaire an II, n° 160).

17 *La Décade philosophique, littéraire et politique. par une société de républicains* (rédacteur : Pierre-Louis Ginguené), Paris, s.n., 1803-1810, t. 12, février 1797, p. 176.

18 BmCF. Dossier Molé, Lettre à Delaporte, 20 novembre 1784.

19 BmCF. Dossier Molé. 1784, copie par Delaporte pour Molé du Discours d'un provincial (M. Servant, ancien avocat général du parlement de Grenoble) aux médecins commissaires chargés par le Roi de l'examen du magnétisme animal, 1784.

DÉSILLUSIONS – AMOURS – NOUVEAUX PERSONNAGES

Dès 1785, les Comédiens-Français s'inquiètent de la concurrence croissante que leur font ce qu'on appelle couramment les petits spectacles. Ils en sont même à demander qu'on les suspende, au moins qu'on en réduise le nombre. Et pourtant eux-mêmes ne s'interdisent pas de jouer des pièces d'une grande légèreté, telle une petite comédie d'André de Murville, intitulée *Melcour et Verseuil*, sorte de démarquage trivial du *Jaloux* de Rochon de Chabannes, dans laquelle Mlle Contat, Molé et Fleury jouent à peu près les mêmes personnages. Molé, toujours critique, et probablement devenu plus circonspect avec l'âge, n'hésite pas à demander que l'on coupe dans ses rôles, et fait des propositions qui, après vive discussion, sont approuvées par l'Assemblée des Comédiens.

C'est en été 1785 que commence une affaire qui ne se dénouera que quatre ans plus tard. Olympe de Gouges, femme de lettres, et fille adultérine de l'auteur dramatique Le Franc de Pompignan, montée à Paris de son Languedoc natal, tâche de se faire une place dans les milieux littéraires. Elle hante les salons à la mode, dont celui, très fréquenté par les Comédiens-Français, de Mlle Guimard. C'est là sans doute qu'elle fait la connaissance de Molé. Elle sait qu'il est bon lecteur, elle lui présente donc un drame intitulé *Zamore et Mirza ou L'Heureux naufrage*, chaleureux plaidoyer contre l'esclavage et dont le dénouement, subversif à l'époque, donne la liberté au couple d'esclaves en fuite, après assassinat d'un intendant particulièrement brutal. La pièce doit être présentée anonymement, mais des fuites ont lieu dans ce milieu propre aux commérages, et, lorsque les comédiens apprennent que l'auteur du drame est une femme, ils font traîner les choses ; seul Molé défend la pièce qui est finalement lue, grâce à la protection accordée à l'auteure par Mme de Montesson. Molé fait de la pièce une lecture pleine d'émotion[1],

1 Voir le récit très orienté de cette lecture publié dans les *Mémoires de Fleury* : « Molé était, au comité comme au théâtre, un grand dupeur d'oreilles ; il s'agissait d'un drame,

et la pièce est admise d'abord à corrections, puis à l'unanimité le 8 juillet 1785. Pour remercier Molé et faire avancer les choses, Mme de Gouges fait envoyer des oranges et des fleurs à Élisabeth Molé-Reymond, commande des mets raffinés chez le traiteur et fait livrer à Molé une pièce de porcelaine de Sèvres d'une grande valeur (400 livres). Molé, qui connaît les réticences de ses camarades, conseille à Mme de Gouges de présenter une autre pièce aux Comédiens, mais, après une « mauvaise lecture » par Florence, dit-elle, cette pièce est refusée. Mlles Joly et Olivier se font un malin plaisir de répandre le bruit que Mme de Gouges aurait payé de sa personne pour être reçue. Molé est dans le collimateur de ces dames et Florence, qui n'a pas digéré l'accusation de « mauvaise lecture » soutient que c'est au seul Molé que *Zamore et Mirza* doit d'avoir été reçue. Désorientée, Mme de Gouges demande conseil à son ami et confrère, le chevalier de Cubières. Ce dernier, tête brûlée, lui conseille de faire du bruit. Des insultes sont échangées entre Florence et la bouillante auteure – jusqu'à une menace d'embastillement – après une lettre particulièrement insultante pour la Comédie-Française, traitée d'« écurie » : « un mauvais cheval peut broncher mais pas toute une écurie[2]. »

Molé joue les bons offices et convainc Olympe de se réconcilier avec les comédiens, lui dicte une lettre où elle abandonne ses griefs envers Florence. Mais l'affaire est loin d'être terminée.

L'automne 1785 est encore marqué par quelques chutes retentissantes, et par les débuts controversés d'une jeune comédienne, fille du sociétaire Vanhove. Son apparition dans les deux genres déclenche la jalousie de Louise Contat, qui pense régner en souveraine sur les cœurs des spectateurs autant que sur ceux de certains de ses camarades, et veut protéger l'emploi de sa jeune sœur Émilie. Selon la vieille habitude des Comédiens-Français, deux clans se forment, et Molé est évidemment du côté de sa bien-aimée Suzanne. Il préside à son tour aux débuts

Molé pleura, sanglota, essuya ses larmes, toucha son jabot de ses mains émues, tira ses manchettes, éblouit les auditeurs de toutes ses fusées, et les pleurs, les sanglots, le jabot froissé et les manchettes déchirées de Molé furent reçus avec acclamation sous le titre de l'Esclavage des nègres. » (*op. cit.*, t. 2, p. 92).

2 Olympe de Gouges, Correspondance avec les Comédiens Français reproduite dans la préface de *Zamore et Mirza, Œuvres de Madame de Gouges*, Paris, Cailleau, 1788, t. 3, p. 2-3. Voir à ce sujet : Olympe de Gouges, *L'Esclavage des nègres.* Version inédite du 28 décembre 1789, Sylvie Chalaye et Jacqueline Razgonnikoff (éd.), Paris, Éditions L'Harmattan, coll. « Autrement mêmes », 2007.

prometteurs d'une de ses élèves, Julie Candeille, s'indigne que les querelles d'amour-propre aient mis sous le boisseau les talents de la jeune femme. Il s'en plaint à M. des Entelles, intendant des Menus Plaisirs et successeur de Papillon de La Ferté, et souligne habilement qu'il « garde avec la Comédie le silence sur ses ingratitudes, son éloignement pour les talents, son penchant de préférence pour la médiocrité… et son oubli total fait de l'intérêt général[3] ». Il compte sur le maréchal de Duras pour hâter la réception de son élève, dont il souligne au passage qu'elle a droit d'ancienneté sur Mlle Vanhove.

Le professeur Molé avait la réputation d'être très généreux à l'égard de ses élèves. Non seulement il les encourageait de ses conseils mais sa bourse leur était ouverte et il n'avait aucune jalousie envers les nouveaux talents qu'il aidait ainsi à se développer, et forma de nombreux jeunes gens, comédiens et chanteurs[4].

Cette générosité de Molé, « panier percé » notoire, l'oblige parfois à faire de gros emprunts, tel celui que, en 1786, il fait à un lieutenant-colonel, chevalier de Saint-Louis, de la coquette somme de 12 000 francs, contre des entrées au théâtre. Cette dette, ce n'est pas lui qui la remboursera, mais la Comédie-Française, pourtant éclatée par les événements révolutionnaires, en 1795.

L'auteur Collin d'Harleville confie à Molé, en juin 1786, le rôle, tout à fait conforme, de *L'Inconstant.* La pièce est reçue depuis six ans, et dort dans les tiroirs de la Comédie. Collin décide d'intervenir et de porter le manuscrit en mains propres à son futur interprète, qui prétend, tout en se désolant, ne pas avoir le temps de lire tout ce que les auteurs lui apportent. Collin se présente donc à son hôtel de la rue du Sépulchre, mais le maître de maison est sur le départ, poursuivant de sa jalousie la belle Louise. Il remet donc au lendemain l'entrevue avec son auteur. Il le reçoit fastueusement à déjeuner avec huîtres et vin blanc. Mais il

3 BmCF, Dossier Molé, Lettre à M. des Entelles, 1er décembre 1785.

4 Alexandre Ricord, *Les Fastes de la Comédie*, Paris, chez Alexandre, Delaunay, Petit et Mongie aîné, 1821, t. 1, p. 212 : « Molé aidait les jeunes gens qui annonçaient d'heureuses dispositions pour l'art théâtral, de ses conseils et souvent de sa bourse. Il les encourageait et n'avait pas cette jalousie destructive de tout talent qui de la médiocrité semble avoir gagné les acteurs d'un même mérite, qui repoussent avec dureté les commençants qui promettent non pas de les surpasser ni même de les égaler, mais seulement d'approcher de leur supériorité ».

n'est à table question que des amours de Molé pour Louise, et point du manuscrit apporté par Collin. Le déjeuner terminé, Molé file à la répétition, où il doit donner la réplique à l'objet de sa passion. Collin, sans désemparer, revient le lendemain au point du jour et surprend Molé au lever. Andrieux, dans sa préface aux œuvres de Collin d'Harleville donne une version complémentaire du repas avec Collin : Invité chez Molé avec son ami Dessales, les deux hommes sont reconduits à la porte par Molé, toujours aimable. La porte de l'appartement de la rue du Sépulchre donnait directement sur l'escalier et Collin, en sortant faillit tomber, Molé le retint : « Voilà ce que vous avez fait plus d'une fois, lui dit Dessales, mon ami n'est pas le seul auteur à qui vous avez sauvé une chute[5] ». Par chance la pièce lui plaît, et il lui obtient enfin un tour de faveur. La pièce est demandée par la Cour, et enfin jouée sur le petit Théâtre au mois de mars 1784. « Molé joua le rôle avec la vivacité, la légèreté, les grâces de la jeunesse. Il y fut charmant. On n'applaudissait point au spectacle de la cour, mais il fut aisé de s'apercevoir que la pièce faisait plaisir surtout par le style et les détails[6] ». Des changements sont tout de même demandés, et la pièce est créée à Paris en juin 1786. Commence alors une sorte de collaboration entre l'acteur et l'auteur dont les comédies de caractère sont autant de triomphes pour Molé (*L'Optimiste, Les Châteaux en Espagne, Le Vieux célibataire).*

En cet été 1786, c'est dans une comédie héroïque de son rival et néanmoins ami Monvel que Molé se distingue. Le 24 août, *Le Chevalier sans peur et sans reproche ou Les Amours de Bayard* paraît sur la scène, avec le couple Molé (Bayard) et Louise Contat (Mme de Randan). Monvel, de retour de l'exil suédois que lui avait valu sa conduite avec les jeunes gens, sacrifiant à la mode du romanesque, a chargé aussi sa pièce de musique (de Champein, très applaudie) et de ballets, nouvelle concession à la concurrence acharnée que se livrent la Comédie-Française, l'Opéra et les Italiens. Le résultat est une espèce de « monstruosité », mi-drame, mi-comédie. Molé, suivant l'idée de l'auteur, fait de Bayard un sémillant « chevalier français », face à Louise Contat, plus coquette qu'il n'eût fallu. Les deux comédiens, la tête un peu tournée par leurs succès, ont voulu

---

5 *Vie de François-Rebé Molé, op. cit.*, p. 156-157 et François Andrieux, Préface aux *Œuvres* de Collin d'Harleville, nouvelle édition ornée de son portrait et enrichie d'une notice sur sa vie, Paris, Janet et Cotelle, 1821, 4 volumes, p. XXIX.

6 *Ibid.*

s'attaquer à une citadelle du répertoire de Molière, Molé dans le rôle de Tartuffe et Contat dans celui d'Elmire. Si la curiosité a empli la salle, les applaudissements ne sont pas à la mesure de l'ambition des deux interprètes… Le public commence à trouver que Molé a pris de l'âge, et est un peu trop vieux pour être la dupe des minauderies de Louise Contat, dans la pièce légère du vicomte de Ségur, *Rosaline et Floricourt*, réduite en deux actes.

Après *L'Inconstant, L'Optimiste.* Collin d'Harleville a trouvé un filon qu'il exploite autant que possible, soutenu par son interprète favori, toujours friand de nouveaux « caractères[7] ». Quant à cette pièce, écrite dans la foulée du premier succès de *L'Inconstant*, Molé est si content de son rôle, avec ses traits de sensibilité, qu'il y met un soin particulier. Andrieux rapporte la manière dont l'acteur a travaillé avec l'auteur, et ce récit éclaire une fois de plus son exigence de perfection lorsqu'il sentait qu'il tenait un bon rôle. Avant les répétitions au théâtre de *L'Optimiste*, Molé se rend en voisin chez Collin, qui habitait un modeste quatrième étage dans la rue Saint-Benoît. Après un tout aussi modeste souper, ils se mettent au travail. Avec un sérieux que ne soupçonnaient pas ses compagnons chez cet interprète des petits-maîtres, il analyse vers par vers, en essaie les effets, consulte l'auteur sur la justesse de son interprétation, met le temps qu'il faut pour arriver à ses fins : « il demandait nos avis, et finissait souvent par s'en tenir au sien, mais il discutait avec une politesse parfaite, avec une franche cordialité ; le travail se faisait, utilement et gaiement[8] ». Le travail ne cessa qu'à l'aube : « La manière dont Molé avait étudié son rôle en notre présence m'aurait appris, si je ne l'avais su déjà, que les talents et les succès dans les arts sont le fruit des méditations sérieuses et que les plus heureuses inspirations et les traits les plus ravissants ne viennent qu'à ceux qui se sont appesantis sur un sujet et qui s'en sont rendus maîtres par des

7 *Mémoires de Fleury*, *op. cit.*, chap. XI, p. 116 : « Je ne dois pas oublier une des plus grandes perfections de ce comédien, perfection que les auteurs surtout apprécieront. Il s'attachait aux ouvrages et ne les abandonnait qu'à la dernière extrémité, se faisant un point d'honneur de faire partager ses croyances au public, et de prouver à ses camarades son infaillibilité ; mais aussi la plupart des auteurs sachant cela, travaillaient plus pour lui que pour la gloire de la scène, et comme un rôle est plus facile à faire qu'une pièce, c'est pour Molé et par Molé que le théâtre fut inondé de cette quantité de comédies appelées : *l'Impatient, le Jaloux, le Séducteur, l'Amant bourru, l'Inconstant, etc.*, espèces de demi-caractères qui étaient autant de cantates à son usage ».

8 F. Andrieux, *op. cit.*, p. XXXVII.

réflexions longues et profondes[9] ». Lorsque Collin présenta *Les Châteaux en Espagne*, il sollicita de même l'assistance de Molé qui l'aida à refaire son cinquième acte.

Or, dans la même catégorie des « caractères », un malheureux *Présomptueux* (d'un tout jeune auteur, nommé Fabre d'Églantine) a fait une chute mémorable, malgré les efforts de Molé, qui a même osé s'adresser au public qui manifestait bruyamment son mécontentement. Avec le plus grand respect il a demandé aux spectateurs si l'on pouvait continuer à jouer la pièce, la réponse étant un plus grand chahut, la représentation a été interrompue et l'on a joué *Nanine*. Fabre d'Églantine a porté plainte contre Dulombois, mari de Mlle Joly, qu'il accuse d'avoir orchestré le chahut par jalousie. Molé, convoqué au tribunal, fait une prudente déposition, niant avoir connaissance des faits et de la présence de Dulomboy[10].

En revanche *L'Optimiste* a récolté tous les suffrages. Le naturel et la gaieté de Molé font merveille. Les journaux publient nombre d'hommages, et la critique n'en finit pas de louer le jeu de Molé.

9 *Ibid.*

10 Émile Campardon, *Les Comédiens du Roi de la troupe française pendant les deux derniers siècles*, Paris, s.n., 1879, p. 173 (« Il dépose qu'il ne peut avoir aucune connaissance de ce qui s'est passé au parterre pendant la représentation, sinon que le tumulte a empêché la pièce d'être écoutée. Il a encore moins connaissance de ce qui s'est passé au dehors. À l'égard du propos attribué à la demoiselle Joly lors de la dernière répétition, on lui a fait dire qu'elle n'était pas la maîtresse de faire ce qu'elle voulait, il n'en reste au déposant qu'une idée trop vague pour en rappeler les termes. N'a pareillement aucune connaissance que lors d'aucune répétition au théâtre, le sieur Dulomboy qu'il ne connaît pas même de figure, fût caché dans une loge avec qui que ce soit. »).

ILL. 8 – Costume de Molé dans le rôle de M. de Blainville [*sic* pour Plinville], dans *L'Optimiste ou l'Homme content de tout*, par Janinet, gravé par Dutertre, dans *Costumes et annales des Grands théâtres de Paris*, n° XXXVIII, 2e année. Coll. Comédie-Française, cote : Res-GRA-Leva-O87 ©Coll. Comédie-Française.

La pièce a tant de succès que les Comédiens-Français en donnent une représentation au profit des pauvres, en ce rude hiver 1788 où la vie est de plus en plus dure dans une société de plus en plus inégalitaire.

C'est devenu une mode que d'encenser Molé, doyen respecté de la troupe, et *Le Mercure de France* publie à son tour des vers louangeurs écrits par un abonné à la sortie d'une représentation du *Mariage secret*[11].

On peut toutefois d'interroger aujourd'hui sur l'effet produit par ces allusions au chant du cygne sur un acteur de 54 ans, encore capable de faire illusion dans certains rôles de jeunes premiers ! Il est évident que, Molé, débarrassé des défauts de sa jeunesse, a acquis une maîtrise de lui tout à fait exceptionnelle et a atteint le plus haut sommet de son art.

L'École de déclamation, où professent Molé, Dugazon et Fleury, commence à donner ses fruits, et, après Julie Candeille, ont débuté une autre élève de Molé, la délicate Louise Desgarcins, et un jeune tragédien au talent prometteur, élève de Dugazon, François-Joseph Talma. Selon Samson, Molé lors des représentations du *Père de famille*, aurait appris à Talma à placer sa voix dans le medium[12]. *Les Mémoires de Talma*, rédigés par Alexandre Dumas, signalent même que c'est Molé, à qui le duc d'Harcourt avait envoyé le jeune Talma, débarquant d'Angleterre, qui l'a introduit à la Comédie-Française et à l'École dramatique.

Molé s'est trouvé, de manière tout à fait imprévue, débarrassé d'un rival ambitieux, en la personne de Larive. Très imbu de lui-même, l'ancien élève de Mlle Clairon n'a pas supporté les sifflets que lui a adressés le public dans le rôle d'Orosmane (où Lekain n'a pas été oublié). Il a quitté la troupe avec pertes et fracas, laissant le champ libre à son chef d'emploi, qui ne se joint pas aux prières de ses camarades pour retenir le démissionnaire.

Au mois d'août 1788, une sorte de cas de conscience s'est posé à Molé, et témoigne des difficultés qui subsistent dans les relations qu'il entretient avec son double, Fleury. Le chevalier de Cubières, auteur d'une pièce intitulée *La Mort de Molière*, en fait porter à Molé un exemplaire,

11 *Mercure de France*, 5 avril 1788, p. 3 (« Ô Doyen des amours, favori de Thalie !/ Ton front s'enorgueillit de deux lauriers rivaux, / Depuis vingt ans par toi la scène est embellie, / Et ton talent sans cesse a des charmes nouveaux ; / Tel qu'un cygne enchanteur au déclin de sa vie, / Tes derniers chants sont les plus beaux. »).

12 Joseph-Isidore Samson, *Mémoires de Samson de la Comédie-Française*, Paris, Paul Ollendorff, 1882, p. 250 *sq.*

pour lui demander son avis et surtout son appui pour la faire recevoir définitivement. Trois lectures successives, en l'absence de Molé et de Fleury, ont abouti à une réception à corrections par neuf voix contre six. Cubières propose à Molé de jouer le rôle de Molière. Le comédien lui répond avec enthousiasme : « oui, oui, je jouerai Molière, je tâcherai de m'élever jusqu'à ce sublime personnage[13]. » Il souligne la difficulté pour un acteur de jouer un malade, et même un mourant, mais pense pouvoir affronter ce défi. « De bonne foi, très content de l'ouvrage, à quelques longueurs près[14] » il promet de soutenir l'auteur auprès de ses camarades. Si l'on en croit la lettre qu'il leur écrit quelque temps après, il va, par conscience professionnelle, assister à une représentation de *La Maison de Molière*, adaptation par Mercier du *Moliere* de Goldoni, créé en 1787 avec Fleury dans le rôle principal. Devant la très belle performance de Fleury, Molé écrit : « Je fus, comme le public, infiniment content de lui, et je lui reconnus sur moi un avantage dans ce rôle qui, à talent égal, doit lui faire donner la préférence : les traits du visage de Molière sont trop connus pour que la vérité ne soit pas blessée quand, comme moi, on en a de totalement opposés. Des sourcils, des yeux et une barbe noirs sont les traits caractéristiques de ce grand homme et sont gravés dans tous les cœurs, je ne pourrais m'en rapprocher que par une caricature et une caricature est toujours un tort dans un personnage noble[15] ». Molé prévient l'auteur de ses scrupules et, lors de l'Assemblée qui suit, va trouver Fleury. Il ajoute : « chacun ayant ses partisans dans le public, les siens pourraient m'imputer le dessein ridicule de vouloir élever autel contre autel en me chargeant du même personnage que celui dont il a donné la première tradition ; que de tous les airs, celui de jalouser les talents qu'en général j'aime et j'honore, est l'air qui me ressemble le moins[16] ». Fleury semble convaincu et promet de jouer le rôle, avouant toutefois que le chevalier de Cubières le lui avait déjà proposé. Molé s'étonne seulement de ce que l'auteur ne lui ait pas fait part de cette première proposition mais conclut positivement : « eh bien, tant mieux, puisque ce rôle vous avait été donné, il revient à son premier destinataire[17] ».

13 BmCF, Dossier Molé, Lettre du 25 août 1789.
14 *Ibidem.*
15 *Ibid.*
16 *Ibid.*
17 *Ibid.*

Il envoie le rôle à Fleury, et croit l'affaire finie. Quinze jours se passent et Cubières revient vers Molé, parce que Fleury refuse de jouer un rôle qu'il considère comme relevant de l'emploi des pères. Molé s'étonne :

> Je ne perdrai pas mon temps à vous persuader, mes chers camarades, ce que vous sentez comme moi, que M. Fleury affublé du costume de Molière peut encore mieux représenter le père d'une fille de dix ans, que moi, les vingt-huit ans de l'Inconstant, et la sortie du collège dans le Menteur ; qu'il blessera pour cause de jeunesse bien moins la vérité et l'illusion théâtrale en qualité de père, que je ne blesserais l'une et l'autre par l'opposition complète de mes traits avec ceux de Molière[18].

Il rappelle que Fleury avait accepté le rôle d'origine et « qu'il est d'usage antique et immémorial qu'une distribution d'auteur peut bien, sans offenser personne, aller de l'acteur en chef à son double, mais qu'il n'est pas dans l'ordre qu'elle remonte du plus nouveau au plus ancien, ce qui arriverait ici puisque M. Fleury m'a dit que ce rôle lui avait été donné de prime abord[19] ».

Il prie Fleury de reprendre sa parole et ses camarades de le convaincre.

Tout cet imbroglio a pour résultat que ni Fleury ni Molé n'ont à se confronter au personnage de Molière mourant, puisque c'est finalement Naudet qui se charge du rôle, le 19 novembre 1789, et pour bien peu de temps, car la pièce tombe au troisième acte. Après Genève et la province, elle ne fut plus jouée à Paris qu'en 1802, sur le Théâtre des Jeunes élèves.

Entre-temps, et tandis que traîne encore la décision de jouer la pièce d'Olympe de Gouges, la mort de Mlle Olivier ayant entraîné le retard de la mise en répétitions, Louise Contat entretient la mésentente au sein de la troupe et Molé s'interpose entre les comédiens et l'auteure. Du coup Olympe de Gouges décide de publier ses œuvres, y compris *Zamore et Mirza*. C'est chose faite au cours de l'hiver 1788, en deux volumes. Elle présente aussi une nouvelle pièce, mettant Molière en scène, *Molière chez Ninon. La Société des Grands hommes.* La lecture est prévue le 17 février, mais Florence et Fleury ne sont pas au rendez-vous, et elle n'a lieu qu'une semaine plus tard. La pièce est refusée, et Mme de Gouges réclame toujours que l'on joue la pièce reçue. En fait, ce qu'elle ignore

---

18 *Ibid.*
19 *Ibid.*

encore, le lobby aristocratique des propriétaires coloniaux fait pression sur la Comédie-Française…

Alors que Neuville vient de céder à Molé, – qui la partage avec son frère Dalainville – la direction du Théâtre de Rouen, l'acteur reprend le rôle de Géronte dans *Le Bourru bienfaisant*, de Goldoni, rôle créé par Préville. Intimidé par une succession qu'il juge périlleuse, Molé demande à l'auteur l'autorisation de prendre le rôle.

> Après la perte irréparable que le public et notre art ont faite du célèbre Préville dans ce rôle, écrit-il à Goldoni, je vous avoue que je m'étais examiné moi-même à ce sujet… Le créateur d'un rôle a toute liberté dans ses idées et n'a d'obligation à remplir que celles que l'auteur lui a prescrites. Celui qui succède au contraire doit être meilleur que son prédécesseur si celui-ci a été jugé médiocre ; et s'il a été supérieur, il doit l'égaler, sous peine de rester fort au-dessous. […] Pour être moi, il faudrait que j'oubliasse Préville, et comment l'oublier[20] ?

Avec la retraite de Préville, en 1786, sont oubliées les querelles qui ont parfois séparé les deux grands acteurs.

La liste des « jaloux » interprétés par Molé s'est entre-temps augmentée de celui de Barthélemy Imbert, *Le Jaloux malgré lui*[21].

20 Lettre publiée dans le *Journal de Paris*, 30 août 1788, n° 243, p. 1046.
21 24 avril 1789.

RÉVOLUTION –
COMBATS ET RÉVOLUTIONS

L'Histoire n'a que faire des états d'âme et des succès de comédiens et elle progresse à grands pas lors de cet été 1789. Les États généraux convoqués par Louis XVI se sont réunis le 5 mai à Versailles. Le chroniqueur de l'Œil-de bœuf souligne que : « Les députés de la noblesse, habillés en Almaviva du *Mariage de Figaro*, portaient un manteau de soie brodée en or, une cravate de point d'Angleterre, la coiffure empanachée de ce bon roi Henri, dont nos seigneurs modernes ne savent qu'imiter le chapeau[1] ». Certes Molé, si content de son joli costume à l'espagnole, n'avait pas anticipé cette mode là.

Les comédiens, décontenancés par les événements, s'interrogent et interrogent les autorités sur ce qu'ils doivent faire quant à la représentation des pièces précédemment interdites pour des raisons politiques et que la situation nouvelle semble leur permettre de jouer enfin. Ils commencent par reprendre une vieille pièce de Destouches, *L'Ambitieux et l'Indiscrète*, créée en 1739 et longtemps interdite par peur des applications. *L'Ambitieux et l'Indiscrète* évoque, dans une cour de Castille de fantaisie, l'action de deux frères d'un tempérament différent. L'un est un ministre intègre, entièrement consacré au bonheur de son souverain et de son peuple ; l'autre n'est qu'un ambitieux, prêt à sacrifier sa famille et même ses propres sentiments à sa frénésie d'être au plus près du pouvoir suprême. Il est assisté dans ses mauvaises intentions par sa belle-sœur, la propre femme du ministre, une bavarde notoire, écervelée, incapable de tenir sa langue, intervenant à tort et à travers. Dans sa préface, Destouches avoue avoir pris pour modèle « un premier ministre ». En réalité, le modèle de l'ambitieux de la pièce lui était fourni en 1731 par Chauvelin, qui faisait à l'époque des pieds et des mains pour se substituer au cardinal Fleury, dont il avait pourtant été la créature.

---

1 *Chroniques de l'Œil-de-bœuf*, *op. cit.*, t. 5, p. 512.

En juillet 1789, le rappel de Necker est l'occasion rêvée de montrer que les Comédiens-Français sont à la pointe de l'actualité. Étienne et Martainville, historiographes du Théâtre-Français pendant toute l'époque révolutionnaire, conviennent naturellement que le succès de la représentation n'était que la conséquence des circonstances politiques et que le portrait d'un homme politique honnête s'appliquait au ministre suisse[2]. La pièce n'eut néanmoins que quatre représentations.

Les temps sont incertains et les Comédiens-Français se voient contraints, en cet été de tous les dangers, de réduire drastiquement les dépenses : éclairage, frais de voitures, copies de rôles, et surtout frais de musique et de danse (l'un des postes budgétaires les plus importants à la Comédie-Française au XVIIIe siècle[3]).

De plus, déjà confrontés à la concurrence agressive de spectacles nouveaux – ainsi celui de Monsieur, qui envisage de monter *Le Misanthrope* et autres fleurons du répertoire – ils doivent lutter âprement pour en conserver le monopole. Un premier procès est remporté le 11 juillet au Parlement, garantissant à la Comédie-Française le maintien de sa propriété, « défendant de jouer ses pièces à ceux qui, sous prétexte d'un simple amusement avaient tâché de s'en emparer et d'établir un spectacle d'abonnés[4] ».

Depuis le 14 juillet, et la prise de la Bastille, la situation a évolué. Au nom du désormais nommé Théâtre de la Nation, Molé, Dugazon et Dazincourt montent au créneau et adressent à Bailly, le maire de Paris, désormais en charge des spectacles, un mémoire expressément consacré à ce fonds du répertoire qui constitue, disent-ils, l'essentiel

2 Charles-Guillaume Étienne et Alphonse Martainville. *Histoire du Théâtre-Français depuis le commencement de la Révolution jusqu'à la Réunion*, Paris, Barba, 1802, 4 vol., t. 1, p. 21-22 : « Destouches ne se doutait guère que sa pièce aurait le mérite de tracer, plus de cinquante ans d'avance, un portrait aussi ressemblant. Mlle Contat déploya un grand talent dans le rôle de l'Indiscrète, créé par la célèbre Mlle Quinault ; et Molé mit, dans le rôle du ministre cette majestueuse probité, cette courageuse franchise qui y règnent d'un bout à l'autre. » Voir aussi *Affiches, annonces et avis divers ou Journal général de France*, vendredi 31 juillet 1789, p. 2226-2227.

3 Voir Jacqueline Razgonnikoff, « Le Prix des divertissements : le poids du ballet dans le budget de la Comédie-Française au XVIIIe siècle », dans *Art et argent en France au temps des premiers modernes (XVIIe-XVIIIe siècles)*, Martial Poirson (dir.), Oxford, Voltaire Foundation, SVEC, 2004, n° 10.

4 3 septembre 1789, dans *Mémoire présenté par MM. Molé, Dugazon et Dazincourt à M. Bailly*, Paris, Prault, 1790.

de leurs propriétés. Ils s'appuient sur la toute récente Déclaration des Droits de l'homme, proclamée le 26 août, dont l'article 17 précise que la propriété est un droit inviolable et sacré. *Le Misanthrope* et autres pièces du répertoire étant la propriété du Théâtre-Français, nul ne peut les en déposséder[5].

Molé, en sa qualité de doyen, est en première ligne lors des transactions tant avec un public particulièrement réactif qu'avec les auteurs et les autorités. Il convoque les assemblées et répond au public qui réclame à présent le retour de Mlle Sainval et de Larive : « D'après le vœu que vous avez exprimé hier, j'ai fait assembler la Comédie-Française, il a été décidé de nous retirer par devers nos supérieurs, qui nous ont autorisés à savoir les intentions des sujets que vous désirez pour faire ce qui pourra vous plaire[6] ». Ces paroles, prononcées le 11 octobre, après un chahut provoqué la veille par les spectateurs partisans du retour des « exilés », calment pour un temps les ardeurs du public. Les deux sœurs Sainval, réconciliées, se retrouvent à Paris en 1791, mais non à la Comédie-Française, au Théâtre Montansier. Quant à Larive, de manière exceptionnelle, il revient en mai 1790 et refusera de rejoindre les troupes réunies en 1799.

C'est encore Molé qui prend la parole lorsque les comédiens, qui ne savent plus s'ils doivent obéir aux Gentilshommes de la chambre et s'ils ont encore droit à leur titre de Comédiens ordinaires du Roi, vont à nouveau en députation à la mairie de Paris. Son discours est prudent mais ferme :

> Monsieur, nous venons au nom des Comédiens français, vous offrir leurs respects et vous représenter que, depuis plus d'un siècle, nous avons l'honneur d'appartenir au Roi, que le titre de Comédiens français ordinaires du Roi nous a été déféré sous le bon plaisir de Sa Majesté, par son Gentilhomme de la chambre ; que nous avons à cœur de le conserver dans toute son étendue ; que d'après l'ordre que nous a donné M. le duc de Richelieu de nous retirer

5 *Ibidem.*

6 *Ibidem* : « La propriété étant un droit inviolable et sacré, nul ne peut en être privé, si ce n'est lorsque la nécessité publique, légalement constatée, l'exige évidemment, et sous la condition d'une juste et préalable indemnité. *Le Misanthrope* et toutes les pièces du Théâtre Français sont sa propriété comme la maison ou la terre d'un citoyen est sa propriété. Par le décret de l'Assemblée nationale, nul particulier, quel que soit son rang, quelque place qu'il occupe, ne peut, à tel prix que ce soit, déposséder le citoyen qui ne veut pas céder sa propriété. »

> par devant M. le Maire de Paris pour ce qui concerne le détail courant de notre spectacle, nous n'avions entendu par détail courant que les faits relatifs à la police[7].

Selon le rapport fait aux comédiens, soigneusement recopié par Delaporte, le maire a répondu qu'il était désormais investi par le Roi de l'autorité qu'avaient sur les spectacles les Premiers Gentilshommes de la Chambre ; il s'est étonné que les Comédiens n'en aient pas été avertis. Il se rend bien compte que cela peut déplaire à certains d'entre eux, mais il sollicite leur confiance[8].

Les Comédiens se trouvent entre deux autorités qui peuvent se contredire, tant sur les rémunérations que sur le répertoire et sur les congés (Molé est particulièrement concerné, car il doit se rendre à Rouen). Bailly les rassure et se dit entièrement « revêtu par le Roi de tous les droits de Mrs les gentilshommes de la chambre en ce qui concerne les spectacles[9] ». Mais les comédiens font tout de même remarquer que « l'autorité de MM. les Gentilshommes de la chambre sur (leur) spectacle n'avait pas autant d'étendue qu'ils pouvaient le présumer : qu'ils distribuaient seulement les grâces de la Cour ; qu'ils en ordonnaient les spectacles, qu'ils recevaient les Comédiens et leur accordaient leur retraite ; et qu'ils ne connaissaient nullement (leur) comptabilité. » Sur ce point-là aussi le maire de Paris a tenu à rassurer les « comédiens du Théâtre de la Nation, comédiens ordinaires du Roi[10] ». Il ne se mêlera ni de leur comptabilité, ni de la propriété des pièces, sujet réservé aux tribunaux. Entre-temps, les Comédiens ont tout de même obtenu deux améliorations à leur situation : désormais les noms des comédiens figurent sur l'affiche[11], et, beaucoup plus important, ils sont enfin reconnus comme citoyens à part entière (au même titre que les Protestants et les Juifs) en décembre 1789[12].

Molé, qui a pris la direction du Théâtre de Rouen à Pâques 1789, s'y rend très régulièrement et y joue ses plus grands succès, en juin *L'Optimiste, L'Inconstant, L'Impatient.* Le 4 août il y est de retour, dans de nouvelles

7 *Ibidem.*

8 *Ibidem :* « il [leur] demandait différents détails de [leur] intérieur comme revêtu d'une autorité qui lui était nouvelle, et pour avoir des éclaircissements qui pourraient servir [leurs] intérêts lorsqu'il serait question de décider en [leur] faveur. »

9 *Ibidem.*

10 *Ibidem.*

11 Voir BmCF, Archives générales, 2AG-1789-21, 9 décembre 1789.

12 BmCF, Archives générale, 2 AG-1789-22, 28 décembre 1789 (copie par Delaporte).

conditions politiques. Il joue au bénéfice des ouvriers, dans *Le Bienfait anonyme*, au cours d'un spectacle où se mêlent ballets et opéra-comique.

C'est lui qui transmet à l'Assemblée nationale l'offrande patriotique des Comédiens de Rouen. Fin octobre, en compagnie de Dugazon, il joue une semaine entière à Rouen.

Il se montre actif à suivre les délibérations du nouveau régime, applaudit au discours de Mirabeau sur la banqueroute et ne manque pas d'assurer l'orateur qu'il a manqué sa vocation et qu'il aurait fait, par sa voix et ses gestes, un merveilleux comédien…

Le 28 novembre, une lettre signée Molé, à titre de doyen, entérine définitivement les décisions prises quant à l'allégeance de la troupe à la mairie de Paris pour « le détail courant relatif au spectacle » mais souligne que la troupe conserve « l'honneur d'appartenir au Roi[13] ».

C'est dans cette atmosphère plus qu'ambiguë que les Comédiens se décident enfin à monter la pièce d'Olympe de Gouges, reçue quatre ans plus tôt, Molé se chargeant du beau rôle de M. de Frémont, gouverneur de l'île où se déroule l'intrigue. Soumis désormais à la censure municipale, le manuscrit a subi quelques changements. Des personnages trop aristocratiques disparaissent au profit de gens issus du peuple, et la pièce se termine non seulement par un mariage mais par un long discours de M. de Saint-Frémont multipliant les allusions au « roi citoyen », comme s'il anticipait les décisions qui doivent être prises par la nouvelle assemblée constituante. Le titre est désormais évident : *L'Esclavage des nègres*, et l'auteure ne cache pas sa sympathie pour la Société des Amis des Noirs, qui lutte pour l'abolition de l'esclavage. Le parti réactionnaire et colonialiste se déchaîne, prépare la cabale, tandis que Mme de Gouges lui tient tête courageusement dans *La Chronique de Paris* du 20 décembre[14]. Menacée de mort, elle tente de calmer le jeu, mais un article violent dans *Les Actes des Apôtres* met de l'huile sur le feu et appelle le public à venir siffler la pièce.

13 Copie par Delaporte.

14 « Voici la neuvième année que j'essayai de peindre dans un drame toute la rigueur de l'esclavage des Noirs. Il n'était point alors question d'adoucir leur sort et de préparer leur liberté. Seule, j'élevai la voix en faveur de ces hommes si malheureux et calomniés. […] Si je n'avais à craindre la faiblesse de mes talents et la puissance de mes ennemis, l'époque actuelle du rétablissement de la liberté semblerait me promettre quelque indulgence pour un ouvrage qui la défend… Mais ne suis-je pas encore en butte à tous les protecteurs, fauteurs du despotisme américain ? » (*La Chronique de Paris*, Chez La Grange, 20 décembre 1789).

La création a lieu le 28 décembre 1789, dans un chahut indescriptible, dont rend compte *La Chronique de Paris* du lendemain : « À voir la chaleur avec laquelle on s'animait de part et d'autre, on aurait cru que la grande cause de l'esclavage ou de la liberté des nègres allait se traiter devant les partis que leurs divers intérêts devaient engager à la combattre ou à la défendre ; on a crié, on a harangué le public, on a ri, on a murmuré, on a sifflé : le résultat a été beaucoup de bruit et la représentation très tumultueuse[15] ». Il y a foule dans la salle (828 spectateurs), pour une coquette recette de 2 517 livres. À la deuxième représentation, malheureusement programmée le 31 décembre, mauvais jour s'il en fut, la jauge tombe à 227 spectateurs, pour une recette de 586 livres. D'importantes modifications ont pourtant été faites au dernier moment, pour supprimer quelques mièvreries sentimentales d'écriture. Une troisième représentation a lieu le 2 janvier 1790. Cette fois la pièce « tombe dans les règles », au-dessous de la recette nécessaire à son maintien au répertoire. Mme de Gouges fait appel de la décision, mais elle n'a pas gain de cause. Naudet, sociétaire évident partisan des « Noirs » monarchistes de la troupe, avouera plus tard que les colons louaient à l'année une quarantaine de loges dont chacune rapportait entre 1 500 et 2 000 livres par an, et que, à l'annonce de la programmation de la pièce, ils avaient menacé de résilier leurs locations, ce qui aurait entraîné infailliblement la faillite du théâtre. L'aventure se termine par une nouvelle édition de la pièce en 1792, et la mort de Mme de Gouges sous le couperet de la guillotine en novembre 1793[16].

L'année 1790 est une année d'intense activité pour l'acteur Molé. Il fait au Théâtre de la Nation, nom qu'a pris la Comédie-Française en 1789, quelques créations marquantes. Le 4 janvier, il est le comte d'Olban dans *L'Honnête criminel*, de Fenouillot de Falbaire, pièce autrefois interdite à Paris, car trop ouvertement en faveur des victimes protestantes de l'intolérance. Une fois de plus, Molé, par sa chaleur et la vérité de son jeu, se distingue dans un rôle de sensibilité. Comme prévu il a repris le rôle de Morinzer dans *L'Amant bourru* de Monvel, qui continue sa carrière. Alors qu'il est considéré comme le meilleur interprète du *Misanthrope* de Molière, c'est un Alceste totalement différent et paradoxal qu'il montre dans *Le Philinte de Molière*, comédie en cinq actes de Fabre

15 *Idem.*

16 Voir, sur toute cette histoire : Olympe de Gouges, *L'Esclavage des nègres*, *op. cit.*

d'Églantine, si malheureux avec son *Présomptueux*. Molé, dans ce nouvel Alceste, sensible et amoureux, se surpasse. Critiques et biographes sont tous d'accord, et il tient là un succès qu'il gardera jusqu'à la fin de sa vie. Étienne, dans la notice qu'il lui consacre, ne tarit pas d'éloges. Il constate que son talent mûrissait avec l'âge et que son interprétation de l'Alceste de Fabre d'Églantine, qu'il trouve encore plus parfaite que celle de l'Alceste de Molière, est certainement la raison majeure du succès de la pièce[17].

Il est amusant de constater que Molé joue indifféremment (quoique de manière fort différente !) le placide « optimiste » de Collin et le sensible Alceste de Fabre. Ce dernier n'a toujours pas digéré ses différends avec le doux Collin et l'attaque violemment dans la préface qui précède l'édition de sa pièce. Molé ne semble pas avoir pris parti dans l'affaire, mais malgré des hauts et des bas que révèle leur correspondance, reste ami avec Collin d'Harleville, dont la philosophie se résume à ce vers : « Croire, espérer, aimer, voilà tout l'homme[18] ! »

Après la représentation, en février 1790, d'une sorte d'opéra-bouffon de Dezède, *Les Trois noces*, contestée par les Italiens qui y voient une entorse aux règlements fixant les répertoires respectifs des trois grands théâtres, Molé soutient la démarche de ses confrères et approuve l'interdiction : « Ceci n'est pas le genre de la Comédie-Française. Si nous nous permettons de jouer sur notre théâtre des opéras comiques, nous n'oserons plus trouver mauvais que les Italiens jouent des pièces de Molière et de Racine[19] ».

Assiégé par les auteurs (ceux qu'il joue, comme Collin d'Harleville ou Rochon de Chabannes, ou ceux qui veulent être joués, comme le marquis de Sade[20]), il va de ville en ville. Le spectacle de Rouen, auquel il tâche

17 C-G. Étienne, *Notice sur Molé*, p. XLIX *sq.* : « La pièce, estimée des connaisseurs, fut d'abord peu suivie ; sans l'assistance de Molé, qui lutta contre la froideur du public, et qui voulut jouer l'ouvrage même dans le désert, parce qu'il le trouvait excellent, il n'aurait peut-être obtenu qu'un succès équivoque ; et comme il aurait fallu, pour qu'on lui rendît toute la justice dont il était digne, qu'il se rencontrât un acteur doué d'un talent aussi prodigieux que celui de ce grand comédien, il est probable qu'aujourd'hui *Le Philinte* ne figurerait même pas dans le répertoire dont il est un des plus beaux ornements. »

18 *Les Trois vertus*, pièce lue à l'Institut en 1799.

19 BmCF, Dossier Molé.

20 Le marquis de Sade ayant fait porter chez Molé le manuscrit d'une pièce qu'il veut faire jouer à la Comédie-Française et s'impatientant de n'avoir aucune réponse, Molé prétexte

de donner une qualité supérieure, lui coûte très cher et sa prodigalité, outre les circonstances politiques, a eu raison de sa fortune. En mars 1790, c'est avec les sœurs Contat qu'il y joue *La Coquette corrigée, La Feinte par amour, Le Mariage secret* et l'inévitable *Mariage de Figaro.* Une nouvelle représentation en faveur des pauvres comprend *Le Jaloux sans amour* et *Le Legs.* La dernière semaine théâtrale, avant le relâche de Pâques, les comédiens de Rouen, dans la troupe desquels se trouve aussi le frère cadet de Molé, Augustin, donnent même deux représentations par jour, l'une à 4 heures de l'après-midi et l'autre à 8 heures du soir.

Conscient des dangers que court le privilège qu'il a chèrement acquis à la Montansier et son compagnon Neuville (300 000 livres), il écrit une longue lettre au maire et aux officiers municipaux de la ville, et en demande la prolongation pour une période de huit ans (qui s'ajoutent aux neuf ans prévus par le contrat signé par le duc d'Harcourt). La clause héréditaire ayant été omise dans la rédaction du privilège, Molé fait ajouter à la main « et ses ayant cause », pour protéger ses héritiers. Il propose de transférer aux pauvres la redevance annuelle de 9 000 livres imposée aux propriétaires du privilège et reconnaît que désormais « sans doute, un privilège exclusif est un monstre dans un gouvernement libre[21] ». Il insiste pourtant pour le conserver… C'est chose faite le 24 février 1790, lorsque Molé remercie les autorités de la confirmation de sa jouissance exclusive. Pas pour longtemps…

Le théâtre rouvre le 12 avril, Molé joue *La Métromanie* en mai.

Molé va de Rouen à Bordeaux, de Bordeaux à Toulouse, de Toulouse à Rouen, toujours accueilli comme « l'acteur du siècle ». Il est à Paris en juillet et joue autant qu'il le peut. Il incarne même Voltaire dans le spectacle de circonstance écrit par le chevalier Aude, pour la Fête de la Fédération, le 14 juillet[22]. Mais dès le 1er août c'est une très longue absence qui l'écarte de Paris et des soucis qui assaillent les Comédiens-Français. Aussi n'est-il pas du nombre des Comédiens qui signent, le 19 août 1790, une sorte de « concordat » les engageant contre les « traîtres ». Au Grand

---

de sa mauvaise vue, et lui promet de lire. Malgré plusieurs lettres impatientes du marquis, aucune pièce de lui n'est reçue.

21 BmCF. Dossier Molé.

22 Chevalier Joseph Aude, *Le Journaliste des ombres, ou Momus aux Champs-Élysées*, pièce héroïque nationale en 1 acte et en vers. Représentée pour la première fois par les Comédiens François ordinaires du Roi, sur le Théâtre de la Nation, le 14 juillet 1790, à l'occasion de la confédération de Paris, Paris, Gueffier, 1790.

Théâtre de Bordeaux, dont le privilège a été cédé à un triumvirat, Molé joue du 23 août au 13 septembre 1790, presque tous les soirs et il est si content de ses partenaires qu'il les félicite publiquement. On annonce *Beverley*, un de ses plus grands succès pour le 14 septembre. La pièce finie, les spectateurs réclament le comédien. Un acteur vient dire que la fatigue empêche Molé de paraître. Le parterre s'insurge, réclame d'autres pièces et Molé, mais le rideau se lève sur un opéra bouffon de Philidor, immédiatement sifflé par le public en colère. Ordre est donné de baisser le rideau et d'évacuer la salle. Or Molé, mis au courant, déclare qu'il n'a jamais refusé de paraître et qu'il n'a chargé personne de le dire. Il reste à Bordeaux et continue à exciter l'enthousiasme du public, dans ses rôles les plus dramatiques. Le 27 septembre, il part pour Toulouse, où son frère dirige la Comédie. Une longue lettre, envoyée de Toulouse le 6 octobre à ses camarades, témoigne de ses regrets et de ses inquiétudes pour la Comédie-Française :

> Je n'ai pu lire sans un véritable attendrissement, mes chers camarades, le détail des peines, des sollicitations, des dangers, des événements auxquels vous avez été livrés depuis mon départ de Paris ; ils m'ont rendu mon éloignement de vous plus pénible. Il était de mon devoir autant que de mon cœur de les partager. En partant, je me reposais facilement sur vous du soin de suppléer mes travaux ; si j'avais prévu ce qui est arrivé, je n'aurais compté sur personne pour suppléer mon zèle et mon sincère attachement pour ma société. Je vous prie de me faire la grâce de compter dans tous les temps sur l'attachement né de plus de trente ans d'existence au milieu des talents qui ont illustré la scène française et de ceux qui l'embellissent encore. J'espère qu'enfin un jour on en sentira le prix, et qu'on les considérera ce qu'ils méritent de l'être vu leur rareté et leur inappréciable difficulté. Si, au milieu de tant de personnes intéressées à les dégrader, on ne considère que nous, je tremble pour notre établissement, pour la splendeur du superbe monument que nous occupons, mais si on jette un coup d'œil sur l'utilité dont est pour la capitale la beauté de notre théâtre ; si on s'aperçoit que ce ne sont pas les pièces qui se lisent partout, mais bien les talents d'exécution qui amènent les étrangers à Paris, on sentira le danger d'affaiblir en le divisant ce théâtre qui pour sa gloire, réunit ensemble jadis les Dangeville, Dumesnil, Clairon, Lekain, Préville. On sentira que deux ou plusieurs théâtres jouant les mêmes ouvrages feront des haines et non de l'émulation ; que l'émulation ne naît qu'entre les talents, rapprochés et non séparés. Si on respecte les propriétés acquises, vos ouvrages vous resteront. Si on considère l'intérêt bien entendu de Messieurs les auteurs, on leur conservera dans tout son éclat la splendeur du premier théâtre du monde. J'imagine qu'aucune des mille et une bonnes raisons que vous avez

> pour votre défense n'échapperont ni à votre sagacité, ni à celle de nos défenseurs. Je vais me hâter le plus possible, au lieu des lumières de ma vieille expérience, de venir vous offrir plus tôt tout mon cœur et tout mon zèle.
>
> Acceptez mes regrets de mon absence, acceptez, s'il vous plaît, les franches et sincères assurances d'une amitié sincère et d'un attachement éternel. C'est ainsi, mes chers camarades, que j'ai l'honneur d'être votre zélé et dévoué serviteur. Molé[23].

Néanmoins il revient à Bordeaux du 9 novembre au 14 décembre et offre même à la municipalité une machine destinée à rendre le spectacle plus agréable trop chère pour la ville, qui la renvoie aux capitalistes de la capitale ayant les moyens de l'acquérir. Malheureusement nous ignorons ce qu'était cette machine.

Il est de retour le 29 décembre, et joue plusieurs fois pendant le mois de janvier.

L'Almanach de 1791 ne manque pas d'égratigner l'acteur : « M. Molé est toujours à Bordeaux où il gagne de l'argent aux dépens de nos plaisirs et de ses devoirs ; il a pour excuse les dettes que lui a fait contracter sa direction de Rouen, mais pourquoi s'avise-t-il d'être directeur. *Auri sacra fames*[24]… » On peut le suivre à la trace à Rouen, au moins une fois par mois : le 18 janvier 1791, *Le Philinte de Molière*, le 23 février, *Brutus*, le 4 mars, *Le Séducteur* et *Nanine*, le 6 mars, *Le Festin de pierre*… Le 4 avril, le théâtre ferme en hommage à Mirabeau, qui vient de mourir, mais une nouvelle série de représentations, au mois d'avril, avec les sœurs Contat, balaie le répertoire des trois comédiens, y ajoutant même *Les Trois sultanes*, de Favart, où il joue Soliman aux côtés de Louise dans le joli rôle de Roxelane.

À son camarade Naudet, semainier au début de février, il promet de se consacrer à sa société mais, dit-il, « je vous prierai de penser à autre chose qu'à l'Inconstant et autres jeunes rôles pour lesquels il faut un autre acteur qu'un homme de 56 ans, fatigué d'inquiétudes et qui peut offrir à la société trente pièces au moins où on peut se tenir sur le talon au lieu d'être sur la pointe du pied[25] ».

---

23 BmCF, Dossier Molé, Lettre du 6 octobre 1790.

24 *Almanach général de tous les spectacles de Paris et des provinces*, Paris, F. Roulle, 1791, p. 242.

25 BmCF, Dossier Molé, Lettre du 7 février 1791 à Naudet.

Néanmoins, en février 1791, c'est encore dans le chevalier du *Jaloux*, le marquis du *Legs*, Don Juan du *Festin de pierre*, qu'il paraît sur la scène du Théâtre de la Nation.

La Loi Le Chapelier, le 13 janvier 1791, prive la Comédie-Française de son monopole et la société est menacée, car une profonde scission s'y prépare entre une partie de la troupe (les Rouges), avec Talma à sa tête, et le reste (les Noirs), fidèle à la tradition de la Société. Les Comédiens se préparent à protester par la plume de Dazincourt. Molé ne manque pas de lire le brouillon de mémoire établi par son camarade. Le 15 février 1791, il écrit sa façon de penser au semainier Des Essarts, s'y montrant plus prudent que Dazincourt et craignant que ce mémoire ne précipite la dissolution de la société, plutôt que de l'empêcher. La lettre à Des Essarts est très explicite. Molé refuse de renoncer au monopole et demande une prochaine réunion de l'assemblée pour statuer sur les différents points que contient le texte :

> J'ai lu hier, dans la loge de notre camarade Dazincourt, pendant qu'il jouait la petite pièce, mon cher camarade, l'adresse de la Comédie-Française à l'assemblée nationale qu'on s'apprête à lui présenter, et je n'y ai rien vu que ce qui peut servir les projets de ceux qui veulent à cette époque le renversement de notre société. Elle contient spécialement trois choses : la première, l'aveu qu'il est juste qu'après plus de cent ans, nos chefs-d'œuvre appartiennent à la nation. Sur cet objet je dis que le décret qui nous les enlève aura bien son effet sans que nous y donnions notre propre sanction, et je répète que c'est là ce qui peut convenir le plus à ceux qui voudraient parmi nous aller jouer nos pièces sur d'autres théâtres ; cette adresse une fois signée de nous et consignée dans nos registres, ôte tout espoir de retour à voir jamais nous rendre les propriétés que nous avaient amassées nos ancêtres, et je refuse essentiellement ma voix à ce consentement inutile au décret qui dépouille le théâtre français.
>
> La seconde chose que contient cette adresse, est la demande que fait la Comédie que ce que nous avons acheté aux auteurs vivants, nous ne soyons pas obligés de le payer de nouveau. Mon avis est que ce point est l'affaire d'un procès et d'un jugement dans un des tribunaux de Paris, et non de l'assemblée nationale, qui vous y renverra.
>
> Et la troisième, enfin, qui s'occupe du devoir le plus sacré en demandant que les pensions de ceux de nos camarades vivants qui ont le plus honoré notre art, soient assurées sur le trésor public, présente absolument l'idée d'une société de gens honnêtes qui veut se dissoudre et qui n'étant retenue que par l'inquiétude du sort de ces pensions, cherche pendant qu'elle existe encore, à la faire assurer, afin de pouvoir librement chacun disposer de soi. J'ignore à quel point il nous fera honneur d'avoir l'air de vouloir nous débarrasser du

> soin respectable et cher de payer les pensions de nos camarades pensionnaires ; je souhaite qu'on n'en tire nulle fâcheuse induction contre nous ; mais ce qu'on y verra certainement de plus clair, c'est le projet de nous séparer, et la précaution, toute estimable qu'elle soit, d'assurer auparavant ces équitables pensions, car vous conviendrez que la société subsistant, nous ne devons céder à personne ni demander à la nation de s'en charger.
>
> Je m'oppose donc fortement et refuse absolument ma voix à la publicité et à l'usage de cette adresse, que je regarde comme le signe le plus certain du consentement tacite que nous donnerions tous individuellement à la rupture de notre société.
>
> Si j'étais semainier et que j'eusse une lettre pareille à celle-ci du Doyen de la société, je ne manquerais pas de la faire assembler pour lui en faire part. De deux choses l'une, ou ceux qui veulent rester au tronc de l'arbre n'y ont guère pensé, ou tout le monde est plus d'accord qu'on ne croit sur la prochaine destruction de notre société.
>
> J'ai l'honneur d'être, mon cher camarade, votre obéissant serviteur. Molé, doyen des acteurs occupant le Théâtre français[26].

Le printemps 1791 ressemble à celui de 1790, Molé alternant présence et absences. Il doit défendre le privilège du théâtre de Rouen, contre la loi sur la liberté des spectacles, et manque parfois cruellement à la troupe, qui accumule pétitions et procès. Désabusé, déçu des faibles recettes et des seuls succès d'estime qu'il y a remportés, s'ajoutant à des différends politiques, il abandonne la direction de Rouen à Cabousse, maître de musique, sous le nouveau nom de Théâtre de la Montagne. Cabousse tâche d'actualiser un peu le répertoire, jugé trop classique. Molé revient jouer en mars avril 1793, et y crée même *Le Vieux célibataire*, son dernier grand succès.

Il est de retour à Paris en mai et juin, et joue le plus possible. Le 20 juin, la fuite du roi à Varennes bouleverse tous les esprits et occasionne des relâches. Il faut parer au plus pressé, montrer des preuves de patriotisme. Le 13 juillet, Molé interprète le rôle de Washington, dans une pièce de Sauvigny, *Washington ou la Liberté du Nouveau monde.*

À la fin du mois d'août, la Comédie-Française, offre à l'unanimité à Molé sa pension de retraite de vingt ans, le priant « d'être le plus longtemps qu'il lui sera possible, le modèle des hommes à talents et des bons sociétaires[27] ».

---

26 BmCF, Dossier Molé, Lettre à Des Essarts en sa qualité de semainier, 15 février 1791.

27 BmCF, Dossier Molé, copie par Delaporte, 22 août 1791.

Cela ne suffit sans doute pas à apaiser les craintes qui lui cause sa situation financière.

Après une nouvelle absence au mois de septembre, Molé s'intéresse aux conditions de vie de Goldoni, qui se trouve dans un dénuement proche de la misère, accablé de dettes, dont une de 600 livres envers la Comédie-Française, dont il pense se dédouaner en offrant à la troupe son *Avare fastueux*, naguère créé à la Cour mais jamais joué à la ville. Il compte sur Molé pour convaincre ses camarades mais lui refuse le rôle principal qu'il ne considère pas de son emploi, mais plutôt destiné à un acteur « à manteau », en l'occurrence Naudet. Molé prépare une lettre touchante qui ne sera jamais envoyée. Malgré le don du manuscrit de la pièce, *L'Avare fastueux* n'est pas repris et le pauvre Goldoni, qui, dans sa misère, vient se chauffer au foyer de la Comédie-Française, va mourir le jour même où les Comédiens-Français lui accordent enfin le secours qu'il leur demandait (6 février 1793).

Une fois de plus, Molé se plaint de son trop de travail et tâche d'éviter certaines répétitions qu'il trouve inutiles : « Par la raison que l'on joue mercredi *Le Jaloux* et *Le Mariage secret*, je prie mes camarades de ne me point mettre le matin de répétition du Faux insouciant, le spectacle du soir suffit à mon travail de ce jour, surtout, cette répétition finissant toujours à trois heures, ce qui laisse trop peu de distance entre une fatigue et l'autre[28] ». Depuis les règlements de 1729, les répétitions sont programmées le matin à 10 h pour les pièces en 5 actes et à 11 heures pour les pièces en 3 actes[29]. Tout retard à une répétition est puni d'une amende de 3 livres. Le spectacle commençant vers 5 heures ½ de l'après-midi, Molé souhaite avoir le temps de se restaurer et de se reposer. Il considère d'ailleurs que trois jours de répétitions en groupe sont suffisants.

Les Comédiens ont mis en répétition une pièce, consacrée à Jean-Jacques Rousseau, et Molé, chargé du rôle du philosophe, avoue qu'il souhaite être peu distribué car, écrit-il à ses camarades, « j'ai la tête grosse comme un boisseau des 700 lignes de prose de Rousseau qui y sont nichées avec la rude pensée que je ne suis presqu'encore qu'à la moitié de la besogne ; j'en voudrais être débarrassé le plus vite possible, et je suppose que ce serait une affaire finie d'ici à quinze jours, si je n'étais

28 BmCF, Dossier Molé, Lettre du 18 juin 1792.
29 BmCF, Registre des Délibérations, R 52/12 (1729-1730).

pas trop détourné ; il y va autant de votre intérêt que du mien. Si cet ouvrage doit avoir du succès, plus nous en jouirons de représentations dans ce mois, plus nous nous en trouverons bien pour solde[30] ».

Il accepte cependant de jouer *Le Philinte*, l'un des plus grands succès de l'année.

Molé, fatigué, enroué (sa voix reste son point faible), n'est plus si assidu aux assemblées, comités et comités de lecture, et ce n'est qu'en vertu de son zèle infatigable qu'il n'est pas assujetti à l'amende de 24 livres que le nouveau règlement a instauré pour absence des membres du comité aux lectures. Le brave Delaporte, en termes mesurés, l'avertit de la sévérité nouvelle adoptée à ce sujet.

Jean-Jacques Rousseau dans l'île de Saint-Pierre est enfin créé le 15 décembre 1791. On attribue le montage des textes à Mme de Genlis, mais *Le Mercure français* de février 1792 se permet d'en douter : « Quelques voix ont demandé l'auteur. On a apporté sur le Théâtre le buste de Jean-Jacques Rousseau, et le vœu des spectateurs, qui n'était pas bien ardent, s'est contenté de cette réponse[31] ».

Si le fonds de la pièce, jugé trop littéraire, n'a pas remporté les suffrages, l'interprétation de Molé est encensée. Ses efforts d'incarner le philosophe avec le plus de vérité possible sont proches de la perfection, sa sensibilité provoque les larmes et une sorte d'intérêt pour le personnage, malgré la faiblesse de la pièce elle-même, bavarde et mal construite[32].

En dépit de l'effort de mémoire accompli par l'acteur, la pièce n'est jouée qu'une seule fois !

Au sommet de son art, il crée aussi, à Rouen puis à Paris, une dernière pièce de Collin d'Harleville, *Le Vieux célibataire*, où il se trouve enfin dans un emploi de son âge. Seul bémol à son enthousiasme, il doit admettre que le rôle de Mme Évrard, créé par Louise Contat, est aussi important que le sien propre.

Chargé de famille – il héberge sa fille Élisabeth, dite Laurette, séparée de son mari, et sa petite-fille[33] –, ses camarades l'autorisent à reporter sur qui il voudra la pension qui lui a été attribuée. Mais la vie est de plus en

30 BmCF, Dossier Molé, Lettre du 31 octobre 1791.

31 *Mercure français*, février 1792.

32 *Ibidem*.

33 Le divorce entre sa fille et Gabriel Reymond, sera prononcé en 1793 au bout de deux ans de séparation.

plus difficile pour les Comédiens-Français, menacés par la concurrence – le Théâtre de la République a ouvert ses portes rue de Richelieu, en janvier 1791 et les talents de Talma, de Dugazon et Mlle Desgarcins, transfuges du Théâtre de la Nation, font de l'ombre à la troupe.

Molé, qui, sans s'engager dans le parti des Rouges mené par Talma, n'a jamais caché sa sympathie pour les idées nouvelles, s'agace des atermoiements de ses camarades, s'insurge contre un calendrier de répétitions non respecté, se débat entre les exigences de ses auteurs – toujours les mêmes, Rochon et Collin –, et les dettes qu'il a contractées pour sauver son frère de la banqueroute. Et tandis que le Théâtre de la rue de Richelieu tente de débaucher les meilleurs acteurs de la troupe, y créant la zizanie, voilà donc Molé à nouveau sur les routes, et, comme les absents ont toujours tort, certains prétendent qu'il se plaint de ce que ses camarades ne lui ont point écrit pour le rappeler. Sa fille, Mme Reymond, s'empresse de répondre à ce qu'elle considère comme des calomnies, et protège du mieux qu'elle peut ses intérêts. Mais le 26 mars 1793, ses camarades rédigent une lettre demandant expressément son retour : « Une plus longue absence priverait à la fois le public de l'acteur qu'il chérit le plus, et votre société d'un camarade qui lui est si précieux. Nous vous invitons à venir, le plutôt [*sic*] qu'il vous sera possible, seconder, encourager et soutenir par vos talents les efforts de vos camarades et vos amis[34] ».

Molé, de passage à Paris pour quelques heures, en partance pour Rouen, ne peut pas revenir sur la parole qu'il a donnée de jouer à Rouen la première semaine de Pâques. Dès lors, il s'engage à être de retour le 11 avril et conseille de programmer *Le Vieux célibataire*, pièce qui plaît au public, où Mlle Contat est « sublime » et dont Molé se sent redevable à Collin d'Harleville. Il insiste aussi sur *Le Philinte*, et sur la charmante pièce en 1 acte de Vigée, *L'Entrevue*, qui a ses partisans. De même nature est la dernière petite pièce du vicomte de Ségur, *Le Retour du mari*, créée fin janvier 1792, par Molé, Mlle Contat, Mlle Joly et le jeune Dupont. Grand succès pour une comédie qui ne touche pas à la situation politique du pays. *La Chronique de Paris* pointe d'ailleurs « cet acharnement à toujours mettre sur la scène des marquis et des barons, lorsqu'il n'y en a plus dans la société[35] ».

34 BmCF, Dossier Molé, 26 mars 1793, brouillon de la main de Delaporte.

35 *Chronique de Paris*, 30 janvier 1792, p. 118.

ILL. 9 – Molé dans *Le Vieux célibataire*, Paris, Martinet, 1796, Coll. Comédie-Française. Cote Res-GRA-Haut-0017 © Coll. Comédie-Française.

LE RÉPUBLICAIN MOLÉ

Le Lycée des Arts, établissement public destiné à l'éducation du peuple, ouvre ses portes le 7 avril 1793. Molé y est le seul comédien désigné comme professeur.

L'atmosphère, en ce mois de mai 1793, au Théâtre de la Nation, n'est guère au beau fixe. Louise Contat s'est mêlée de faire sur son jeu une remarque désagréable à Molé, qui l'a mal pris, et finit par écrire à la « belle Louise » : « chaque fois que j'aperçois à la Comédie des procédés pareils pour moi, cela semble me dire de sa part que j'y suis de trop, et comme elle entend suffisamment ses intérêts, je finirais par la croire[1] ». La programmation est brouillonne, et l'on affiche et désaffiche un peu sans raison. Molé se sent presque désavoué et surtout redoute d'être considéré comme déloyal envers les auteurs qu'il défend. Il souhaite un peu plus de rigueur dans l'établissement du répertoire et des répétitions : « La Comédie et moi sommes faits pour être justes, et nous devons éviter toute apparence d'impolitesse, c'en serait une que d'ôter l'un pour l'autre. Vieille amitié à mes camarades[2]. » Il cherche le moyen d'attirer le public, défaillant en ces mois de guerre, de manifestations, de massacres, d'emprisonnements, d'exécutions. Il propose, malgré la fatigue que lui causerait l'interprétation des deux rôles à la suite, de jouer un jour *Le Misanthrope* et le lendemain *Le Philinte.* Il fait des propositions de programmation permettant aussi de ne pas trop charger sa partenaire, Louise Contat, dont le théâtre va être privé, pour cause de grossesse avancée...Ses affaires financières ne s'arrangent pas et il se voit contraint de s'insurger auprès des autorités de la « liquidation » contre son rejet à la fois du Trésor public et de la liste civile. Il proteste vigoureusement : « Il est difficile de faire en aussi peu de mots une image plus outrageante d'un homme, entre deux pouvoirs publics, *rejeté*

1 BmCF, Dossier Molé, Lettre à Mlle Contat, 20 mai 1793.
2 BmCF, Dossier Molé, Lettre aux semainiers, 23 mai 1793.

par l'un et *repoussé* par l'autre[3] ». La liquidation du Trésor public et son transfert des « pensionnaires du Roi » sur la liste civile ne se passe pas sans heurts, et Molé peut attester d'avoir reçu les premiers versements en bonne et due forme. Il termine sa protestation sur une adresse « *ad hominem* » destinée à lui faire obtenir justice :

> J'attends de votre équité, citoyen, que vous voudrez bien me mander la date de cette suppression, et quel ministre l'a signée au nom du roi, propriétaire alors de la liste civile. Vous réfléchirez sans doute, qu'il vous reste quelque dédommagement à donner à un homme faussement représenté sous votre nom, comme *rejeté* d'un côté, et *mal accueilli* de l'autre, c'est l'idée que je me forme de votre esprit de justice, et peut-être la vôtre serait-elle frappée de la nécessité de conserver un salaire à vingt-neuf ans de service à la cour, et à bientôt 34 ans à Paris, avec quelque distinction[4].

Alors que le Théâtre de la Nation périclite et s'est fait, avec la création de l'innocente *Paméla* de François de Neufchâteau, la réputation d'être un repaire de contre-révolutionnaires, Molé semble traverser ces tempêtes sans en être affecté. Il est pourtant l'interprète d'une des répliques les plus sifflées de la pièce : « Ah ! les persécuteurs sont les seuls condamnables, / Et les plus tolérants sont les seuls raisonnables[5] ».

Il a fait inscrire sur son hôtel de la rue du Sépulchre : « Ici demeure le républicain Molé », et il donne au Lycée des Arts, en août 1793, un éloge de Préville, unanimement applaudi. Qui eût dit que la rivalité d'autrefois, tant dans le cœur de Mme Préville que sur la scène de la Comédie-Française, donnerait lieu à ce morceau d'éloquence, qui, tout en célébrant l'acteur Préville, dévoile en grande partie les conceptions, bien proches de celles de Diderot, que Molé a de son art : vérité et naturel. Il compare l'art du théâtre à celui de la peinture, se fait le chantre de l'illusion qui donne leur valeur à tous les arts d'imitation. « Au théâtre comme en peinture, sans vérité dans le dire, sans vérité dans le coloris, quelle que soit d'ailleurs la portion intelligente, on ne voit jamais que le travail de l'artiste[6] ».

---

3 BmCF, Dossier Molé, Lettre du 15 juillet 1793.

4 *Ibid.*

5 Nicolas François de Neufchâteau, *Paméla ou la vertu récompensée*, comédie en 5 actes et en vers, Paris, Barba, an troisième, acte IV, sc. 12, p. 99.

6 *Éloge de Préville*, fait et prononcé par le citoyen Molé à la séance publique du 11 août 1793, Paris, Lycée des Arts, 1793, p. 3. Voir en annexe.

Molé analyse avec finesse les rôles créés par Préville, y montre les effets du travail de l'acteur, dont le comique n'était jamais excessif. Il fait ensuite l'éloge de la diction de Préville, et surtout souligne son art de bien dire les vers. Et là encore, c'est Molé tout entier, et son propre sentiment qu'il exprime, soulignant l'importance de la nécessité de dire l'alexandrin « avec aisance[7] ».

Il souligne ensuite les qualités de pédagogue de l'acteur, qui a formé quelques-unes des plus charmantes soubrettes de la troupe, Mlle Luzy, Mlle Joly et a influencé considérablement le jeu de Louise Contat.

Le succès de cet éloge est tel que Molé est forcé de le réitérer au Théâtre de la Nation, où il ne fait plus l'unanimité d'un public des plus agité. Le *Journal des spectacles* du 27 août 1793 rend compte des incidents qui émaillent la séance. Des spectateurs, groupés dans une petite loge, et visiblement venus pour perturber la lecture, manifestent leur impatience et réclament la représentation de la petite pièce. Le parterre ne s'y trompe pas, comprend qu'il s'agit d'une cabale, se lève, et veut intervenir par la force. Mais une personne intervient et demande qu'on chasse les perturbateurs. Cette motion, applaudie par la majorité du public, fait taire les agitateurs et la lecture continue sous les applaudissements[8].

7 *Ibidem*, p. 17 : « L'éloge de Préville serait incomplet, si je taisais en lui une des qualités de son talent, qui entre nécessairement dans l'ensemble de la perfection, et fait le plus d'honneur au tact, à l'esprit délicat de l'artiste du théâtre, celle de bien couper et de bien parler les vers. Cette partie du goût mérite d'autant plus d'être célébrée, qu'elle est plus rare, et qu'elle rapproche de plus près l'artiste du littérateur dramatique. Je veux dire ici, cette nécessité de traduire avec grâce les vers en une prose élégante, pour être parlés avec plus de vérité ; d'en faire sentir le nombre, sans en faire compter les syllabes, d'en saisir le repos avec justesse, sans égard pour l'hémistiche et la rime ; d'y fixer le mot de la chose, sans s'y appesantir ; enfin, d'y être vrai, sans contrainte, saillant sans gêne, naturel avec aisance, peintre sans manière, riche sans faste, s'il faut être simple, et fastueux sans apprêt, s'il faut être énergique et noble. Remplir ce devoir, c'est s'identifier avec l'auteur, c'est faire disparaître ses torts, s'il lui en est échappé, et le montrer dans toute sa grâce, sa vérité et son élégance, si c'est son coloris. Cet art fut poussé à la perfection par Préville, et il mérite trop d'être considéré, pour le passer sous silence ; l'avoir omis, aurait été un reproche que le bon goût et la vérité auraient pu me faire. »

8 *Le Journal des spectacles*, 27 août 1793, nº 57, p. 459-451 : « Le parterre, qui, pendant assez longtemps avait patiemment souffert la honteuse audace de ces messieurs, s'en indignant à la fin, voulut faire justice de ces *agitateurs préposés*. Il *se leva en masse*, c'est le mot, et voulut se porter sur eux ; mais par bonheur, il fut arrêté par une personne qui, peu accoutumée à déguiser la vérité s'écria avec beaucoup d'énergie. *Quels sont les ânes habillés en citoyens qui, dans cette loge, ne savent pas sentir ce qui est véritablement admirable ? Qu'on les chasse.* Cette motion, qui fut vivement applaudie, aurait été sans doute exécutée,

Le parterre, enthousiaste, au moment où Molé mentionne « la parfaite Contat », s'écrie « dites aussi le parfait Molé » et l'acteur sort de scène sous les bravos renouvelés, tandis que lui est attribuée en partage la couronne destinée à Préville.

Molé doit renouveler l'exercice en faisant, toujours au Lycée des Arts, l'éloge de Mlle Dangeville, le 30 fructidor an 2. Le maître mot de son discours reste celui de « vérité ». Molé est souvent obligé d'intervenir, lorsque le public, qui désormais prend la parole sans retenue, réclame une pièce ou l'autre ou se met à huer la pièce en cours. La liberté de parole ainsi lâchée met les nerfs des comédiens à rude épreuve. Molé a pourtant la réputation d'y répondre avec pondération. Doyen des Comédiens, il bénéficie du respect d'un public qui n'a pas cessé de l'admirer.

Le 3 septembre, les Comédiens du Théâtre de la Nation, interprètes de *Paméla*, sont arrêtés et jetés en prison. Seul Molé, pourtant distribué dans la pièce, échappe au sort de ses camarades. Son âge et sa qualité de doyen sont sans doute pour beaucoup dans cette exception. Mais il reste suspect et doit se justifier auprès de Danton. Une dénonciation a fait croire au redoutable tribun que Molé avait joué à Marseille *L'Ami des Lois*, cette pièce de Laya qui a contribué à la réputation réactionnaire du Théâtre de la Nation et qui a été interdite. Molé écrit à Danton qu'il n'a jamais joué cette pièce ni à Marseille ni ailleurs et proteste du « prix qu'[il] attache à [son] estime et qu'[il] mettrait à [son] amitié[9] ». En fait c'est Larive qui a joué la pièce de Laya à Bordeaux.

L'arrestation des Comédiens-Français sur ordre du Comité de Salut public le 3 septembre 1793 a mis fin à l'existence du ci-devant Théâtre de la Nation. Une partie importante de la troupe est en prison et risque même la guillotine, en raison de sa réputation monarchiste. Les comédiens qui ne sont pas incarcérés doivent vivre. Molé joue où il peut, un peu forcé sans doute, pour sauver sa tête, d'intégrer la troupe de la Montansier au Théâtre National de la rue de la Loi. La Montansier prétend avoir rendu Molé heureux lors d'un séjour à Rouen, dont le privilège était alors aux mains de Neuville, son amant en titre. Le 7 décembre 1793, il y joue

---

si la peur d'être chassés n'avait fermé la bouche à ces obstinés perturbateurs des plaisirs du public. On dit, même que l'un d'eux, *honteux et confus, jura, mais un peu tard, qu'on ne l'y prendrait plus*... La lecture fut continuée au milieu des applaudissements les plus nombreux et les plus soutenus, et l'on assure que les *agitateurs officieux* furent eux-mêmes sur le point d'applaudir, dans la crainte d'entendre renouveler la motion qui venait d'être faite. »

9 BmCF, Dossier Molé, Lettre à Danton, 7 septembre 1793.

Le Misanthrope, amputé de la chanson du roi Henri, et affreusement caviardé. Il fait insérer dans la presse un curieux entrefilet : « Molé prie les citoyens journalistes qui veulent bien annoncer son entrée au Théâtre National de la rue de la Loi, de supprimer les qualités de premier acteur à ce théâtre « car on ne connaît pas chez nous la primauté » (Piron, *La Métromanie*[10]). Ce qui est vrai pour Piron est aujourd'hui vrai pour tous par la volonté du peuple français. » Puis on le voit paraître dans le rôle de Marat, dans une des nombreuses pièces qui participent de l'héroïsation du tribun assassiné[11], *Les Catilinas modernes ou La Mort de Marat*, de Jean-Jacques Ferru fils, le 6 février 1794. On lui a beaucoup reproché cette interprétation, qui semblait le faire déchoir. Sans doute faut-il se remettre dans la perspective de cette époque, celle des prémisses de la Grande Terreur, et dans le goût du public pour les pièces de circonstances. Marat assassiné devient personnage, et Molé joue ce personnage, une seule fois. En fait, dans cette pièce, Marat n'était pas assassiné en scène, mais dans la coulisse, sans que l'on aperçût Charlotte Corday, et Marat venait mourir en scène dans les bras de sa femme… Au répertoire de ce mois de décembre, outre *Le Misanthrope* et *La Métromanie*, sont affichés *Nanine, Le Méchant*, *Le Babillard*, *Le Bourru bienfaisant*, et *Le Dissipateur*.

La réaction thermidorienne met fin aux incertitudes, mais non aux difficultés rencontrées par les théâtres[12]. Les Comédiens-Français, sauvés in extremis de la guillotine, et enfin libérés, s'éparpillent sur toutes les scènes, par petits groupes et par affinités. Molé rejoint, en juin 1794, au Théâtre de l'Égalité (ci-devant salle de la Comédie-Française, c'est-à-dire l'Odéon actuel), dirigé par Dugas, ses camarades Fleury, Naudet, Mlles Louise Contat, Lange, et Devienne, pour y reprendre *Tartuffe* et *Le Babillard*. Molé et Fleury reprennent aussi *Dupuis et Desronais*, de Collé. C'est l'ancien répertoire qui domine dans la troupe, constituée d'anciens de la Comédie-Française, mais éphémère, puisque le théâtre ferme le 25 décembre suivant.

Après la chute de Robespierre, il va jusqu'à envoyer au Comité de Salut public un mémoire pathétique, où il rappelle que la Révolution l'a complètement ruiné, puisqu'il a perdu le privilège de Rouen, sa place de

10 Pièce qu'il joue aussi chez la Montansier, en compagnie de Mlle Devienne.

11 Voir Serge Bianchi, *Marat, l'Ami du peuple*, Paris, Belin, 2017.

12 Voir Noëlle Guibert et Jacqueline Razgonnikoff, *Le Journal de la Comédie-Française, La Comédie aux trois couleurs*, Paris, Sides, 1989 et Barry Daniels et Jacqueline Razgonnikoff, *Patriotes, en scène !*, Vizille, Musée de la Révolution / Artlys, 2007.

professeur et les pensions liées aux quarante années de services rendus à la Comédie-Française. Couvert de dettes, ayant à sa charge non seulement sa fille et sa petite-fille, mais aussi son frère et ceux qu'il a toujours généreusement aidés, il demande justice au Comité de Salut public[13].

Il ne reste pourtant pas longtemps inactif. Le 27 janvier 1795, sous la direction de l'habile Sageret, « un directeur qui, plus occupé de sa fortune que de la gloire de l'art, ne regardait (les comédiens) que comme des moyens d'exploitation[14] », le Théâtre Feydeau ouvre une nouvelle ère pour quelques transfuges du Théâtre de la Nation et du Théâtre de la République, alors en grandes difficultés, Ainsi, en mars, peut-on voir, dans *Le Misanthrope*, en alternance, Molé, Fleury et Baptiste aîné. Mlle Contat retrouve son rôle de Célimène. L'aspect réactionnaire de cette première tentative de retour au vieux répertoire provoque des manifestations qui aboutissent à la fermeture provisoire de théâtre. Il ne tarde pas à rouvrir, et Molé y est encore Alceste en mars.

Le 23 avril 1795, la pièce de Demoustier, *Le Tolérant*, où Molé, comme à son habitude joue le rôle-titre, un « caractère », nommé Dorimon, se termine par une fraternisation générale. Ce beau mouvement n'a malheureusement pas de suite, car la pièce n'est jouée que deux fois.

Au cours de l'été, sollicité par les théâtres français d'Amsterdam et de La Haye, – où son frère Dalainville avait fait une belle carrière – il obtient de la République un passeport en bonne et due forme, emmenant avec lui sa fille, âgée de 32 ans et sa petite-fille de 5 ans. Une servante et un domestique accompagnent les voyageurs. C'est en bateau que, à la fin du mois d'août, le clan Molé se déplace d'Amsterdam à La Haye. Molé se targue d'être dans un pays ami l'ambassadeur de la culture et

13 « Le citoyen Molé a des dettes occasionnées par la perte de son privilège de Rouen, acquis en mai 1789 pour sauver à son frère aîné l'horreur d'une banqueroute. Il a servi quarante ans le public français, il a perdu ses places de professeur et ses pensions faisant 11 400 livres par an. Il a une maison lourde et ne peut l'alléger, parce qu'elle est ancienne, et composée de braves frères et sœurs qui sont chez lui depuis quinze, vingt, vingt-six ans, sa fille, l'enfant de sa fille, son frère et les indigents qui s'offrent à lui. Il a pour 34 000 livres d'engagements faits à 8 000 livres par an et 25 000 livres de dettes éparses. Il vient de signer pour le Théâtre du Faubourg-Germain une souscription à 6 000 livres par an d'appointements (c'est 12 000 qu'il eût fallu dire). Il l'aurait signée à moins, tant il est confiant dans la justice du Comité de Salut public, qui ne voudra ni son déshonneur, ni qu'il trahisse les devoirs sacrés de la probité. Le citoyen Molé a soixante ans. »

14 Ch-G. Étienne et A. Martainville, *op. cit.*, 5 nivôse an 5.

de l'amitié françaises. Il a mis à son répertoire *Le Philinte de Molière* et *La Gageure imprévue*, ainsi que *Le Vieux célibataire* et *L'Entrevue.*

Le signalement de René Molé, sur ce passeport, nous le décrit à 61 ans comme « haut de 5 pieds 4 pouces, cheveux et sourcils gris blanc, front élevé, yeux bleus, nez ordinaire, bouche moyenne, menton rond, visage plein[15] ».

En septembre 1796, Mlle Raucourt fonde sa propre troupe au Théâtre Louvois. Cette troupe joue, avec des aléas, du 26 décembre 1796 à septembre 1797.

Molé passe de l'une à l'autre scène, de Feydeau, où en juillet et en août, on reprend *Paméla* et *Le Philinte de Molière*, à Louvois, où il reprend *Le Philinte*, le 29 mai 1797. Au Théâtre Louvois encore, on retrouve Molé en compagnie de Mlles Raucourt et Mézeray dans *La Coquette corrigée* de La Noue. Son interprétation du comte d'Olban dans *Nanine*, de Voltaire fait le bonheur de Grimod de La Reynière, pourtant parfois moins enthousiaste. Le critique se souvient d'avoir été parfois sévère avec Molé lorsqu'il rédigeait le *Journal des Théâtres* en 1777 et 1778, et va jusqu'à s'étonner qu'à son âge, Molé ait encore assez de ressources pour endosser le personnage de Voltaire :

> Oui, c'était vraiment ce Philosophe aimable et sensible, cet Homme du monde, poli, mais vertueux, que Voltaire nous a peint avec ses crayons enchanteurs ; M. Molé, puisant sans cesse dans son cœur, toujours jeune, le feu d'une ardente sensibilité, son talent n'est étranger à aucune expression des passions ; il les rend toutes avec une profondeur qui n'en altère point les grâces, avec une vérité qui ne fait encore qu'ajouter à leurs charmes[16].

Il se dit aussi que, au vu de la trivialité ambiante, l'aisance et la noblesse du jeu de Molé sont des qualités qui seront peut-être perdues avec lui[17].

15 BmCF, Dossier Molé.

16 Alexandre-Balthazar-Laurent Grimod de La Reynière, *Le Censeur dramatique, ou Journal des principaux théâtres de Paris et des départements*, par une société de gens de Lettres, Paris, au bureau du Censeur dramatique et chez Desenne, Petit, Bailly, 1797-1798, t. 1, n° 3, 30 fructidor an 5, p. 157.

17 *Le Censeur dramatique, ibidem* : « Une qualité non moins précieuse de M. Molé, et qui sera perdue peut-être avec lui, c'est cette aisance qui ne cesse jamais d'être noble ; c'est ce ton simple et uni qui s'éloigne autant du trivial que de la roideur ; c'est cette admirable entente de la scène qui fait qu'il est tout entier à son rôle et qu'il donne même à ses interlocuteurs une aisance, un aplomb qu'ils n'auraient peut-être pas auprès d'un Comédien moins exercé. »

Même enthousiasme encore, pour sa prise de rôle du *Glorieux*, au Théâtre Louvois. Grimod a vu jouer le rôle du comte de Tuffière autrefois par Bellecour, puis le reprendre successivement par Larive, Ponteuil et Molé, qui, sortant de l'emploi des petits-marquis et jeunes premiers qu'il avait portés au zénith, n'avait pas alors acquis les qualités nécessaires au caractère du personnage, qui s'inscrit dans l'emploi des manteaux ou des financiers. Tout acquis désormais au travail accompli par Molé et à la finesse de son jeu, il regrette que le public n'y ait pas été sensible, à l'exception de « quelques amateurs » et « vieux routiers de Comédie[18] ».

Molé, sollicité par la petite-nièce de Corneille, dans la misère, fait des pieds et des mains pour qu'ait lieu une représentation à son bénéfice. Dans un premier temps, Sageret a refusé, mais Mlle Raucourt, qui vient d'acquérir le Théâtre Louvois, se porte volontaire pour organiser cette manifestation. Du coup le Théâtre Feydeau ne veut pas être en reste et accorde à la descendante de Corneille les droits d'auteur d'une représentation du *Festin de pierre* et du *Menteur*. Celle-ci se contente de cette aide et renonce à la représentation à bénéfice proposée par Mlle Raucourt.

Entre-temps, la République a fondé l'Institut, le 25 octobre 1795, et les comédiens, libérés depuis juillet 1789 de l'ostracisme qui les frappait dans la société religieuse et civile, y trouvent naturellement leur place. En mai 1796, quatre comédiens y sont élus : Molé, Préville, Grandmesnil et Monvel. Larive est, quant à lui, nommé membre correspondant.

Après la fermeture, le 7 septembre 1797, du Théâtre Louvois, Molé retourne définitivement dans la troupe de Sageret au Théâtre Feydeau. On l'y retrouve dès décembre et ses exigences financières sont à la mesure de sa réputation. *Le Philinte de Molière, Paméla, Le Vieux célibataire, Le Mariage de Figaro* et les comédies de Marivaux reprennent leur place sur la scène. *Paméla*, revue et corrigée par son auteur, remporte cette fois un véritable succès, auquel n'est pas étrangère la prestation de Molé, qui reprend le

18 *Idem*, t. 1, n° 4, 10 vendémiaire an 6, p. 218-219 : « Vingt années de plus, une expérience consommée et un physique plus rassis, plus marqué, plus noble enfin, lui ont apporté tout ce qui lui manquait pour ce rôle difficile. On peut dire qu'il le remplit aujourd'hui d'une manière étonnante ; et nous ne balançons pas à l'y mettre fort au-dessus de tous ceux qui, (à notre connaissance) l'y ont précédé et même, osons le dire, de notre ami Bellecour. Il en saisit les nuances avec une finesse, un discernement exquis : hauteur, fierté, impertinence, colère, morgue, insolence, embarras, humiliation, orgueil, mépris ; il sait tout concilier, tout fondre avec un art dont le secret n'est connu que des plus grands maîtres. »

rôle d'Andrews avec les changements se rapportant aux événements de la Terreur, ajoutés par l'auteur, François de Neufchâteau. Le public du Théâtre Feydeau, en grande majorité conservateur, retrouve avec plaisir les comédiens de l'ancienne Comédie-Française et leur répertoire.

C'est évidemment dans le rôle d'Alceste, tant de fois joué, tant de fois travaillé, tant de fois loué, que le critique peut enfin exprimer son admiration la plus profonde :

> M. Molé, dans Alceste, tantôt sublime, tantôt profond, toujours dans le caractère du rôle, a joué les trois premiers actes d'une façon qui n'appartient qu'à lui. Mais c'est surtout dans la deuxième scène du quatrième acte qu'il s'est vraiment surpassé ; nous osons dire que depuis Grandval, cette scène n'a jamais été rendue comme elle nous a paru l'être dans la Représentation dont nous parlons ici.
>
> Tout ce que l'amour a d'énergie et de fureurs ; la Jalousie de transports, et l'indignation de forces, est ici réuni [...]. Malheur au comédien qui ne crache pas le sang à gros bouillons en quittant le théâtre après cette scène sublime[19] !

La Mère coupable, dernier épisode de la trilogie de Beaumarchais consacrée à Figaro, créé au Théâtre du Marais pendant la Révolution avec la famille Baptiste, est enfin donné au Théâtre Feydeau. Grimod de La Reynière ne peut s'empêcher de faire la comparaison entre les interprétations contrastées de Fleury et de Molé et constate l'infinie supériorité de Molé : « Si M. Fleury avait joué ce rôle d'original, ces défauts nous eussent peut-être été moins sensibles ; mais le jouant immédiatement après M. Molé, qui y avait mis tant de feu, de grâces et de profondeur, ils ont dû nous frapper ; il paraît qu'ils ont produit cet effet sur une grande portion du Public[20] ».

Qu'il s'agisse du *Philinte de Molière*, de *L'Optimiste*, du *Vieux célibataire*, de *L'Amant bourru*, du *Mariage secret*, du *Bourru bienfaisant*, du *Legs* ou de *La Surprise de l'amour*, les superlatifs fusent sous la plume des critiques. « Chaleur, énergie, sentiment, vérité, noblesse, inflexions et diction parfaites, finesse dans les détails », tout ce travail souterrain du comédien, qui aboutit à son adéquation au personnage, sans qu'il y paraisse forcer sa nature, qualifient le talent « admirable » et « exceptionnel » de Molé, alors âgé de plus de 60 ans. Mlle Contat, dont il avait été si passionnément amoureux, disait de lui en 1799 : « Il n'existe pas

19 *Idem*, t. 1, n° 13, 10 nivôse an 6, p. 349.
20 *Idem*, t. 1, n° 2, 20 fructidor an 5, p. 113-114.

un jeune homme qui se jette aussi bien aux genoux d'une femme. » Le couple Molé/Contat laisse aux spectateurs des souvenirs que résume très bien dans ses *Souvenirs*, Mme Vigée-Lebrun : « Mlle Contat était admirablement bien secondée dans tous ses rôles par Molé, qui jouait presque toujours avec elle. Molé, sans avoir jamais égalé Préville, était pourtant un grand acteur ; il avait de la grâce et de la dignité ; il tenait toujours bien la scène, comme on dit ; j'ai peu vu de talent aussi varié, et surtout aussi brillant que le sien[21] ». Lors d'un de ses nombreux séjours à Lyon, en compagnie de Louise Contat qui, bien que toujours ravissante et piquante, commence à prendre un peu d'embonpoint, ils sont tous deux sollicités par les comédiens locaux assoiffés des conseils des deux vedettes.

Ida Saint-Elme rencontre le couple à Bordeaux et se souvient de la disponibilité et de la gentillesse de Louise Contat, Molé étant moins poli et plus brusque. Mais elle change très vite d'avis, avoue qu'il avait dû être très beau et qu'il en imposait par l'amour de son art et son caractère fougueux[22].

De retour à Paris, « la contemporaine », convaincue qu'elle est faite pour faire du théâtre, va trouver Molé chez lui pour lui demander conseil. Son récit montre une fois de plus la gentillesse de l'acteur et sa disponibilité envers les jolies femmes : « J'abordai sans hésitation le sujet de ma visite. Molé, avec ce ton galant et de bonne compagnie qui lui était habituel, me donna des encouragements dont je fus charmée. Il me fit répéter plusieurs tirades de différents rôles que je savais par cœur. Enfin il me trouva plus propre à l'emploi des reines qu'à celui des jeunes princesses[23] ». Et Molé procure à la débutante un maître de déclamation.

C'est que Molé est à nouveau très amoureux, d'une toute jeune fille de 17 ans. Angélique Questienne est l'aînée de trois sœurs, filles d'un marchand de culottes de peau de la rue du Sépulcre (la rue même où habite Molé), qui se sont liées d'amitié avec Laurette, fille de Molé. C'est Henri Beyle (Stendhal), dans ses *Souvenirs d'égotisme*, qui signale cette liaison. Comme on ne prête qu'aux riches, Stendhal reprend la rumeur

---

21 Louise-Élisabeth Vigée-Lebrun. *Souvenirs*, Paris, Fournier, 1835, 2 vol., t. 1, p. 100.

22 Ida Saint-Elme, *Mémoires d'une contemporaine ou Souvenirs d'une femme sur les principaux personnages de la République, du Consulat, de l'Empire, etc.*, Paris, Ladvocat, 1827-1828, 8 vol., t. 2, p. 44.

23 I. Saint-Elme, *Mémoires*, *op. cit.*, p. 304-305.

qui attribue à Molé d'avoir séduit les trois sœurs[24]. Cette performance paraît peu crédible vu l'âge des jeunes filles. Bien qu'émancipées, car orphelines de père et de mère les petites Questienne » sont des « lorettes » sans doute peu regardantes à l'âge de leurs protecteurs. L'une d'elles deviendra comtesse... On peut néanmoins douter de la véracité de cette rumeur, d'autant qu'on n'a aucune autre preuve de cette histoire. Stendhal, par ailleurs, ne cache pas son admiration pour la vieillesse vigoureuse de Molé : « Il n'y a qu'un moyen de faire supporter la vieillesse, c'est la gloire et une âme ardente ; alors elle vaut peut-être mieux que la jeunesse. La vieillesse de Voltaire, celle de Molé, comparée à la vieillesse de M. Daru, à celle de mon grand-père[25] ».

C'est dans le courant de l'année 1798 que débute la liaison de Molé avec Angélique.

Sageret a mis la main sur la direction du Théâtre de la République ; du 1er avril 1798 au 26 janvier 1799, il développe sur les différentes scènes qu'il dirige ce qu'il appelle son « système », faisant voyager les comédiens d'un théâtre à l'autre. Le répertoire est à nouveau dominé par la comédie, qu'anime pour le plus grand bonheur du public le quatuor formé par Molé, Mlle Contat, Fleury et Dazincourt. Sur les quatre-vingt-cinq pièces données entre le 1er avril 1798 et le 26 février 1799 à Feydeau, soixante-neuf sont des comédies, cinq drames et onze tragédies. En mai 1798, Molé participe à sa première création depuis les événements révolutionnaires. Il s'agit d'un drame de Jean-Louis Laya, intitulé *Falkland*, où il joue le rôle-titre, aux côtés de Talma. La pièce échappe de peu à une censure complète, les censeurs se posant la question : « Convient-il dans les circonstances présentes de produire sur nos théâtres des Anglais intéressants[26] ? » Ce sombre drame, dominé par l'esprit de vengeance et le suicide du protagoniste, n'a que cinq représentations. Les acteurs tirent leur épingle du jeu : « Il est impossible de mieux jouer qu'ils ne l'ont fait tous, spécialement les cit. Monvel

24 Voir André Doyon, *Amitiés parisiennes de Stendhal. Lettres et documents inédits*, Lausanne, Éd. du Grand Chêne, 1969.

25 Stendhal, *Journal*, dans *Œuvres intimes*, texte établi et annoté par Henri Martineau, Paris, Gallimard, coll. « Bibliothèque de la Pléiade », 1955, t. 1, p. 631.

26 Cité par Odile Krakovitch, « La Censure sous le Directoire » dans *Le Théâtre sous la Révolution. Politique du répertoire (1789-1799)*, Martial Poirson (dir.), Paris, Desjonquères, 2008, p. 169-192.

et Talma. Les amis de la bonne comédie regrettent de voir que le cit. Molé se soit chargé d'un rôle que ses talents le mettent à même de bien rendre, mais qui doit extrêmement le fatiguer[27] ». En effet, Molé, bien que « demandé » par le public à la fin de la représentation, renonce à paraître en compagnie de Monvel et de Talma, en raison de sa fatigue. Le rôle de Falkland est en effet épuisant, par ses alternances de « bonté, de craintes, de terreur, de remords, de fureur et de noblesse[28] » où Molé, comme à son habitude, se dépense sans compter.

Wilhelm Alexander von Humboldt, le grand géographe et explorateur allemand, assiste à cette création et ne partage pas l'avis de Grimod, lui trouvant « quelque chose de hâtif, de brusque qui rappelle la vraie vie et la comédie, une manière caractéristique de hausser le bras accompagnée d'un mouvement rapide[29] ». En revanche, il est tout à fait séduit par le jeu de Molé dans *Le Bourru bienfaisant*, même s'il trouve la pièce assez médiocre

Le 5 septembre, le Théâtre de la République, soumis à une restauration radicale par les architectes Moreau et Palaiseau, passant des bleus et ors voulus par Victor-Louis au pourpre révolutionnaire, rouvre avec Molé en vedette dans les deux pièces inscrites au programme, *Le Misanthrope*, de Molière, toujours caviardé, et *Le Legs*, de Marivaux.

Le *Journal de Paris* se montre légèrement déçu : « Quoique le principal rôle ait été rempli d'une manière supérieure par Molé, qui ne semble pas plus ressentir les atteintes du temps qu'il ne trouve de borne à son talent admirable, il a régné pendant tout le cours de la représentation un défaut d'ensemble sensible mais qu'on ne peut attribuer qu'à des causes étrangères au jeu des acteurs[30] ».

C'est qu'on ne recolle pas aussi facilement les morceaux d'un jouet qui a été cassé, dispersé, abîmé par les événements…

Au Théâtre de la République encore, le 12 novembre 1798, encore une création, performance nouvelle de Molé : *Michel de Montaigne*, pièce de Guy. Le texte, non publié, s'attaque au fanatisme et aux guerres civiles, mais cette moralité-là n'est déjà plus de mise en 1798, et la pièce – qui

27 *Journal de Paris*, 11 prairial an 6.

28 *Le Censeur dramatique*, *op. cit.*, t. 4, n° 29, p. 91 et 94.

29 Wilhelm Alexander von Humboldt, *Journal parisien 1797-1799*, traduit de l'allemand par Élisabeth Beyer, Arles, Solin/Actes Sud, 2001, 29 mai 1798.

30 *Journal de Paris*, 21 fructidor an VI.

a demandé un énorme effort de mémoire à Molé, dont les yeux ne sont plus ce qu'ils ont été et qui apprend ses rôles avec un secrétaire – n'est jouée que cinq fois, malgré son interprétation unanimement louée. En décembre, Sageret reprend *Le Bourgeois gentilhomme*. Molé y figure encore, mais le 26 janvier 1799, le Théâtre de la République est fermé.

Sageret, que rien n'arrête, et dont les affaires financières forment un imbroglio qu'il a lui-même du mal à démêler, se plaint des exigences des comédiens et accuse Molé d'avoir touché des sommes colossales. Ce dernier se défend comme un beau diable et écrit aussitôt aux commissaires nommés pour examiner les comptes de Sageret. Mettant en avant ses « soixante ans de probité[31] », il reconnaît n'avoir reçu de Sageret que ses appointements de deux mille francs par mois, pas un sou de plus. Un deuxième engagement au même tarif devait mener à la réunion de tous les anciens de la Comédie-Française sous la houlette dudit Sageret, et en vue de laquelle le gouvernement avait donné de l'argent pour « déterminer les mal disposés[32] ». Molé n'étant pas dans ce cas, Sageret n'avait pas à lui appliquer ce remède. Il affirme avec force : « Je vous recommence et vous affirme ma négative avec toute l'énergie de la probité devant un mensonge atroce[33] ». Prudemment, il se pose la question des dédommagements auxquels il devrait avoir droit. Et il suggère aux commissaires de regarder les émargements qu'il a signés.

L'incendie de l'Odéon, en mars, met fin à l'aventure de Sageret, et le gouvernement du Directoire se rend enfin compte qu'il est temps de se préoccuper de l'avenir du théâtre national.

31 BmCF, Dossier Molé. Lettre de Molé aux commissaires nommés pour examiner les comptes du cit. Sageret, 12 ventôse an 7.

32 BmCF, *ibid.*

33 Lettre conservée dans la Collection de la Bibliothèque publique et universitaire de Genève, recopiée par Jean-Jacques Olivier, pour le dossier Molé (BmCF).

TOURNÉES – RÉUNION – DÉSUNIONS

La faillite de Sageret, accompagnée de l'incendie (criminel ?) de l'Odéon, a enfin fait bouger un gouvernement pusillanime, qui accordait à l'un, puis à l'autre, l'autorisation de concrétiser enfin cette réunion des Comédiens-Français que tous – ou presque – souhaitent.

En février 1799, sous l'impulsion du ministre de l'Intérieur, qui n'est autre que l'auteur de *Paméla*, François de Neufchâteau, le Directoire se saisit enfin de l'affaire du Théâtre-Français. Un commissaire du gouvernement est nommé pour gérer la réorganisation du théâtre national. Jean-François Mahérault, professeur de langues anciennes, hérite de la lourde tâche de rassembler les comédiens dispersés et de donner un semblant de règlement à cette horde de personnalités plus égotistes l'une que l'autre ! En mars, Molé est à Lyon, et Mahérault, avec toutes les précautions d'usage, lui rappelle qu'il est un de ceux à qui l'on a demandé de revenir au plus vite pour opérer la réunion espérée. Mme Reymond est l'intermédiaire privilégiée entre son père et les autorités, et il faut bien en passer par elle… Mahérault assure Molé que, dans son différend avec Sageret, il fera tout son possible pour qu'il soit dédommagé dans les meilleurs délais.

Mais Molé, comme les autres d'ailleurs, a pris des engagements, et, en mai, il se trouve encore à Genève. Mahérault reprend la plume, confirme l'action du gouvernement, qui a loué le Théâtre de la République afin d'y organiser la réunion des acteurs éparpillés, « d'après les formes de l'ancienne Comédie-Française, sous la surveillance du pouvoir exécutif[1] ». Le commissaire du gouvernement a donc fait un plan de réorganisation de la troupe. Molé en est toujours le doyen, « porté aux premiers rôles avec part entière, et pour la première chaire de l'École dramatique, aux appointements de 2 000 francs par mois[2] » En considération de sa

1 BmCF, Dossier Molé, Lettre de Mahérault au citoyen Molé à Genève, 29 floréal an 7.

2 *Ibid.*

longue carrière, une gratification personnelle de 5 000 francs lui est en outre allouée. Mahérault regrette l'absence de Molé pour le jour de la première représentation des comédiens réunis, le 30 mai suivant, et il le presse de rentrer à Paris le plus vite possible.

Il semble que Molé n'ait pas répondu aux sollicitations pressantes du ministre de l'Intérieur et du commissaire du gouvernement. Ce dernier lui écrit encore, toujours à Genève, vingt-cinq jours après la réouverture du Théâtre. La lettre est aimable, mais ferme, et, tout en ayant l'air de ne pas s'adresser à Molé, elle menace les dissidents qui ne répondraient pas aux ordres de retour désormais confiés à la police. La nécessité de rassembler les comédiens dispersés est désormais avérée. La plupart d'entre eux, poussés par le besoin de gagner leur vie, sont encore en province. Cette attitude désinvolte déplaît aux membres du gouvernement et le commissaire, malgré ses efforts d'adoucir les sanctions, menace les dissidents au nom de la police – le Ministère de l'Intérieur est désormais chargé de l'affaire – de les priver de leurs droits s'ils ne reviennent pas immédiatement[3].

Si Molé échappe momentanément aux menaces, qui touchent notamment Louise Contat, Talma et sa compagne Caroline Vanhove, il est fermement convié à donner une réponse définitive, dont l'urgence est soulignée amicalement par Mahérault[4].

---

3 *Id.*, Lettre de Mahérault à Molé à Genève, 26 prairial an 7 : « Le Théâtre français de la République recommence d'une manière plus brillante que je ne l'aurais espéré dans l'absence des talents qui lui manquent encore. Le public paraît savoir gré à ceux qui viennent à travers les intrigues et les obstacles de toute nature poser les bases de la réorganisation du théâtre français. Je vous avouerai qu'il voit d'un autre œil ceux qui ne songent qu'à faire leur recette dans les départements, et après que leurs camarades auront supporté tout le poids de l'été, se proposent de revenir partager avec eux les fruits de l'hiver. Cette conduite est peu délicate et a révolté le gouvernement. L'avis de la police et du Directoire était non seulement de se passer des absents, mais de leur déclarer officiellement et dans les papiers publics qu'ils ne seraient pas reçus, quand ils voudraient revenir, qu'ils perdraient non seulement leur droit aux pensions, mais celui à la liquidation des dettes de l'ancienne comédie, dont ils retiraient charges pour leur part, quand on travaille à donner quittance aux autres artistes réunis. Ainsi des talents distingués se trouveraient condamnés à finir leur carrière dans les départements où le public de Paris, très inconstant comme vous le connaissez, les aurait bientôt oubliés, et où la police aurait encore des moyens de leur faire sentir son mécontentement. J'ai fait mes efforts pour éloigner l'effet de cette résolution, j'ai excusé même des prétentions qui n'étaient pas recevables et avant d'en venir aux moyens de rigueur, j'ai obtenu que le Ministre de la police fît encore une invitation aux absents et vous savez ce que c'est qu'une invitation de la police. »

4 *Ibid.* « Je crois, citoyen, que vous vous devez à vous-même, à vos principes connus, à votre attachement pour le gouvernement, à votre amour pour l'art et vos camarades, de ne pas

Toujours à Genève à la mi-juin, Molé, dans un courrier privé, constate avec quelles difficultés les comédiens se rangent aux ordres du gouvernement. Talma, Mme Petit, Louise Contat, et d'autres ont reçu pareilles missives mais espèrent encore faire de l'argent en province. Molé, fort de son expérience, doute fort que les « jeunes talents » puissent y gagner en restant dans les départements. Il semble même renoncer, à son corps défendant, à certaines tournées autrefois lucratives : « quand on paye sa dette, il faut regretter de n'attirer pas la même attention, de n'exciter pas le même désir, et de s'isoler, dans le grand danger, que court l'art difficile et sublime du Théâtre qui ne brille que par l'ensemble[5] ».

Molé rentre donc dans les rangs, le 7 octobre.

Son retour est le bienvenu et salué par une décision favorable. Le ministre de l'Intérieur lui a fait attribuer l'un des pavillons attenant à l'Odéon, « pour récompense du long et brillant service qu'il a fait au Théâtre Français[6] ». Ce pavillon, occupé jadis par Préville, qui y vécut peu et en négligea l'entretien, se trouve également pourvu de deux étages supérieurs qu'un architecte habite, prétendant avoir obtenu du gouvernement le droit de les bâtir et d'en jouir à perpétuité. Enquête est faite sur les deux points…

Molé, officiellement « retraité », reçoit néanmoins des membres du Comité d'administration une invitation à prendre part à toutes ses décisions, « toutes les fois qu'il le jugera convenable[7] ». Ne dérogeant pas à sa réputation de générosité, il obtient de ses camarades d'organisation d'une représentation, au Théâtre Molière, au profit d'une famille dans le besoin.

L'été venu, la transhumance des comédiens reprend de plus belle, et, malgré son âge, Molé part se produire en province, notamment à Bordeaux. Il profite de l'éloignement pour manifester à Mahérault son amitié et sa reconnaissance. Il convient de « la douceur d'avoir affaire à

être le dernier à revenir, à ne pas vous mettre sur la liste de certaines personnes dont la conduite forcera le gouvernement à une juste défiance et à une surveillance plus sévère. Si pour cela vous êtes forcé de faire quelques sacrifices, n'en perdez pas tout le mérite en les différant. »

5 BmCF, Dossier Molé, Lettre de Molé, Genève, 26 prairial an 7 (14 juin 1799).

6 BmCF, Dossier Molé, Paris le 29 ventôse an 8, lettre du commissaire du gouvernement près le Théâtre Français de la République au Ministre de l'Intérieur.

7 BmCF, Dossier Molé. 24 floréal an 8. Lettre du secrétaire rédacteur du Comité du Théâtre Français de la République au citoyen Molé.

un de ces hommes (bien rares à la Comédie), lui écrit-il, droit et honnête, duquel il faut entendre oui quand c'est oui qu'il dit[8] ».

À Bordeaux, la situation est confuse et peu propice aux Comédiens de passage. La directrice des théâtres, Suzanne Lattapy, une chanteuse de second rang qui a remplacé Mme Dorfeuille à la tête du Grand Théâtre le 11 décembre 1795, est une personne sans moralité. Toute sa vie, elle s'est signalée par d'incessants démêlés avec la police, pour des motifs de querelles, orgies et filouteries en tous genres. Elle a réussi pour l'heure à introduire la mésentente entre les comédiens, qu'elle ne paie pas, si bien qu'une partie d'entre eux, dont Molé, ont dû se réfugier « dans un théâtre de planches où le public fut d'abord les trouver avec intérêt, mais on se lasse enfin d'être mal à son aise par estime, on y crève de chaud, on y est mal assis, les femmes n'y paraissent pas, que de motifs d'éloignement[9] ! ».

Molé poursuit : « On construit une salle de comédie qui sera prête pour le 1er brumaire et, machinalement, les culs flétris par la dureté des bancs de la baraque où je joue, où ont joué Contat et Larive, remettent un peu au temps où ils seront plus douillettement traités[10] ».

Molé, au milieu de ces embrouilles bordelaises, craint de ne pas y trouver son compte ni faire les bénéfices qu'il prévoyait. Le voilà obligé de jouer – et d'apprendre ! – des rôles qu'il n'a pas créés à Paris, tels *L'Abbé de l'Épée, Les Précepteurs* ou encore *Les Mœurs du jour* de Collin d'Harleville. Il doit se mettre en mémoire les 713 vers d'un rôle créé par Fleury ! « Me voilà, dit-il, comme un modeste double de Monvel, Baptiste et Fleury ; rions, philosophe Mahérault, de ces renversements de choses préparés par l'astuce et l'intérêt personnel[11] ». Il apprécie peu que Talma et sa compagne viennent à Bordeaux lui faire concurrence…

Ce même été de l'an 8 (1800), Molé reçoit de son frère Dalainville une lettre inquiétante. Celui-ci se plaint de la froideur que lui témoigne son puîné– il faut dire que l'incompétence de Dalainville en affaires n'a pas peu contribué à la dégradation de celles de Molé –, et lui expose une situation financière personnelle difficile. Il lui demande son soutien pour faire recevoir sa compagne Julie, dite Mme Julie Molé, à la

8 BmCF, Dossier Molé, Lettre à Mahérault, Bordeaux, 27 fructidor an 8.
9 *Ibid.*
10 *Ibid.*
11 *Ibid.*

Comédie-Française. Mme Molé s'est distinguée par l'adaptation française de la traduction faite par Bursay de *Misanthropie et repentir*, drame de Kotzebue. La pièce, jouée à l'Odéon, a eu un énorme succès d'audience. Sur les conseils de Molé, Julie est restée à Paris, dans l'espoir d'être intégrée dans la troupe reconstituée de la Comédie-Française.

Molé, de Bordeaux où il est à nouveau en tournée, quelques jours après avoir reçu la lettre de son frère, s'empresse d'écrire à Mahérault pour lui recommander sa belle-sœur dans l'emploi des caractères tenu jusqu'ici par Mme Suin. Nous ne connaissons pas la réponse de Mahérault, mais, en tout cas, Julie Molé n'est pas engagée dans la troupe.

Les représentations à Bordeaux sont décevantes : bon accueil mais peu de monde. Non seulement la chaleur excessive de l'été a découragé les spectateurs, mais les comédiens de Bordeaux, qui devaient s'être préparés à donner la réplique à la « vedette », bien que prévenus du répertoire deux mois à l'avance, sont loin d'être prêts, d'où modification de la programmation, sans compter les accidents de santé dont on ne sait pas grand-chose sinon qu'ils sont « réels ». Du coup, Molé, qui devait rentrer à Paris le 3 brumaire (25 octobre 1800), et qui a eu vent des succès de Mlle Contat et de Larive à Toulouse et à Agen, envisage de prolonger sa tournée et de passer trois jours dans chaque ville, y compris Montpellier, et de ne remonter à Paris qu'après un dernier séjour à Lyon. Il écrit à ce sujet à son neveu Desbarreaux à Toulouse, demandant de lui organiser des représentations à 300 francs par soirée et une représentation à son bénéfice. Mahérault, qui peine toujours à rassembler les comédiens à Paris, où le public se lasse de voir toujours jouer les « doubles » et les débutants, s'effraie des projets de Molé et tâche de lui faire comprendre qu'il n'a pas droit, pour faire des bénéfices personnels, à une aussi longue absence. Molé renonce donc à Montpellier et à Lyon, mais non à Toulouse et à Agen où il s'est déjà engagé. Il renâcle visiblement à sacrifier quelques-uns de ses profits, et n'hésite pas à écrire au commissaire du gouvernement :

> Je ne sais si, au milieu de mes défauts et de mes qualités, vous me connaissez celle d'être juste contre moi-même comme je le serais contre les autres ; c'est cet esprit de justice qui me rappelle vers Paris et mes camarades avec le même plaisir et le même zèle, mais qui me permet de m'ajouter qu'au moins pour l'exemple, il n'y a rien de dangereux dans la longue absence d'un membre de

> la société dans la 41e année de son service ; je crois qu'avec ceux de cette sorte, et des plus éprouvés par un dévouement tel qu'ils n'auraient jamais dit non, on pourrait faire avec ceux-là le marché de s'en rapporter à leur attachement éprouvé … de temps et à leur délicatesse reconnue ; c'est elle qui me fait pousser avec toute l'impatience possible, les moments qui me tiennent éloigné de mes devoirs, mais qui sont bien précieux au mauvais état de mes affaires[12].

Mahérault se gendarme et envoie lettre sur lettre. Molé, avec un brin d'insolence et sous couvert de bonne volonté, insiste sur les privilèges qu'il croit devoir à sa longue carrière et sur ses quarante et un ans de bons et loyaux services[13].

À Paris, Fleury, double immédiat de Molé, est indisponible pour raisons de santé ; le public gronde ou est absent. Molé n'envisage pourtant pas d'être de retour à Paris avant la mi-novembre. Malgré tout le respect qui lui est dû, les autorités ne peuvent accepter une telle légèreté. Le ministre de l'Intérieur, Lucien Bonaparte, écrit directement au préfet de la Gironde afin de lui intimer l'ordre de renvoyer Molé directement à Paris. Les termes de la lettre sont sévères et exigent l'exécution immédiate de l'interdiction faite à Molé de donner aucune représentation à Bordeaux et lui intiment l'ordre de rentrer immédiatement à Paris[14].

Et le lendemain, 5 brumaire, le même ministre édicte un nouveau règlement relatif aux congés des sociétaires, prescrivant à tout comédien partant en congé d'en aviser le Commissaire du gouvernement (dates de départ et de retour), avec, pendant la durée du congé, retenue des appointements pour être versés à la Caisse de la Société en cas de

12 BmCF, Dossier Molé, Lettre à Mahérault, Bordeaux, 20 vendémiaire an 9.

13 BmCF, Dossier Molé, Lettre à Mahérault, Bordeaux, 4 brumaire an 9 : « Vous n'aviez probablement pas encore reçu ma lettre lorsque dans votre courrier vous me reparlez de ce projet d'outrepasser Toulouse, d'où je compte directement revenir à Paris. Quant au danger de l'exemple, je vous ai aussi fait faire cette réflexion simple qu'il n'y (en) a nul à voir un membre de la société prendre une dernière licence dans la quarante et unième année de son service, et surtout quand il n'a jamais dit non dans le cours de ces quarante et un ans et a servi dans tous les genres avec l'excès de zèle que j'y ai mis. »

14 BmCF, Dossier Molé, Lettre de Lucien Bonaparte, ministre de l'Intérieur au préfet du département de la Gironde, Paris, 4 brumaire an 9. « Citoyen, un des artistes sociétaires du Théâtre Français de la République, le citoyen Molé, est à Bordeaux depuis 3 mois et y outrepasse le terme du congé qui lui a été accordé. Je vous charge de prescrire à cet artiste de partir sur le champ pour Paris, où il devrait être à son poste, et d'empêcher qu'il ne donne aucune représentation dans le département confié à votre surveillance. Vous voudrez bien me rendre compte de l'exécution de cette mesure. Je vous salue. »

dépassement de l'époque fixée. Molé est spécifiquement visé par cette mesure[15]...

Cette fois, il s'agit d'obtempérer. Molé est de retour le 22 brumaire (soit le jeudi 13 novembre 1800), et, – est-ce pour se faire pardonner ? – il joue dans les deux pièces, deux rôles aimés du public : le Comte du *Jaloux sans amour* (avec Louise Contat), et Géronte du *Bourru bienfaisant.*

En vieillissant, Molé n'a rien perdu ni de sa générosité – il a toujours tenu table ouverte –, ni de sa vanité. Deux exemples le prouvent à la fin de l'année 1800. D'une part il intervient pour que les deux sœurs de Lekain jouissent facilement de leurs entrées au théâtre, ainsi qu'un ancien danseur et les « hommes de chambre » de celle qu'il appelle « Mme Buonaparte », qui lui a promis que le Premier consul fréquenterait assidûment la Comédie-Française, une fois que serait terminé l'escalier privé qu'on lui ménage. D'autre part, Molé, membre de l'Institut, et collaborateur de Charles Pougens, académicien, à la Bibliothèque de l'institut, s'offusque, avec humour sans doute, mais s'offusque quand même, que ce titre de Membre de l'Institut qu'il est si fier de porter ne soit pas mentionné dans sa notice de la Bibliothèque française, où il est qualifié d'artiste dramatique « tout sec[16] ».

Il reste très vigilant quant aux affaires de la Comédie, assiste le plus souvent qu'il peut aux séances du Comité d'administration, prend la défense de Marsy, ancien pensionnaire de la vieille Comédie-Française, réduit pour vivre à des expédients, alors qu'il mériterait d'avoir une honorable carrière dans les seconds et troisièmes rôles où il s'était fait apprécier dans les années 1790.

---

15 BmCF, Dossier Molé, Arrêt du Ministre de l'Intérieur, Lucien Bonaparte, Paris, 5 brumaire an 9. 1° Tout artiste du Théâtre Français de la République, ayant obtenu la permission de voyager, recevra du commissaire du gouvernement un congé, indiquant le jour de son départ, et celui de son arrivée à Paris. 2° Pendant tout le temps que durera ce congé, le produit des appointements de l'artiste absent restera entre les mains du caissier de la Comédie. 3° Lorsque l'artiste absent outrepassera l'époque fixée de son retour, le produit de ses appointements sera versé dans la caisse générale de la Société en tout ou en partie. D'après un arrêté pris par le commissaire du gouvernement. 4° La présente mesure, à dater du 1er de ce mois, est applicable au Citoyen Molé tant pour le produit de sa part que pour toute espèce de gratification.

16 Voir la lettre qu'il envoie, « le 28 frimaire, après le dîné [*sic*] et le café, au citoyen Charles Pougens, libraire, grammairien, et membre de l'Institut National, quai Voltaire n° 10, Paris (BmCF, Dossier Molé).

En janvier 1801, Molé et sa famille emménagent au pavillon dit « de Corneille » de l'Odéon, bien qu'il y ait encore quelques travaux à y faire. Pour se faciliter la vie, il demande aux membres du Tribunat, installé au ci-devant Palais-Royal, de pouvoir « garer » sa voiture, lorsqu'il est au Théâtre-Français, dans la première cour. Cela lui évite de stationner dans les files de voitures des spectateurs, et lui permet de mettre sa voiture à couvert et de l'y rejoindre facilement, surtout lorsqu'il a joué un de ces rôles qui demandent un grand engagement nerveux et physique.

Malgré les injonctions reçues et le dépassement avéré de ses droits aux congés, dès le mois de février 1801, Molé envisage à nouveau une tournée en province. Il écrit à son neveu Desbarreaux à Toulouse pour lui demander d'organiser sa venue. Il compte y donner douze ou treize représentations, ainsi qu'à Montpellier. Il vient d'apprendre un nouveau rôle dans *L'Aimable vieillard*, de Favières et Creuzé de Lesser. Ce qu'il ne sait pas encore, c'est que cette pièce, créée le 25 février, n'ira même pas jusqu'au bout de sa première représentation. Selon *L'Almanach* de l'an X, « Molé excita par sa ténacité une scène assez violente. Tout autre eût éprouvé des signes certains du mécontentement général. Heureusement le public ne vit dans cette occasion, qu'un acteur qu'il estime à si juste titre, se consumant en efforts, pour ne pas rendre stériles ceux trop impuissants de l'auteur : on excusa volontiers un zèle qui l'avait un moment entraîné hors des convenances[17] ».

Il a compensé cet échec par la réussite d'une petite pièce intitulée *Le Confident par hasard*, de Faure. « Le public a saisi avec un empressement soutenu, toutes les occasions d'appliquer à Molé les passages de son rôle, qui contenaient une allusion flatteuse au talent de ce grand acteur[18] ».

En revanche, c'est avec succès qu'il a repris *Le Philosophe marié*, avec Mlle Contat, et, fait devenu exceptionnel, il a rejoué dans une tragédie, à l'occasion de la représentation au bénéfice de son ami Florence, acteur médiocre mais bon gestionnaire, donnée au Théâtre des Arts (Opéra). Cette interprétation, exceptionnelle, du rôle d'Auguste dans *Cinna* de Corneille, constitue dans la carrière de Molé, une sorte de sommet. Critiqué dans ses interprétations tragiques – il n'avait pas le physique à l'antique exigé par la tragédie : trop blond, trop juvénile, trop remuant,

17 *L'Année théâtrale, ou Almanach des spectacles de Paris pour l'an* X, Paris, Cailleau, an XI, p. 139 *sq.*

18 *Ibid.*

il avait dû souvent se contenter des jeunes princes de Racine et des rôles dits « d'ironie » de Corneille, comme Nicomède, ainsi que des « chevaliers français » des tragédies contemporaines. Cette fois, Molé se fait plaisir et prend à bras le corps le beau rôle d'Auguste, dont l'ironie n'est pas exclue et qui met en évidence son sens du pathétique et sa profonde sensibilité. L'émotion est à son comble lorsqu'il prononce la fameuse réplique « *Soyons amis, Cinna.* » et le public verse des larmes, si l'on en croit le chroniqueur de *L'Almanach des spectacles*[19], qui souligne « l'accent digne et *paternel* de Molé, sa diction noble, mesurée, simple, expressive, pathétique ». Molé, comédien jusqu'au bout des ongles, fait la démonstration de sa plasticité d'acteur en jouant, quelques jours plus tard, le sémillant marquis du *Cercle*, qui avait assis sa réputation dans les rôles de petits-maîtres.

En mars 1801, Molé donne aussi une série de représentations « exceptionnelles » de ses rôles les plus aimés du public, *Le Babillard, Le Bourru bienfaisant* et *Le Vieux célibataire.*

Les affaires de Molé sont très mauvaises ; malgré les quelques privilèges financiers qui lui ont été concédés, il a du mal à réduire son train de vie, toujours élégant, courant les dîners mondains et entretenant de façon princière sa toute jeune maîtresse. Le paiement des salaires qui lui sont dus tarde à venir. Il s'en plaint à Mahérault, sollicite une avance qui ne vient pas. L'Institut lui doit aussi onze mois de salaire. La maison d'Antony, naguère acquise par sa femme, est le plus souvent son refuge.

En désespoir de cause, il s'épanche dans une longue lettre à son neveu Desbarreaux, « négociant » à Toulouse, en fait, directeur du théâtre. En cette fin du mois de mai 1801, il se trouve sans projet définitif pour l'été. Il décharge sa bile contre ceux qui, autrefois prêts à lui manger dans la main et le suppliant de jouer avec eux, cabalent aujourd'hui, à Toulouse et ailleurs, contre sa venue. Mlle Turbot, Mme Latapy, Mme Fleury, … il s'insurge contre « toutes ces vieilles et laides femelles », garde l'espoir d'une tournée, « dernier coup de collier indispensable à l'état de [ses] affaires[20] ». Mais il ne peut quitter Paris avant le 14 juillet, car le gouvernement de la République s'apprête à recevoir en grande pompe le roi d'Étrurie. Louis Ier de Bourbon, fils du duc de Parme

19 *Ibid.*
20 BmCF, Dossier Molé, Lettre à Desbarreaux, 7 prairial an 9.

Ferdinand Ier, lui-même fils du roi d'Espagne, a été mis à la tête de ce petit état italien créé artificiellement par Bonaparte, en échange de plus grands territoires. L'état d'Étrurie disparaîtra en 1807 lors de l'annexion par Napoléon des territoires conquis en Italie. Molé ironise sur ce soudain appétit de monarchie manifesté par la République :

> quelque chose de plaisant, c'est que ce Roy d'Étrurie, pour lequel *les Messieurs*, plats esclaves de Bordeaux ont fait des folies, et qui devrait être arrivé, ne nous arrive pas, il a l'air de prendre racine en route ; on l'attendait à la porte de Bernis il y a 3 jours ; les poissardes de la halle, disait-on, les mêmes qui ont amené de force Louis XVI enchainé le 6 octobre, étaient, dit-on, à la Croix de Bernis à attendre ce Roi pour le complimenter, l'accueillir, et crier Vive le Roi, sans doute comme on l'a braillé à Bordeaux[21]...

Il est très contrarié, sans engagement, « sans être autrement pressé d'arrangement, écrit-il, si ce n'est que la recette des mois messidor et thermidor étant détestable à Paris, il me semble que je ne serais pas fâché alors d'être ailleurs pour engraisser le coffre-fort de ma maison[22] ».

Tout semble difficile, il est question de Nantes, et même de Brest, mais il ne peut aller à Montpellier tant qu'y sévit un certain Brulot qui l'a mal traité deux ans plus tôt. Molé égrène la liste des directeurs de province avec qui il a eu des contentieux, à Lyon, à Marseille, à Strasbourg... Il n'épargne pas non plus les camarades qui, comme lui, jouent en province pour faire de l'argent. Même Louise Contat qui, à Montpellier, « a fait peu d'argent[23] », et il ajoute perfidement : « Cela me fait un certain plaisir. » Il a aussi des mots très durs pour Damas et Saint-Fal : « car maintenant les derniers talents courent la province comme autrefois les seuls grands talents y étaient accueillis[24]. »

Le grand acteur vieillirait-il mal ? Tant de rancœur étonne. Seule sa fille, qu'il appelle affectueusement Laurette, semble trouver grâce à ses yeux. Elle s'emploie à gérer son courrier, ses affaires et son intérieur, sert d'intermédiaire dans les affaires financières et partage avec lui les grands appartements du pavillon Corneille, où elle élève aussi sa fille, Évelina.

Curieusement, à la fin de sa lettre à Desbarreaux, Molé signale qu'il a perdu « la jolie nièce ; elle s'est affistolée (?) l'année dernière, et sur

---

21 *Ibid.*
22 *Ibid.*
23 *Ibid.*
24 *Ibid.*

mon conseil, avec Reymond, le ci-devant mari de Laurette, de sorte que quand Mme Reymond de Paris se nomme à présent Madame Molé (Reymond). L'autre, maintenant à Bordeaux, se nomme Mme Reymond, toute entière[25] ».

De qui s'agit-il ? On l'ignore, mais nous verrons plus tard que ledit Reymond n'a pas fini de jouer un rôle dans les affaires de famille de Molé.

Nouvelle déception pour l'acteur, qui semble ne pas avoir quitté Paris en 1801, sauf peut-être en fin d'année pour Nantes et Amiens, si l'on en croit les *Mémoires* de Mlle George, qui confond peut-être 1801 et 1800 : le Théâtre-Français, dont les finances ne sont guère reluisantes, décide de supprimer les primes exceptionnelles qu'il distribuait aux grands anciens (Molé, Mlle Contat). D'Antony, le 18 octobre 1801, Molé se plaint à Mahérault de la visite peu courtoise qu'il a reçue à ce sujet de Grandmesnil. L'ancien avocat a été dépêché par ses camarades pour annoncer la nouvelle à Molé, lui démontrant, à coup de comptes d'apothicaires, que le Théâtre n'était plus en état de faire de telles dépenses. Molé ne veut pas croire l'interprète de *L'Avare* qu'il n'apprécie guère : « Il a insisté, mais, ma foi, comme son ancien, je l'ai envoyé promener : il ne me parut jamais si laid, si grossier et si avare[26] ».

Une représentation est donnée à son bénéfice, peu après celle donnée pour Florence. Elle lui rapporte 30 000 francs qui lui permettent de payer quelques dettes. Il y interprète lui-même *L'Amant bourru.*

Les mauvaises nouvelles se suivent et se ressemblent : en novembre 1801, son frère aîné Molé-Dalainville meurt, laissant une veuve, de la main gauche, Julie Molé, qui, peu après la mort de son compagnon, épouse un certain Léger, et deviendra comtesse de Valivon en troisièmes noces, et une fille, Victorine, qui va faire parler d'elle après la mort de son oncle.

25 *Ibid.*
26 BmCF, Dossier Molé, Lettre à Mahérault, 26 vendémiaire an 11.

MALADIE ET MORT DE MOLÉ

Molé continue à jouer les rôles de son répertoire, moins souvent, mais toujours avec le même succès auprès des spectateurs. Il voudrait aussi continuer à vivre comme il l'a toujours fait, mais la nature le rappelle à l'ordre, et, s'il donne encore l'illusion en scène d'être un homme jeune et plein de feu, c'est un vieillard qui se déplace en voiture. Il met un peu plus de temps, sortant de scène, à récupérer ses forces, sa mémoire est parfois défaillante, il accompagne les débuts de Mlle Bourgoin, dans *Mélanie* et *Paméla*. En mai 1802, il répond à l'appel de Louise Contat, pour qui se prépare une représentation à bénéfice, au cours de laquelle ils doivent reprendre ensemble Suzanne et Almaviva du *Mariage de Figaro*. Les répétitions sont fatigantes et Molé, dans un dernier sursaut amoureux pour la jeune Angélique, si l'on en croit les ragots, ne se ménage pas. Après un souper peut-être un peu trop copieux, il est pris d'un malaise qui le cloue au lit, il ne peut assurer sa partie. Les gazettes qui donnent de ses nouvelles à la mi-août sont plutôt optimistes : « La santé de Molé est aussi bonne que la saison peut le permettre : ses forces ont beaucoup de peine à revenir, les chaleurs s'y opposent. Du reste, quoique impatienté de se sentir retenu au lit, il y est assez gai et n'a rien perdu dans la conversation de ces manières affables, polies et de bon ton qui le caractérisent[1] ».

Pensant s'y remettre mieux qu'à Paris, et sur les conseils de son médecin, le docteur Maloët, Molé s'est retiré dans sa propriété d'Antony, dont il a été obligé de vendre une partie ; le 19 fructidor (6 septembre), il écrit, avec difficulté, à son ami Mahérault :

> C'est bien moi qui ai sujet d'être inquiet de l'amitié du bon Mahérault, je n'ai ni permission d'écrire, ni pouvoir d'aller et ne puis aller chercher ce que je désire, j'attends et le bon Mahérault m'oublie, m'en aime-t-il moins ? J'avoue que ce serait une perte irréparable pour moi que je ne doute pas

1 *Courrier des Spectacles*, 1er fructidor an X.

> s'il faut la mériter (?) par quelque endroit du cœur. Au nom de l'amitié, de l'estime, venez me voir et songez combien il y a que vous laissez-là votre ami Molé[2].

Son écriture est à peine reconnaissable. Où est donc cette écriture presque hyperbolique, esthétique, soignée, avec des pleins et des déliés qui en disent long sur sa personnalité ? Cependant, il semble reprendre des forces, malgré le sinistre diagnostic d'un collègue de Maloët, que ce dernier a cru bon de consulter et qui donne à peine six mois à vivre au malade. Pour se soigner mieux, il est obligé de quitter sa chère campagne, et c'est alors que le mal s'est aggravé et que la gangrène s'y mêle. On ne connaît pas à proprement parler la nature de sa maladie, si ce n'est que, comme d'habitude, les mauvaises langues se déchaînent et en attribuent les débuts à la prise de substances destinées à soutenir sa virilité auprès de sa jeune maîtresse. Il semble en tout cas qu'une trop grande fatigue soit à l'origine de ses premiers malaises et qu'un mal persistant du côté gauche soit le signe d'une maladie de foie. Molé, néanmoins, garde sa bonne humeur, malgré les souffrances, reçoit ses amis et disserte avec eux de ce qui l'intéresse le plus, le théâtre et ce qui se passe au Théâtre-Français.

Se sentant diminué, il pense à ses proches et demande à Monvel et à sa femme de recueillir sa petite-fille Évelina pour lui épargner du chagrin. Une lettre, écrite en pleine nuit quelques jours avant sa mort, témoigne de sa sollicitude et de son affection envers cette enfant qui a été élevée chez lui :

> Trois heures cette nuit
> Molé, de l'Institut, à l'ami Monvel, secrétaire du consul Cambacérès.
>
> Je me réveille du sein de la souffrance et de la faiblesse, mon bon ami, pour vous prier instamment de recueillir mon Evelina ; elle est bien mince et ne tiendra pas beaucoup de place à vos bonnes croisées. On la conduirait et on irait la reprendre, elle serait en sécurité chez Mme Monvel. Si cela se pouvait, cela adoucirait quelques-uns de mes maux. Si cela se peut, marquez-moi l'heure à laquelle il faudrait qu'elle se rendît plus tôt que plus tard ; vous y joindriez aussi un billet de passe pour les factionnaires et qu'il n'y ait point de difficulté.

---

2 BmCF, Dossier Molé, Lettre à Mahérault, 19 fructidor au soir.

Si on envoie l'enfant seule, c'est par discrétion et pour arriver plus tôt, la mère se proposerait bien le plaisir d'en aller rendre mille grâces à Mme Monvel.

Salut et bonne amitié. Molé[3].

Sa fille est à son chevet et ne lui ménage pas ses soins. Il commence à perdre la tête et lui demande d'ôter de son corps un poids qui l'accable. Il fait venir l'abbé Chesneau, curé d'Antony, son ami, se confesse et reçoit les sacrements. Son biographe ajoute qu'il dicta même une lettre au premier consul pour lui recommander sa famille qu'il a le sentiment de laisser dans la gêne. Il meurt dans la nuit du 20 frimaire an XI (samedi 11 décembre 1802), dans cet appartement de la rue Corneille dont on possède une description exacte et dont le mobilier permanent (poêles et miroirs) appartient pour la plus grande part à Mme Reymond. Le Registre des feux de la Comédie-Française rapporte les faits, mais, sans doute dans l'affolement de la nouvelle, la mort de Molé est inscrite un jour avant le jour fatal[4].

Les obsèques de Molé sont célébrées le 21 frimaire à Saint-Sulpice. Quatre cents billets d'invitation ont été imprimés. Le corbillard est attelé de 6 chevaux, suivi de 6 voitures de deuil[5]. Les frais sont en partie assumés par La Comédie-Française, ainsi que ceux du dîner organisé à la suite de l'inhumation, et une offrande aux pauvres de la paroisse[6]. Tous les membres de la Comédie-Française sont présents, ainsi que ceux de la Comédie italienne et de nombreux artistes des théâtres de Paris (Opéra,

---

3 BmCF, Dossier Molé, Lettre à Monvel, s.d. Lettre écrite très peu de jours avant sa mort, l'écriture en est très altérée.

4 BmCF, Registre des Feux, 1801-1802. « Aujourd'hui à 4 heures et demie du matin est mort François-René Molé, doyen des Comédiens Français, âgé de 69 ans. Il avait fourni une carrière théâtrale de 48 ans. Aucun comédien (erreur, signé Lemazurier) avant lui n'en avait fourni une si longue. Il a emporté avec lui la réputation d'un des plus grands talents de son siècle. Une note ne peut suffire à l'éloge qu'il mérite, mais comme son nom est digne de passer à postérité, sa gloire sera célébrée dans tous les mémoires et les fastes dramatiques du temps. »

5 Arsène Houssaye, gonfle les chiffres et embellit les faits : « En 1802, le premier Consul voulut que Molé eût des funérailles de grand dignitaire. Le corbillard, attelé de huit chevaux, fut suivi de vingt-quatre voitures de deuil. La messe fut dite à Saint-Sulpice, où le curé prononça l'éloge de Molé, en s'indignant des préjugés qui rejetaient les comédiens dans la classe des réprouvés. » (*Les Confessions, souvenirs d'un demi-siècle, 1830-1880*, Paris, Dentu, 1885, 6 vol., t. 3, p. 169).

6 BmCF, les factures sont conservées dans le Dossier Molé.

Vaudeville, Louvois, ...), une délégation de l'Institut, des conseillers d'État, un représentant du Premier Consul et plus de trois cents personnes ont suivi le convoi funéraire. Après la cérémonie religieuse à Saint-Sulpice, à laquelle n'assistaient pas les membres de l'Institut, tout le monde s'est retrouvé au domicile de Molé, au pavillon Corneille, et le cortège a traversé Paris jusqu'à la Barrière d'Enfer De là, après un discours de Monvel, doyen de la troupe, seule une députation réduite de sociétaires de la Comédie-Française, conduite par le commissaire du Gouvernement et son jeune frère Auguste, a accompagné la dépouille de Molé jusqu'au champ proche de sa maison de campagne à Antony, qu'il avait désigné lui-même comme lieu de sépulture. Il était apprécié des habitants du village. Le curé et le maire ont successivement pris la parole et le dernier adieu, particulièrement émouvant, a été prononcé par Mahérault.

> C'est là, dans un petit espace entouré d'un fossé et planté de peupliers et de cyprès que repose un homme dont le nom ne périra pas. La Comédie-Française d'un avis unanime a arrêté d'accorder à la famille du Cit. Molé la continuation d'une somme équivalente à sa part pendant l'espace de six mois et en outre une somme de douze cents livres pendant cinq ans pour terminer l'éducation de Mlle Évelina, sa petite-fille[7].

On n'a malheureusement pas conservé le texte du discours prononcé par Monvel, ni de celui de Mahérault, probablement improvisé. En revanche, on possède celui du curé Charles Chaisneau, plein d'admiration et d'amitié. Ayant administré les derniers sacrements au comédien, il se considère comme « gardien du tombeau de Molé », monument élevé par « la piété filiale[8] »

Ce brave curé a aussi adressé aux Comédiens-Français des remerciements au nom des pauvres de sa paroisse et un poème qu'il avait envoyé à Molé quelques mois avant sa mort[9].

Le frère cadet de René, Auguste, suggère de faire participer le public de la Comédie-Française aux hommages rendus à son frère en proposant aux spectateurs de venir un soir au spectacle en portant un brassard noir... Nous ignorons si cela a été fait.

---

7 BmCF, Dossier Molé, 20 frimaire an XI.

8 Discours reproduit dans l'ouvrage d'Eugène Laugier, *Documents historiques sur la Comédie-Française pendant le règne de S.M. L'empereur Napoléon 1er*, Paris, Firmin Didot, 1853, p. 69.

9 BmCF. Dossier Molé. Voir le poème en annexe.

L'auteur de *Un hiver à Paris sous le consulat, 1802-1803*, d'après les lettres de Johann Friedrich Reichardt[10] a assisté au convoi de Molé. Son récit ne manque pas d'intérêt : « J'ai assisté avec plus d'intérêt, au service célébré à Saint-Sulpice pour les funérailles de l'acteur Molé. Il y avait foule, et le convoi a été suivi par un grand nombre de membres de l'Institut, de savants et d'artistes. Roederer écrit à ce propos dans le *Journal de Paris* – sa remarque est caractéristique : « l'église Saint-Sulpice offrait le spectacle le plus attendrissant : la religion, la philosophie et les arts étaient réunis pour rendre les derniers honneurs à l'artiste célèbre que la France regrettera longtemps[11] ».

Il rappelle à quel point Molé était insurpassable dans les rôles de petits-maîtres, mais aussi qu'il vivait encore au-dessus des moyens de son âge et semble y voir une des causes de sa mort :

> Un spectateur non prévenu ne se serait pas douté que Molé *jouait un rôle*, tant il y déployait d'aisance et de naturel. Il est vrai que l'acteur vivait de la vie parisienne la plus raffinée, prenant part à ses folies et à ses dissipations. Cette existence évaporée lui a coûté cher. Bien qu'il ne fût plus jeune, il lui restait assez de vitalité pour continuer à faire, pendant quelques années, la joie des amateurs de la haute comédie ; mais une belle recette, encaissée à la suite d'une représentation donnée à son bénéfice pour l'aider à réparer les brèches de sa fortune, lui avait fourni les moyens d'organiser une fête à sa maison d'Antony. La réunion fut plus que joyeuse, et Molé, relevant à peine d'une grave maladie, a dépensé là ses forces, comme un jeune écervelé. Cette « folle journée », a hâté sa fin : il est mort absolument épuisé ; vingt-quatre heures après son décès, il a fallu inhumer à la hâte ses restes tombant en dissolution. La triste coutume des enterrements précipités est, hélas ! universellement suivie maintenant à Paris ; on y procède souvent le jour même de la mort[12].

Le même voyageur, quelque temps après, va revoir *Le Misanthrope* à la Comédie-Française, et il dit sa déception : « On jouait *Le Misanthrope* et *Sganarelle*. La première pièce a été rendue d'une façon tout à fait médiocre ; beaucoup plus mal qu'en 1792, alors que Molé, seul capable de soutenir le poids d'un rôle taillé par Molière, animait la scène. Le vieux Baptiste, qui le remplace, est insuffisant et maniéré ; il saute aux yeux qu'il ne cherche qu'à imiter son prédécesseur[13] ».

10 Auguste Laquiante, *Un hiver à Paris sous le consulat d'après les lettres de J. F. Reichardt (1802-1803)*, Paris, Plon, 1896, p. 166.

11 *Ibid.*

12 *Ibid.* Voir le reste du récit de Laquiante en annexe.

13 *Ibid.*, p. 46.

L'*Almanach de l'an XII* constate amèrement que le public « habitué, s'il est permis de le dire, à l'absence de Molé, lorsqu'il a terminé sa carrière ; mais on ne l'était pas à la présence de ceux qui lui succèdent dans la plupart des rôles qu'il venait de jouer avec tant de vérité[14] » et de comparer l'interprétation d'Alceste par Baptiste et celle de Molé. La comparaison faite *a contrario* est sévère[15]...

Le même almanach consacre à Molé une notice nécrologique importante, rappelant les quarante années de carrière du comédien « le plus infatigable et le plus universel [...] jouant tous les deux jours, presque tous les jours dans deux pièces, et portant l'amour pour son art, et le respect pour les grands maîtres, jusqu'à paraître constamment, dans les pièces de Molière, les jours même où la comédie s'arrange pour les offrir au petit nombre de spectateurs qu'elle sait rassembler[16] ». *L'Année théâtrale* constate : « La comédie a perdu son plus grand acteur[17] ».

Mme Reymond fait élever, à l'endroit désigné par son père dans sa propriété d'Antony, baptisé « le Paradis », – ce qui faisait dire à Molé qu'à sa mort, il irait au Paradis – un petit monument de style néo-classique[18]. Sur les 4 faces du monument, des inscriptions : « Devant : Mort le 19 décembre 1802 / Muni des sacrements de l'église / ci-gît / Molé/ Passant priez pour lui/ À gauche : / La nature l'avait comblé de tous ses dons / À 68 ans / La mort a tout détruit / À droite : / Cette simple tombe est un hommage de la tendresse de sa fille / Derrière : / Cet homme célèbre, membre de l'Institut, un des plus grands talents qui ait illustré le Théâtre Français fut enlevé aux arts le 19 frimaire an XI, 10 décembre 1802[19] ». Les hommages pleuvent. Au Théâtre de la Porte-Saint-Martin, on joue *Molé aux Champs-Élysées*, « hommage en vers mêlé de chants et de danses par les citoyens René Perin et Pillon ; musique du citoyen Alexandre Piccini, ballets du citoyen Aumer, artiste du Théâtre des Arts[20] ». Molé est accueilli sur les rives du Styx, non

---

14 *Année théâtrale ou Almanach des spectacles de Paris pour l'an XI*, Paris, Cailleau, An XII, p. 88.

15 *Ibid.*

16 *Ibid.*, p. 277 *sq.*

17 *Ibid.*, an XI, p. 59.

18 Ce monument est aujourd'hui encore visible sur les bords du ruisseau des Godets à Antony, dans le parc Heller.

19 BmCF, Dossier Molé.

20 Le 25 nivôse an XI (15 janvier 1803)

seulement par les Muses, mais par les auteurs et acteurs déjà morts. Des stances lui sont consacrées[21].

Pellet-Desbarreaux, son neveu de Toulouse, sur le journal manuscrit qu'il a laissé de l'année théâtrale 1803-1804, lui dédie un rôle que joue Prosper Valmore[22].

Le plus touchant des hommages rendus à Molé se manifeste dans l'attitude de la Comédie-Française à l'égard de ses proches. Mahérault, fidèle aux vœux exprimés par Molé, écrit au préfet du palais (M. de Rémusat) et rappelle que « Pendant quarante-huit ans on a vu cet acteur infatigable parcourir l'un après l'autre et avec un succès égal tous les emplois de la comédie et de la tragédie, jouer, sans distinction de jours ni de saisons, de bons ni de mauvais rôles, presque toujours dans les deux pièces, souvent huit et neuf actes de suite, et même, avant la Révolution, paraître sur les théâtres de Paris et de Versailles dans la même soirée[23] ». Le souhait de Molé était que la moitié de sa pension fût reversée sur la tête de sa fille, afin de pouvoir aussi élever sa fillette. Mahérault souligne que mainte fois on en a fait la promesse à Molé, que, le dernier jour de sa vie, il a même écrit au Premier Consul pour lui recommander sa famille. Il considère donc qu'il est juste de souscrire au vœu de Molé, mais les affaires de la Comédie imposent que seul un quart de la pension qu'aurait reçue son père soit versé à Mme Reymond. Et il ajoute : « 1 200 francs par an suffisent pour placer une femme à l'abri du besoin. Cette somme paraîtra même plutôt déterminée par la générosité que par la parcimonie, si on la compare à celle que reçoivent des veuves et des orphelins recommandables, que la justice et la reconnaissance du gouvernement a cru devoir adopter[24] ».

Il faut ajouter à cette pension annuelle six mois de la part mensuelle de Molé, la prise en charge de l'éducation de la jeune Évelina, et celle des frais des funérailles.

---

21 BmCF, Dossier Molé. Voir les stances en annexe.

22 *Journal théâtral* de Pellet-Desbarreaux, Archives de Toulouse (« pour être offert en plein théâtre/ À l'acteur adoré que Paris idolâtre, / Déiffié [sic] de son vivant ; À Molé mon ami, Molé mon bon parent, / Dont les muses en deuil pleurent encor la perte. »)

23 BmCF, Dossier Molé, Brouillon de la main de Mahérault au préfet du palais (Rémusat), « proposition d'une pension en faveur de la fille de Molé », 30 ventôse an 11, « rapport lui-même, approuvé le 4 germinal an 11 », « copie du brevet original contresigné le 23 décembre 1829 par Mme Molé-Reymond, fille de Molé ».

24 *Ibid.*

RECONNAISSANCE ET INGRATITUDE – UNE FAMILLE ENCOMBRANTE

Molé est à peine enterré que se manifestent les autres membres de la famille. Le 25 décembre, sa nièce Victorine, comédienne de province, et fille de Molé-Dalainville, envoie aux Comédiens-Français une lettre surprenante où elle écrit avec aigreur : « je ne regrette pas la fortune (quoique par les droits de nature j'eusse dû en hériter conjointement avec mon oncle Auguste et mon neveu Desbarreaux fils)[1] ». Sous couvert d'une demande de conseils, elle flatte les Comédiens et prétend que son oncle, avant de mourir, lui avait fait quelques promesses, elle se recommande aux « respectables collègues de [son] oncle et de [son] père[2] ». La suspicion qu'elle jette sur la légitimité de Mme Reymond et de sa fille est patente. Dans une autre lettre, elle fait état de sa détresse et de celle de sa mère (divorcée d'avec Dalainville depuis 1793 et abandonnée par son père qui vivait maritalement avec Julie, dite Molé), pour quémander de l'aide. Ce qu'elle ignore ou feint d'ignorer, c'est que Molé a laissé plus de dettes que d'héritage… Au printemps 1803, les Comédiens-Français décident de donner une représentation au bénéfice de Mme Reymond et de sa fille. On a programmé *Macbeth* de Ducis. Or, Collin d'Harleville, à la nouvelle de ce projet, propose à la Comédie-Française et à Mme Reymond de leur abandonner les droits du *Vieux célibataire*, si bien servi par son ami Molé. Mais il est trop tard pour modifier le programme et Mme Reymond ne veut pas non plus priver Ducis du mérite de rendre hommage au créateur d'*Hamlet* et de *Roméo.* Elle écrit à Mahérault pour lui signifier l'importance de cette représentation (donnée au Théâtre des Arts – Opéra – le 2 juin 1804) pour la mémoire de son père, qui a laissé « plus de quinze mille francs de dettes sacrées, tant pour les frais

1 BmCF, Dossier Molé, Lettre de Victorine Molé Dalainville aux Comédiens-Français, Reims, 25 décembre 1802.

2 *Ibid.*

d'une maladie de huit mois, que pour des gages accumulés de vieux domestiques[3] ». Le bénéfice se réduit à 8 000 francs.

Cette représentation mécontente à long terme la nièce Victorine qui, deux ans plus tard, ne parvient pas à obtenir la même chose et écrit aux Comédiens-Français, s'appuyant sur une promesse des frères Baptiste de jouer à son bénéfice au Théâtre du Marais, dont ils sont issus. Elle fait état d'un engagement « dans un théâtre secondaire » dont les appointements médiocres ne leur permettent pas de vivre décemment, elle et sa mère. Perfidement, elle remet à nouveau en cause la légitimité de Mme Reymond[4] : « Je sais, écrit-elle, que Messieurs les Comédiens Français ont beaucoup fait pour la famille de Molé, mais toutes leurs bontés se sont réunies sur un seul individu… et moi je suis la seule qui n'y ait point participé[5] ». Autre allusion perfide au fait que les Comédiens ont aussi accordé un petit secours à Auguste, le cadet des frères Molé.

Il est cependant question, en 1807, d'interrompre le versement de la rente qui doit servir à l'éducation de la jeune Évelina, au couvent de la Présentation, et Mme Reymond doit se rappeler au bon souvenir de ses bienfaiteurs. Il est vrai que cette rente est soustraite à une somme fixe de 100 000 francs, destinée au versement des pensions…

C'est au nom de ce qu'ils considèrent comme un privilège, que les Comédiens, dix ans plus tard, confient à leur secrétaire Lemazurier le soin de rappeler à Mme Reymond les conditions exceptionnelles de cette attribution, et de lui faire part de la désastreuse situation financière où se trouve son oncle Auguste, quasi octogénaire, recueilli à Toulouse par Desbarreaux, dont les finances ne lui permettent plus de l'entretenir. Lemazurier demande à la fille de Molé de partager sa rente avec son oncle. Mme Reymond répond qu'elle accepte de céder à son oncle 100 francs sur les 400 qu'elle reçoit par trimestre, regrettant de ne pas pouvoir faire plus et s'étonnant du procédé qui la prend pour intermédiaire, et semble lui forcer la main. Le ton de la lettre est grave et même un peu acide. De Toulouse, Auguste remercie les Comédiens-Français, et non sa nièce, tandis qu'il prend la défense de son autre nièce, Dalainville, « fille légitime de notre frère aîné, Molé-Dalainville, que des menées odieuses

3 BmCF, Dossier Molé, Lettre de Mme Molé-Reymond à Mahérault, 26 floréal an12.

4 L'un des diminutifs d'Élisabeth Reymond.

5 BmCF, Dossier Molé, Lettre de Victorine Molé-Dalainville aux Comédiens-Français, Paris, 14 messidor an 13.

écartèrent de votre société[6] ». Ainsi donc, chez Auguste comme chez les Dalainville, le doute est admis sur la légitimité de Mme Reymond, et la nièce comme le frère insistent lourdement sur des droits qu'ils auraient à l'assistance de la Comédie-Française. Ils brandissent le nom de Molé comme une garantie de ces droits, et leur insistance déplaît visiblement aux Comédiens, quinze ans après la mort de leur doyen. La discorde règne entre les deux cousines et, lorsqu'Auguste demande de passer par l'intermédiaire de Victorine pour toucher les 400 francs, que lui abandonne Mme Reymond, cette dernière répugne à donner procuration à celle qui conteste sa légitimité. Elle exige d'être nommée officiellement « Mme Molé-Reymond » et que la pension soit attribuée aux bontés du gouvernement.

Auguste ne cesse de quémander de l'aide (lettres du 30 septembre 1817, du 7 octobre 1817, etc.). Il revient à Paris fin août 1818 et demande un second secours. Lemazurier répond au nom du comité d'administration que, promesse lui ayant été faite d'une représentation à bénéfice à Versailles, il ne peut être question d'en organiser une autre à Paris. Le Comité accepte néanmoins de convertir en gratification les 500 francs d'avance qui lui ont été faits sur le produit de cette représentation. En outre, il accepte de lui accorder une aide exceptionnelle de 100 francs (somme maximum autorisée sans autorisation supérieure). Nous sommes le 29 août 1818. Le malheureux Auguste ne profite pas de la générosité des Comédiens-Français : le 4 septembre 1818, Calixte-Augustin Molé, comédien de province puis employé aux Invalides à Versailles en 1802, se jette dans la Seine. Ses funérailles, le 7 septembre à Notre-Dame, sont entièrement payées par la Comédie-Française.

Trois jours plus tard, Victorine revient à la charge auprès des Comédiens-Français, accusant « le précipice » où l'ont plongée les engagements contractés pendant la maladie de son oncle. La réponse immédiate des Comédiens est l'autorisation de donner une représentation au bénéfice de la nièce de Molé, à Versailles, où était prévue celle que sollicitait Auguste. Pour ne pas être en reste, le Théâtre de l'Odéon qui vient de rouvrir après restauration sous le nom de Second Théâtre Français en propose une à son tour. Victorine et sa fille Célestine s'empressent de

6 BmCF, Dossier Molé, Lettre d'Auguste Molé aux Comédiens-Français, Toulouse, le 30 septembre 1817.

remercier, mais les violons ne sont pas bien accordés, car la représentation de Versailles est annoncée dans les journaux sans l'accord du directeur du théâtre. Elle a lieu néanmoins le 15 octobre : au programme, *Britannicus* et *La Gageure imprévue.* Deux mille cinq cents francs restent entre les mains des bénéficiaires.

L'histoire pourrait s'arrêter là, mais les mauvaises langues vont toujours bon train, attisées par les nièces et, plus de quinze ans après la mort de René Molé, la Comédie-Française reste en butte aux calomnies, au point qu'une rectification dans la presse devient nécessaire. Lemazurier fait le point sur les bontés de la Comédie-Française envers la famille de Molé. En effet, outre les six mois de part mensuelle (avec versement dès le mois de germinal) et les 1 200 francs de pension accordés par délibération à la fille de Molé au lendemain de la mort de l'acteur, les funérailles, à Paris et à Antony, ont été intégralement payées par la Société. Une place dans l'administration a été obtenue au bénéfice d'Auguste à qui fut accordée une gratification de 500 francs et dont les funérailles ont été aussi prises en charge par la Comédie. Plusieurs représentations ont été données au bénéfice des membres de la famille Molé, l'une au bénéfice de sa fille et de sa petite-fille, une autre au bénéfice de Mme Molé-Dalainville, belle-sœur de Molé, et une dernière au bénéfice de ses nièces[7].

Toutes ces sommes aboutissent à un total de plus de 40 000 francs. « Voilà ce que la famille de Molé a trouvé dans la reconnaissance des camarades de ce célèbre acteur. Le public peut juger actuellement s'ils ont manqué à ce qu'ils devaient à sa mémoire[8] ».

La fille et la petite-fille de Molé auront encore à combattre contre les préjugés qui entachent la mémoire de l'acteur, comme l'annonce mensongère du suicide de Dalainville (confusion avec le frère cadet) ou des commentaires désobligeants sur le passage de Molé chez la Montansier en 1793. Mais ce qui choque le plus les deux femmes, ce sont les méchancetés répandues contre Pierrette Molé et sur ses rapports avec son mari. Évelina ne manque pas de rectifier : « Quant à Mme Molé, née Pinet (Pierrette-Hélène ou Hélène-Pierrette) vous pouvez

7 BmCF. Dossier Molé : Juin 1819. Prière d'insérer dans un journal une rectification de la Comédie-Française concernant les bienfaits de la Comédie-Française envers la famille de Molé après sa mort. » Brouillon de la main de Lemazurier.

8 BmCF, *ibid.*

simplement dire qu'elle était estimée et tendrement aimée de ma mère, et qu'elle est morte encore jeune et belle, à 42 ans, soutenue et secourue par la religion[9] ».

Un nouvel épisode des affaires familiales posthumes de Molé se déroule en décembre 1829, lorsque Victorine Molé Dalainville, qui vient de perdre sa fille unique âgée de 23 ans, fait part de ce deuil aux Comédiens, et sollicite une place quelconque au Théâtre-Français. Deux mois plus tard, elle récidive, venant d'apprendre la vacance d'un poste par la mort de celle qui l'occupait. Sa situation ne s'est sans doute pas trop améliorée, car, en 1831, elle cherche à obtenir une nouvelle représentation à bénéfice, se prétendant soutenue par Mlle Mars et la Taglioni.

Élisabeth-Félicité Molé-Reymond, qu'elle soit ou non la fille biologique de Molé, avait été dûment reconnue lors du mariage de ses parents. Tendrement surnommée « dame chiffon » ou simplement « Laurette », elle meurt le 2 octobre 1832, âgée de 72 ans. Aussitôt Victorine cherche à récupérer la rente qui lui avait été accordée… Les Comédiens-Français ont réussi à faire obtenir à Victorine une place d'ouvreuse au Théâtre de la Porte-Saint-Antoine. Elle continue à se plaindre de ne pas arriver à en vivre et, en 1840, elle sollicite à nouveau les Comédiens, afin de pouvoir élever elle-même les deux enfants de sa fille, restés en nourrice depuis la mort de leur mère, et dont les nourrices sont l'une décédée et l'autre aveugle. On ne sait ce qu'il en est advenu…Une personne nommée « Molé Dalinville », sans prénom indiqué, est décédée le 28 mars 1841. On peut penser qu'il s'agit bien de Victorine.

Une dernière lettre d'Évelina Reymond, toujours célibataire, et seule descendante directe de Molé nous livre sa pensée. Cette lettre est mal datée en 1860[10], car les archives de l'état-civil de la ville de Paris révèlent le décès d'Éveline-Félicité Reymond le 11 mars 1857 dans le 12e arrondissement. D'après le passeport délivré à son grand-père en 1796, nous déduisons qu'elle est née en 1791. Sur ce passeport, ses prénoms officiels sont Marie Gabrielle Françoise Hélène Élisabeth Reymond. S'adressant à un journaliste auteur d'un article sur son grand-père, elle

9 BmCF, Dossier Molé, Lettre de Mlle Reymond, petite-fille de Molé à un journaliste. Mercredi 16 novembre.

10 NdlR. La date étant peu lisible, on peut présumer qu'il s'agit plutôt de 1840.

est une fois de plus obligée de s'insurger contre la fausseté des anecdotes qui circulent encore à son propos. Elle s'insurge contre la fausseté et la méchanceté des anecdotes qui continuent à circuler sur la vie de son grand-père, rappelle à quel point il était charitable envers les pauvres et qu'il est mort en chrétien, tout comme sa grand-mère, « qu'il a tant aimée et estimée[11] ».

Un dernier doute subsiste quant à la descendance de Molé. En 1802, Angélique Questienne met au monde un garçon dénommé Achille-Auguste, né de père inconnu, mais que reconnaît en bonne et due forme Gabriel Reymond, ex-gendre de Molé… Les deux hommes ont-ils partagé Angélique ? Reymond assume-t-il la paternité d'Auguste en mémoire de son beau-père ? Aucun document ne permet à ce jour d'affirmer quoi que ce soit au sujet de ce garçon, qui porte officiellement le nom de Reymond. Dès après sa naissance, Angélique Questienne s'est installée à Bordeaux, elle y épouse Jacques Delage. Revenue à Paris, sans doute avec son époux, elle y meurt encore jeune, en 1813. Quant à Auguste, il reste célibataire et, devenu bonnetier rue Neuve-des-Petits-Champs, il meurt le 2 août 1828.

Si la *Vie de Molé*, parue en 1803, très peu de temps après sa mort, avec une notice d'Étienne, ne contient aucune anecdote salissant la mémoire du comédien, elle romance certains épisodes de sa vie, selon les remarques de son frère Auguste, dont l'exemplaire personnel et annoté de sa main, est conservé à la Bibliothèque-Musée de la Comédie-Française. Néanmoins, un article du *Courrier des Théâtres*, du 2 juin 1829, se complaît à présenter Molé sous un jour particulièrement défavorable, ainsi que quelques pages venimeuses des *Mémoires de Fleury.* Ce dernier n'a jamais pardonné à son chef d'emploi de lui avoir barré la route pour certains rôles, ni d'y avoir été déclaré meilleur…Que Molé ait eu plus

11 BmCF, Dossier Molé, Lettre de Mlle Reymond, Saint-Mandé, rue Moulin de Paris, datée par erreur 10 novembre 1860. Mon respect pour la mémoire de Molé m'imposait seulement le devoir de faire ce que je pouvais pour obtenir des écrivains qui s'occupaient de lui, de vouloir bien en parlant de son incontestable et brillant talent, ne pas risquer d'entacher sa vie de récits ou anecdotes qu'on trouve dans d'autres écrits, qui souvent manquent de vérité ou d'exactitude, et jettent un mauvais reflet sur le personnage dont on parle. J'étais bien aise au contraire de contribuer à la connaissance de ses aimables qualités, de sa charité envers les pauvres et de sa fin chrétienne. J'y avais joint un souvenir pour ma grand-mère qu'il a tant aimée et estimée, et qui, comme je le disais, a quitté la vie encore jeune et belle, après avoir, à ce qu'il paraît, édifié par la piété avec laquelle elle remplit ses derniers devoirs religieux.

de succès féminins que d'autres, qu'il ait manifesté une certaine fatuité, qu'il ait voulu jouer au petit-maître à la ville comme à la scène, sans doute cela est-il vrai. Mais il reste que l'acteur, admiré, idolâtré, qui « donnait son cœur » et « gardait sa tête », mérite qu'on rappelle qu'il a existé, et que Diderot s'en est inspiré…

EN GUISE DE CONCLUSION

Ainsi peut-on s'imaginer l'acteur de comédie, élégant, virevoltant, gesticulant[1], relevant sa culotte ou touchant ses manchettes et son jabot, s'amusant à légèrement bégayer[2], mais à la prononciation impeccable[3], au phrasé nuancé, à la voix légèrement voilée, disant les vers avec netteté et musicalité, exprimant l'amour et la séduction avec un naturel désarmant. Il a de la sorte influencé les petits-maîtres, mettant à la mode la broderie et les nœuds, après son interprétation du petit marquis du *Cercle.* Le voit-on dans *Le Misanthrope*, dont l'entrée en scène se chargeait d'une émotion particulière, lorsqu'il balançait une chaise, qu'il lui arrivait de casser, ou au quatrième acte, à genoux devant Célimène, passant de la passion à la colère, de la colère au désespoir… Peut-on se représenter son interprétation de *Beverley*, donnant aux spectateurs l'impression d'une violence qu'il maîtrisait avec intelligence. Dans les drames, il était capable d'une émotion si bien étudiée qu'elle lui cassait la voix, le faisait pâlir, influençait sa gestuelle. Dans la tragédie, où il était inférieur à Lekain, il incarnait avec bonheur les jeunes princes (Hippolyte, Britannicus, Nemours…) et se livrait parfois à des démonstrations singulièrement dérangeantes, comme dans *Hamlet*, ou autres créations, où il paraissait outrepasser même les possibilités humaines. Il en avait conscience et demandait alors à ne pas jouer plus de deux fois la semaine ce genre de rôles, ayant gardé de sa maladie une fragilité des poumons qui lui causait des rhumes à répétition.

En plus de quarante années de carrière, Molé a créé plus de 180 rôles et joué souvent dans les deux pièces du programme

1 *Journal des Théâtres*, III, XVIII, 15 décembre 1777, « les bras du sieur Molé semblent faits pour donner la solution du problème du mouvement perpétuel. »

2 *Ibid.*, à propos de Monvel dans les rôles de petits-maîtres : « il faut l'avertir que tout le monde ne peut pas bégayer avec autant de grâce que le sieur Molé ».,

3 Sauf peut-être lorsqu'il avait à dire « madame », prononçant plutôt « maame » (*Souvenirs et regrets d'un vieil amateur*, p. 78)

Étienne conclut la notice qui précède la publication des *Mémoires* de Molé par cette constatation : « Ce qui distingue Molé parmi tous les grands comédiens qui ont brillé sur la scène, c'est qu'il était également parfait dans les rôles gracieux et dans les rôles passionnés, et qu'il passait avec une facilité merveilleuse du persiflage d'un petit-maître aux accents les plus pathétiques et les plus déchirants[4] ».

Ill. 10 – Portrait de Molé par Sicardi, Coll. Comédie-Française, n° inv. 0211 © P. Lorette, coll. Comédie-Française.

4 *Mémoires de Molé, précédés d'une notice sur cet acteur par M. Étienne*, Paris, Ponthieu, 1825, p. xxv.

Lorsque François-René Molé aborde la carrière théâtrale, il n'est pas encore vraiment structuré, et on peut lui reprocher facilement ses excès. Il débute à une époque où, justement, les débats sur le théâtre et particulièrement sur le jeu de l'acteur, occupent les esprits. Au milieu du XVIIIe siècle, s'opposent les théories de Rémond de Saint-Albine, partisan du rapport sensitif de l'acteur au texte – tel que le pratique Mlle Dumesnil, toujours imprévisible et jouant « d'entrailles », comme on dit alors – et celles d'Antoine Riccoboni, qui constate, avant Diderot, les bienfaits de la distanciation. Molé, débutant, qu'il ait lu ou non les traités en question, est confronté à ce dilemme et va le résoudre à sa façon. Sans négliger l'aspect sentimental du rôle – rappelons tout de même qu'il est un des premiers et des meilleurs interprètes de ce nouveau genre dramatique qu'est le « drame » – il prétend « livrer son cœur et garder sa tête[5] ». Ce bel équilibre entre l'apport sensible au rôle et la maîtrise absolue du jeu, il l'a recherché toute sa vie, et en a fait un sommet de son art.

Parmi les rôles de comédie créés par Molé, peu ont survécu. Quelques rôles de Marivaux, Regnard ou Goldoni restent encore au répertoire, mais les petits-maîtres ont disparu avec l'Ancien Régime et l'interprétation a suivi les nouvelles modes. Ce qui en est resté, c'est essentiellement la rigueur et la conscience de celui qui avait, pour le théâtre, une passion non feinte et un appétit des rôles les plus divers et parfois les plus difficiles. Contrairement à nombre de ses contemporains, Molé a peu théorisé son art. Il ne reste, pour en juger, que les éloges qu'il a composés pour Mlle Dangeville, pour Préville et pour Lekain. Il se garde bien d'en tirer des généralités et y prend plutôt plaisir à analyser l'interprétation des différents rôles de ses modèles. La nature, telle que l'entend le siècle des Lumières, est pour lui la référence absolue[6].

5 *Mémoires de Molé*, *op. cit.*, p. XLII. Et encore : *Vie de François-René Molé*, *op. cit.*, p. 149-150 : « Molé aimait beaucoup à raisonner sur son art, mais, ennemi juré du charlatanisme, il ne se donna pas pour professeur de déclamation. La nature, disait-il, fait les bons comédiens comme les bons poètes, et toute la science d'un acteur se réduit à ce peu de mots : Il faut livrer son cœur et garder sa tête. C'est à ce seul axiome que se borne toute sa théorie. »

6 Diderot exige que l'acteur « embellisse la nature » et en cela il est rejoint par une des règles édictées par Goethe, dans ses *Regeln für Schauspieler : § 35. Zunächst bedenke der Schauspieler, daß er nicht allein die Natur nachahmen, sondern sie auch idealisch vorstellen solle, und er also in seiner Darstellung das Wahre mit dem Schönen zu vereinigen habe.* (« Tout d'abord, l'acteur doit avoir à l'esprit qu'il ne doit pas seulement imiter la nature mais

Molé professeur a-t-il eu des épigones ? Cela semble difficile à déterminer. Sans doute le jeune Talma a-t-il pu s'inspirer de la manière dont Molé préparait ses rôles, n'hésitant pas à les documenter et dialoguant beaucoup avec les auteurs. Jamais il ne s'est revendiqué des quelques leçons qu'il avait pu recevoir du maître, seul Samson a rapporté l'influence que Molé a eue sur Talma dans le placement de sa voix[7]. Sur l'importance de situer la voix dans le medium, Molé s'exprime dans sa *Notice sur les Mémoires de Lekain*[8] :

> Sans le médium de la voix, point de vérité, point d'illusion, point de talent du premier ordre, point de droits au souvenir de la postérité. Ce serait un peintre qui couvrirait un dessin de couleurs toutes fausses, qu'un acteur qui couvrirait son parler d'une voix factice, prise, ou dans le haut, ou dans le bas de son organe.

Aujourd'hui encore, différentes écoles s'affrontent quant à la nécessité de la sensibilité, de la construction progressive du personnage, ou de la distanciation. Molé, au cours de sa longue carrière, dans un siècle aux profondes fluctuations politiques, a tout essayé, de l'engagement physique de ses débuts à l'équilibre de la maturité, de l'excès de sentiments à la maîtrise absolue. Malgré son étonnante popularité, il a été oublié des historiens de théâtre. Espérons que le récit de la carrière d'un comédien à part entière, d'un homme amoureux de la vie, avec ses qualités et ses défauts, au sein d'une institution théâtrale dont il a accompagné toutes les vicissitudes, aura réparé en partie cette injustice et servira à la connaissance du métier d'acteur au XVIIIe siècle.

On se prend à rêver des conversations prolongées, au Café Procope ou au Café de Foy, au cours desquelles Diderot, Garrick, Greuze et Molé discutaient passionnément de cet art particulier, ambigu, et si nécessaire à notre équilibre, qu'est le théâtre.

---

aussi la représenter idéalement, et aussi, dans sa présentation il doit unir le vrai avec le beau »).

7 *Cf.* supra, p. 59.

8 *Mémoires de Molé*, *op. cit.*, p. 48.

ANNEXE I

Documents et témoignages sur Molé

PORTRAITS DE MOLÉ

Molé avait l'œil vif, le regard assuré, le nez bien fait, la bouche grande, mais bien garnie, le teint le plus frais et les plus beaux cheveux du monde : au total, la physionomie ouverte et très agréable. Son corps était délié, ses jambes fines, et ses bras bien placés ; ses mouvements étaient lestes, et ses attitudes remplies de grâce.

Vie de François-René Molé, Paris,
Desenne et Martinet, 1803, p. 23.

Molé était d'une taille au-dessus de la moyenne ; ses formes n'étaient pas parfaitement belles, mais elles étaient très agréables ; l'ensemble de sa personne était heureux : une grâce naturelle était répandue sur tous ses mouvements, sa physionomie avait de la douceur, son air de la franchise, son maintien de la dignité, sans affectation, sa démarche une noble aisance. Il prit, et dut prendre pour modèle les hommes de qualités, les plus aimables de son temps ; mais bientôt il leur donna des leçons à son tour : et le marquis du *Cercle* ne trouva plus sur son passage que des élégants qui se disputaient à qui le copierait le mieux. L'organe de Molé n'était pas très agréable, mais il était facile. Sa diction était d'une très grande pureté, son débit animé, sa sensibilité profonde, sa chaleur entraînante, son énergie au-dessus de toutes les situations dramatiques : personne au théâtre peut-être n'a su parler aux hommes avec plus de sens et de raison, aux femmes avec une politesse plus exquise, avec un ton plus décent et plus aimable. Pour trouver le ridicule qu'il était chargé de peindre dans les rôles de fats, il fallait que la raison effaçât le vernis de grâces et d'amabilité dont il savait les embellir. Ce fut un tort peut-être, mais ce tort appartenait tout entier à l'organisation particulière de Molé : il était en lui de ne pouvoir paraître dans aucun rôle sans y intéresser et sans y plaire.

Année théâtrale ou Almanach de tous les spectacles de Paris pour l'an XI, Paris, an XII, Nécrologie, p. 277 *sq.*

Après comparaison de l'interprétation d'Alceste par Molé et par son successeur dans le rôle, Baptiste aîné : « Si Molé n'avait eu que peu de dignité dans le maintien, si sa figure eût été moins ouverte et sa physionomie plutôt fine qu'agréable ; si son organe, au lieu d'être facile et plein dans tous les tons, eût été constamment dur dans tous, et faux dans plusieurs ; si, au lieu d'un débit facile, il n'eût eu qu'une articulation gênée ; si, pressé par le besoin de respirer à courts intervalles, il eût été obligé de hacher ses phrases ; si au lieu de la chaleur brûlante qui semblait le consumer, il n'avait eu qu'un feu sourd et ne se fût fait sentir qu'avec peine, peut-être eût-il hésité à reparaître sur la scène après un premier début sans succès ; mais enfin si l'esprit et l'étude l'avaient porté au point de remplir avec une véritable perfection certains rôles où la recherche dans la manière de dire est rigoureusement exigée, où la vivacité de l'œil et la finesse du sourire disent plus que les paroles mêmes, où l'on peut parer dans tenue et sans suite, parce que l'étourderie exclut nécessairement toute dignité ; certes il eût jugé le triomphe de l'art assez grand pour sa gloire, et n'aurait eu garde de la compromettre en aspirant à des rôles où rien de ce qui eût fait ses premiers succès n'était admissible.

Année théâtrale ou Almanach de tous les spectacles de Paris pour l'an XI, Paris, an XII, p. 88.

Fleury décrit Molé, et on ne peut pas le qualifier d'indulgent, car, s'il détestait l'homme, il admirait éperdument l'acteur :

« ...pour nous, excellent acteur à voir, et modèle dangereux à imiter, il allait aux nues avec des défauts qui auraient fait tomber les autres ; il hésitait, il bégayait, parlait avec volubilité, tâtonnait la prose, tâtonnait les vers, les entrecoupait de : on, on, an, an, in, in ! suivant le son donné par la rime. Tantôt il vous étonnait par des réticences inouïes, tantôt il procédait par un débit qu'on avait peine à suivre ; mais tout cela avait un charme qui n'était qu'à lui. C'était la représentation la plus complète de la jeunesse, de la grâce et de la vivacité. On ne le trouvait jamais mieux, que lorsqu'il avait un défaut de mémoire ; il prenait alors une façon toute particulière de tirer ses manchettes, de caresser son jabot, de chercher sa tabatière, de toucher son épée, ou de changer son chapeau de place, qui éblouissait. Irrégulier, et pourtant se ressemblant toujours lui-même, il aurait tout perdu par la correction. Quel heureux emploi des négligences ! quelle chaleur, quel mouvement ! quel élan ! C'est pour lui, sans doute, qu'on a trouvé l'expression : brûler les planches. Joignez à ce talent un visage bien dessiné et une tournure d'une élégance parfaite, vous n'aurez pas de peine à croire qu'il devint bientôt la coqueluche du public. »

Abraham-Joseph Bénard Fleury, dit,
Mémoires rédigés par J.B.P. Lafitte, Paris, Ambroise Dupont,
1835-1837, 6 vol., chap. XI, p. 231.

Hérault de Séchelles, analysant la gestuelle de la plupart des grands acteurs, est lui-même sensible aux « défauts » de Molé : « Molé a beaucoup de petits gestes, et sûrement il en a trop. Mais quelle aisance ! quelle liberté ! quelle grâce ! – L'aisance dans tout ! – Joindre la grâce à la force. »

Hérault de Séchelles, *Réflexions sur la déclamation,*
dans *Magasin encyclopédique, ou Journal des sciences, des lettres et des arts,*
Paris, 1795, p. 413.

HOMMAGES ET PAMPHLETS

Vers dédiés à Molé par Claude Dorat :

Sous des lauriers les jeux te sont soumis ;
Ils doivent près de toi voler quand tu l'ordonnes :
La gloire sans doute a son prix,
Mais toujours quelque épine est jointe à ses couronnes.
Sois le plus gai de tous ses favoris ;
Moque-toi des jaloux ! Tu plais, ils sont punis,
Et punis doublement, puisque tu leur pardonnes.
Au public échappé, dépêche-toi, jouis,
Et, riant pour ton compte au sein de tes amis,
Paye-toi par tes mains du plaisir que tu donnes.

Cités dans *Vie de François-René Molé*, *op. cit.*, p. 81-82 ; et *Mémoires de Molé, précédés d'une notice sur cet acteur par M. Étienne*, Paris, Ponthieu, 1825, p. XXXIII.

Chansons sur la maladie de Molé :

Sur L'air du « *Maréchal* »

Le grand bruit de Paris, dit-on,
Est que mainte femme de nom
Quête pour une tragédie,
Où doit jouer la Frétillon[1]
Pour enrichir un histrion.
Tous les jours nouvelle folie.
Le faquin,
La catin,

1 Surnom donné à Mlle Clairon.

Intéresse
Baronne, marquise et duchesse.

Pour un fat, pour un polisson,
Toutes nos dames du bon ton
Vont cherchant dans le voisinage ;
Vainement les refuse-t-on.
Pour revoir encore Clairon
Dans Paris elles font tapage.
La santé
De Molé
Les engage,
Elles ont grand cœur à l'ouvrage.

Par un excès de vanité
La Clairon nous avait quitté,
Et depuis ce temps elle enrage
Et sent son inutilité ;
Comptant sur la frivolité
Elle recherche le suffrage
Du plumet ;
Du valet,
Grand tapage
Pour un aussi grand personnage !

Le goût dominant aujourd'hui
Est de se déclarer l'appui
De toute la plus vile espèce
Dont notre théâtre est rempli.
Par de faux talents ébloui
À les servir chacun s'empresse.
Le faquin,
La catin
Intéresse
Baronne, marquise et duchesse.

Molé plus brillant que jamais
Donne des soupers à grand frais,

Prend des carrosses de remise,
Entretient filles et valets.
Les femmes vuident les goussets
Même des princes de l'église[2],
Pour servir
Son plaisir.
La sottise !
Elles se mettraient en chemise.

Assignons par cette chanson
De chacun la punition ;
Pour ses airs et son indécence,
D'abord à Molé le bâton,
Ensuite pour bonne raison,
Comme une digne récompense.
À Clairon
La maison
Ou la cage
Que l'on doit au libertinage.

Vie de François-René Molé, *op. cit.*, p. 134-136 et *Mémoires de Molé*, *op. cit.*, p. XX ; Louis Petit de Bachaumont, Barthélemy François Moufle d'Angerville et Mathieu François Pidansat de Mairobert, *Mémoires secrets pour servir à l'histoire de la république des lettres en France, depuis 1762 jusqu'à nos jours*, Londres, John Adamson 1783-1789, 36 tomes en 18 volumes.

Chanson du chevalier de Boufflers :

Quel est ce gentil animal,
Qui dans ces jours de carnaval
Tourne à Paris toutes les têtes,
Et pour qui l'on donne des fêtes ?

2 Le prince Louis, l'archevêque de Lyon, l'évêque de Blois et l'évêque de Saint-Brieuc ont souscrit.

Ce ne peut être que Molet,
Ou le singe de Nicolet.

Vous eûtes, éternels badauds,
Vos pantins et vos ramponeaux :
Français, vous serez toujours dupe.
Quel autre joujou vous occupe ?
Ce ne peut être que Molet,
Ou le singe de Nicolet.

De sa nature cependant
Cet animal est impudent.
Mais dans ce siècle de licence
La fortune suit l'insolence,
Et court du logis de Molet
Chez le singe de Nicolet.

Il faut le voir sur les genoux
De quelques belles aux yeux doux,
Les charmer par sa gentillesse,
Leur faire cent tours de souplesse :
Ce ne peut être que Molet,
Ou le singe de Nicolet.

L'Animal un peu libertin,
Tombe malade un beau matin ;
Voilà tout Paris dans la peine,
On crut voir la mort de Turenne ;
Ce n'était pourtant que Molet,
Ou le singe de Nicolet.

La digne et sublime Clairon,
De la fille d'Agamemnon
A changé l'urne en tirelire,
Et dans la piété qu'elle inspire,
Va partout quêtant pour Molet,
À la cour, et chez Nicolet.

Généraux, catins, magistrats,
Grands écrivains, pieux prélats,
Femmes de cour bien affligées,
Vont tous lui porter des dragées :
Ce ne peut être que Molet,
Ou le singe de Nicolet.

Si la mort étendait son deuil
Ou sur Voltaire, ou sur Choiseul,
Paris serait moins en alarmes
Et répandrait bien moins de larmes
Que n'en ferait verser Molet,
Ou le singe de Nicolet.

Peuple, ami des quolifichets,
Qui porte toujours des hochets,
Rends grâces à la providence,
Qui, pour amuser ton enfance,
Te conserve aujourd'hui Molet
Et le singe de Nicolet.

[Louis Petit de Bachaumont, et Mathieu-François Pidansat Mairobert], *Mémoires secrets pour servir à l'histoire de la République des Lettres en France, depuis 1762 jusqu'à nos jours*, Londres, John Adamson, 1777-1789, 36 vol., 2 mars 1767. Cité aussi dans *La Vie de Molé, op. cit.*, p. 134-135.

La Comédie-Française à l'époque de la querelle des « reines » :

D'Amathonte, le 17 septembre 1779.

La division s'est mise dans les flottes combinées des reines Vénus et Melpomène, et les deux partis sont prêts d'en venir à une guerre civile. La jalousie est le principe du désordre.

L'amiral Vestris n'a pu soutenir l'éclat de la gloire de l'amiral de Sainval l'aînée et a résolu la perte de cette rivale, dont les grandes qualités attiraient l'admiration publique.

ESCADRE BLANCHE, *portant le pavillon de la reine Vénus.*

CAPITAINES.	VAISSEAU.	*Can.*	NOTES.
VESTRIS, amiral.	*Le Duras.* Vaisseau qui a plus d'apparence que de solidité.	100	Le maréchal duc de Duras, gentilhomme de la chambre de service, supérieur des comédiens, et amant de la dame Vestris, bavard sans parole et sans fermeté.
BRIZARD.	*L'Intérêt.* Vieux bâtiment.	90	Ce comédien, le chef du parti de Mlle Vestris est âgé et très ladre.
PRÉVILLE.	*Le Courtisan.* Bâtiment ruiné.	75	Ce comédien cherche à se mettre bien avec le supé-rieur, et d'ailleurs est usé de débauches.
DESESSARTS.	*Le Balourd.* Mauvais voilier.	74	C'est un acteur très épais et très bête.
LA RIVE.	*Le Belâtre.* Bâtiment mou.	74	Bel acteur, ayant des dents bien blanches, qu'il montre, mais froid.
PONTEUIL.	*L'Inutile.* Bâtiment radoubé.	64	Comédien médiocre, qui a reparu depuis peu au théâtre.
VANHOVE.	*Le Tartuffe.* Louvoie supérieurement.	64	Avait paru du parti de Mlle Sainval, et en a changé, voyant l'autre parti l'emporter.
COURVILLE.	*Le Ridicule.* Porte bien la voile.	64	Il est hué dès qu'il paraît et va toujours son train.
BOURET.	*L'Honnête.* Bâtiment plat.	64	Comédien qui a des mœurs, mais est un piètre homme.
DU GAZON.	*L'Intrigant.* Bâtiment sujet à ployer.	50	Comédien qui cherche à faire sa cour aux dépens de tous ses camarades.

Mme PRÉVILLE.	*La Vengeance.* Bâtiment lent à la marche, mais sûr.	50	Bonne actrice, froide, facile à irriter et implacable.
Madame BELLECOUR.	*Le Profond.* Sujet aux voies d'eau.	50	Vieille actrice dévergondée.

FRÉGATES.

Mlle LUZY.	*La Coquette.* Mal radoubée.	32	Cette actrice a une maladie de femme incurable.
Mme DUGAZON.	*L'Effrayante.* File 15 nœuds par heure.	32	Allégorie relative à son intérieur et à sa lubricité.
Mme SUIN.	*La Fatigante.* File 18 nœuds.	20	Même caractère, même tempérament.

ESCADRE ROUGE, *portant le pavillon de la reine Melpomène.*

CAPITAINES.	VAISSEAU.	*Can.*	NOTES.
SAINVAL l'aînée, Amiral.	*Le Talent.* A une superbe batterie.	120	La meilleure actrice actuelle, vigoureuse et dans le genre de Mlle Dumesnil.
MOLÉ.	*Le Ferme.* Peut servir encore longtemps.	100	C'est l'acteur qui a déployé le plus de vigueur dans le tripot en faveur de l'expulsée.
MONVEL.	*L'Ingénieux.* Vaisseau rare pour les qualités.	90	Ce comédien est en même temps auteur et fait des pièces de théâtre.
AUGÉ.	*L'Admirable.* Vaisseau à conserver.	90	Excellent comédien dans les rôles de valet et d'un genre difficile.
D'AZINCOUR.	*Le Neuf.* À examiner.	80	Ce comédien n'est reçu que de 1778.

Fleury.	*Le Véridique.* Vaisseau d'une batterie qui fait fuir tout ce qui approche.	64	Éloge du caractère de cet acteur.
Mlle Sainval, cadette.	*La Sensible.* Bâtiment peu durable.	54	Cette actrice a de l'âme, mais de faibles moyens.
Mlle Doligny.	*Le Séduisant.* Vaisseau à réformer.	61	Actrice qui a plu longtemps, sans qu'on sache trop pourquoi et sans moyens.
Mlle Fanier.	*Le Prétendant.* Vaisseau qui a besoin d'un fréquent calfatage.	64	Actrice très apprêtée dans son jeu et surtout dans sa toilette.

FRÉGATES.

Mlle La Chassaigne.	*L'Insouciante.* Durera longtemps.	32	Caractère de cette actrice.
Mlle Contat.	*La Dédaigneuse.* N'attrape rien.	32	Caractère de cette actrice, peu renommée pour ses conquêtes.

Le capitaine *Raucoux*, corsaire vigoureux, montant la *Sophie* (1), avec 500 volontaires, *des deux sexes*, vient de se joindre à l'escadre blanche. Ce bâtiment armé à Florence, est malheureusement, quoique construit depuis peu, très fatigué, vu son service fréquent, surtout dans son arrière, par une artillerie trop forte. On ne croit pas qu'il puisse tenir la mer longtemps, et le lundi 13 il a essuyé un grain violent, à la hauteur de l'île *Phèdre* (2) qui l'aurait fait relâcher, si le capitaine *Raucoux* n'était intrépide. Il a seulement usé de prudence, et vogue sous ses basses voiles.

L'amiral *Vestris* a commencé les hostilités et donné chasse à l'amiral *Sainval*, qui, contrarié par le vent, sans munitions et mal secondé des siens, a été coupé et forcé de gagner quelque port neutre.

Le commandement aurait dû être dévolu à *Sainval* cadette, capitaine du *Sensible* ; mais n'étant pas mieux secondée, elle est allée solliciter les secours de la reine *Melpomène*.

Pendant ce temps toute l'escadre rouge, affamée, s'est rendue au *Duras*, sauf le capitaine *Molé*, qui s'est expliqué hautement, au risque d'être démonté ; et si les renforts de la reine *Melpomène* n'arrivent promptement, ses états sont absolument à la veille d'être dévastés par les ennemis.

On assure que la retraite du capitaine *Sainval* cadette ayant donné des inquiétudes, on a fait l'impossible pour le ramener, et qu'il servira sous les ordres de l'amiral de l'escadre blanche ; lâcheté dont on s'indigne.

Le prince des *Nains* (3), qui aime singulièrement le corsaire *Raucoux*, à cause du bâtiment qu'elle monte, sur lequel il a fait quelques traversées, s'intéresse fortement à elle, et lui a concilié la Reine et les princes de la famille royale.

(1) Il faut savoir que Mlle Arnoux se nomme *Sophie*, et c'est ainsi qu'elle est surtout appelée parmi les tribades.

(2) Mlle Raucoux a été violemment sifflée à une représentation de la tragédie de *Phèdre* où elle jouait.

(3) Le prince d'*Henin*, l'amoureux de Mlle Arnoux, et qui en conséquence protège Mlle Raucoux.

Gazette de France, 30 septembre 1779. Supplément.

Poème du père Chaisneau adressé à Molé peu de temps avant sa mort :

Au célèbre Molé :
Pour ta santé
On dit que tout Paris a fait une neuvaine,
Nous le croyons sans peine ;
Nous, à la divinité,
Nous demandons que sous quinzaine
(ne le pouvant dès aujourd'hui)
Tu sois habitant d'Antony.
Tu sais, je pense,
Comment le ciel s'y peint d'azur,
Et comment l'air qu'on y respire est pur ;

Viens donc y passer ta convalescence.
Assez longtemps,
Par tes talents
Tu charmas toute la France,
Pour prix de tes travaux
Viens au sein du repos
Jouir de sa reconnaissance.

BmCF, Dossier Molé.

Stances sur Molé, doyen des artistes du Théâtre-Français, membre de l'institut et de l'Athénée des Arts :

Un jour Thalie et Melpomène
Ayant formé l'heureux projet
De faire briller sur la scène
Les talents d'un acteur parfait
Elles dépêchent vers la terre
Des Dieux le messager ailé ;
Mercure n'y demeura guère
Sans trouver le jeune Molé.

Conduit sur les bords du Permesse
Par l'agile courrier des Cieux
Cet enfant d'abord intéresse.
Son air est doux et gracieux :
Le dieu du goût et du génie
Dont soudain il se fait aimer
Dans l'art séduisant de Thalie
Se plaît lui-même à le former.

Molé tenait de la nature
Un cœur brûlant, un esprit vif,
Et sur son aimable figure
Brillait un regard expressif.
Zèle, travail, intelligence

Hâtèrent ses heureux progrès,
Et chaque jour de son enfance
Fut signalé par des succès.

Du moment que le jeune élève
De son maître eut rempli l'espoir
Mercure de nouveau l'enlève
Et par un céleste pouvoir,
Molé sur la machine ronde
Est reporté par les Zéphyrs
Qui s'empressent de rendre au monde
L'Objet de ses futurs plaisirs.
La Muse de la Comédie
Le guide au Théâtre Français
Et celle de la Tragédie
Dirige ses premiers essais :
Quel succès il a dans Séide,
Dans l'Oracle et dans Séleucus !
Il est charmant dans Zénéide,
Sublime dans Britannicus.

Dans la carrière des Préville,
Dumesnil, Clairon et Lekain,
Molé guidé par Dangeville
Marcha bientôt d'un pas certain,
Avec transport on se rappelle
Cet ensemble de vrais talents
Qui prenant le goût pour modèle
N'en étaient que plus excellents.

Molé dans un art difficile
Partagea longtemps leurs travaux
Et sur la scène en maître habile
Sut éclipser tous ses rivaux.
Diction, chaleur, grâce, aisance,
Sensibilité, naturel,
De ce Roscius de la France.

Du robin et du colonel
Il saisit sans caricature
Le ton, le geste et la tournure
On l'a vu jusque dans les drames,
Ces monstres par le goût proscrits,
Arracher des larmes aux femmes
Et rendre jaloux les maris.

Depuis quarante ans au théâtre
Cet acteur toujours excellent
Fait briller ce rare talent
Dont le public est idolâtre.
Tour à tour bourru, séducteur,
Impatient, célibataire,
Molé, plus que sexagénaire,
Ravit encor le spectateur.

Mais quel tableau frappe ma vue,
Pourquoi ces longs habits de deuil ?
Pourquoi mon âme est-elle émue
En contemplant ce noir cercueil ?
C'en est fait la parque cruelle
A tranché les jours de Molé
Et sur sa dépouille mortelle
Se fixe un regard désolé :
Sous la faux du Temps Molé tombe,
Il n'est plus… Mais séchons nos pleurs
Et que l'amitié sur sa tombe
Répande aujourd'hui quelques fleurs.
Jaloux de faire son éloge
D'estimables littérateurs
Ont déjà dans le nécrologe
Placé le Phénix des acteurs.
Molé paisiblement repose
Dans son parterre d'Antony
Où ses amis ont réuni
Le laurier, le myrte et la rose.

Son âme au céleste séjour
Près de Thalie est déposée
Garrick, Préville et Bellecour
La conduisent à l'Élysée.

BmCF, Dossier Molé

ANNEXE II

Textes écrits par Molé

Chanson, sur l'air « *Je suis Lindor…* »

Tu veux, Chloé, savoir la différence
Du fol amour à la tendre amitié,
J'éprouvai l'un, et par l'autre lié,
Je peux, je vais t'en tracer la nuance.

L'amour naissant présage une défaite ;
Croissant, il nomme un esclave, un vainqueur.
Tendre amitié n'est point tyran d'un cœur,
Également elle est reine et sujette.

L'amour heureux est un état de guerre,
Pour conserver les honneurs du succès ;
Amitié tendre est un état de paix
Qui nous refait des maux qu'amour opère.

L'amour constant a perdu sa chimère ;
Tyran oisif, triste victorieux,
Son nom le gène, il vaudrait beaucoup mieux
Pure amitié qu'amour qui dégénère.

Charme des sens ! tendre amour ! vive flamme !
Tu nais, renais, meurs avec nos beaux jours ;
Tendre amitié, moins brûlante en son cours,
Jusqu'au tombeau du moins soutient notre âme.

Doutez pourtant, vous que l'amour enivre,
S'il faut un jour à lui la préférer ;

Un tendre ami peut bien exagérer
Le prix du bien qui lui reste pour vivre.

Lettre circulaire des Comédiens Français ordinaires du roi et de Monsieur à quelques auteurs (1er aout 1776)

Monsieur,

La Comédie-Française, dans tous les temps beaucoup plus occupée qu'on ne l'a publié des intérêts de Messieurs les auteurs, vient enfin, grâces aux bontés de Sa Majesté, de remplir le double vœu qu'elle formait depuis longtemps, de rendre, d'une part, son service à la cour et à la ville meilleur et plus varié, et de l'autre, de satisfaire à l'impatience légitime de Messieurs les auteurs, en accélérant la représentation des pièces reçues et inscrites sur son tableau. Après avoir longtemps senti les causes de ses lenteurs sans avoir osé prendre la liberté d'en solliciter le remède, rassurée, encouragée par l'indulgente bonté de Sa Majesté, la Comédie-Française s'est enfin enhardie à présenter à ses supérieurs un mémoire, dont l'objet était de supplier la reine d'observer que de tous temps les pièces à apprendre pour le voyage de Fontainebleau ayant été choisies parmi d'anciens ouvrages, ou prises au hasard et sans ordre de réception sur le tableau, ce choix avait mis la Comédie-Française dans l'impossibilité de faire l'hiver, à la Cour et à la Ville, un service aussi varié qu'elle l'aurait désiré ; que n'ayant ni tour ni place à donner à Paris aux pièces apprises à Fontainebleau, la pièce qui avait droit d'être jouée à Paris, s'exécutait lentement, à cause du service de Versailles, et que, d'autre part, le service de Versailles souffrait de cette préoccupation des mémoires appliquées au soin d'apporter une pièce nouvelle pour Paris ; que si Sa Majesté daignait accepter pour Fontainebleau les neuf premières pièces inscrites sur le tableau des réceptions : savoir, les trois premières de chaque colonne, selon leur rang, à leur retour du voyage, les Comédiens français ordinaires du Roi, pourvus de pièces sues pour le service de Paris, seraient plus en état de servir l'hiver à Versailles, et de varier les plaisirs du public. La Comédie-Française, dans un mémoire destiné à être soumis à l'examen de Sa Majesté, n'a point gardé le silence sur tout le bien qui en résulterait pour Messieurs les auteurs : elle y a présenté, comme un encouragement légitime et utile au progrès de leur art, la certitude d'être joués à la Cour, chacun selon son ordre de réception, celle de n'en être jamais exclus, et enfin l'avantage d'être joués plus promptement à Paris, en faisant que le travail des Comédiens ne fût pas perdu pour la capitale. Sa Majesté, sensible à tant de motifs et au zèle aussi ardent que profondément respectueux de ses Comédiens Français, a bien voulu donner son aveu à ce choix des neuf premières pièces inscrites sur le tableau des pièces reçues, pour composer son spectacle du voyage de Fontainebleau prochain.

En conséquence, Monsieur, j'ai l'honneur de vous en donner avis, afin que sur le champ et avec la plus grande célérité, vous ayez la complaisance de faire copier vos rôles, et de vouloir bien en faire la distribution à une assemblée qui se tiendra à cet effet le mercredi 6 août prochain. Vous sentez, Monsieur, de quelle importance il est de tenir cet engagement offert, et adopté avec bonté par Sa Majesté pour le bien général.

Et comme il est utile d'établir de l'ordre dans les études de chaque acteur employé dans ces nouveautés, il est important, Monsieur, que tout le monde ait ses rôles très précisément au jour nommé, sans quoi, malgré le plaisir sincère que ressent la Comédie à vous faire passer, elle serait forcée de s'occuper de la nouveauté suivante pour compléter le nombre promis à Sa Majesté.

Je me tiens heureux de cette occasion de vous assurer de la parfaite considération avec laquelle j'ai l'honneur d'être, Monsieur, votre très humble et très obéissant serviteur, MOLÉ.

Journal du théâtre ou le Nouveau Spectateur,
Paris, Ruault et Esprit, 1776. n° IX, 1er aout 1776

Poème sur Levacher de Charnois, attribué à Molé :

Connaissez-vous l'individu
Qui fait le Journal des Spectacles[1] ?

1 Levacher de Charnois a dirigé le *Journal des Théâtres* du 1er avril 1777 au 1er septembre 1777, avant d'être collaborateur régulier au *Mercure de France*, de 1779 à 1783.

Non, mais apparemment c'est quelque homme connu,
Que du théâtre on a nommé l'oracle.
Quelque homme instruit, sage, éclairé,
Pour les talents de flammes pénétré,
Qui les honore, et les aime et les guide,
Qui d'après le bon goût et la raison décide,
Quelque homme impartial, prudent, quelque faiseur,
Ou pour le moins quelque vieil amateur,
Quelqu'un enfin fait pour instruire
Le peuple à bien juger et l'acteur à bien dire.
Point du tout. Rien de tout cela.
Celui qui fait ce journal-là
Est un jeune important, fat, sans expérience,
Bien sot, bien plein d'insuffisance,
Bien ignoré, bien ignorant,
Sans titre aucun pour juger le talent,
Petit-maître du crû, chalant de bouquetière,
Depuis quinze ou vingt mois cabalant au parterre,
Commis d'ailleurs à deux fois cent écus,
Qui les trouvant trop exigus
Obtint par le crédit de notre ami Préville,
Homme en projets saugrenus très fertile,
L'honneur d'être nommé journaliste malin,
Pour épouser après la fille de Crispin.
Ainsi, tremblez, ô vous dont le génie
A tout vivifier et s'exerce et se plie.
Vous, dont les grands succès l'un sur l'autre entassés,
Attestent des talents par l'usage exercés,
Pour établir cet innocent ménage, chacun de vous aura sa page,
Où vos défauts, si souvent rachetés
Par de grands traits, d'étonnantes beautés,
Et dans l'ensemble et dans le caractère,
Seront jugés, repris, placés devant derrière,
Mal définis, supposés. C'est égal.
C'est pour le mal qu'il dit qu'on s'abonne au journal.
Il faut vivre, on le sait. Beau-père et belle-mère
Seront seuls exceptés du devoir de bien faire ;

Et l'on voit que déjà l'espoir du premier ban
Lui fait dissimuler le sec de la maman,
Sa froideur, son ton piegrièche,
Sa gaieté dure et son amour revêche,
Que par respect pour elle encore, il trouve bon
Le jeune, le charmant, mais novice Reymon.
Passez cela, tremblez ! Vos talents mis en pièces
Meubleront les époux nouveaux, pièce par pièce.
Pleure, mâle Lekain, tes défauts réunis,
Leur fourniront le linge, les habits,
La Vestris leur tapisserie,
Et la Sainval leur batterie.
Les glaces, aux dépens du pauvre Bellecour,
Répéteront leur chaste amour.
Mais j'oubliais – Ah ! misérable,
Un lit, un lit pour ce couple adorable !
Et parbleu, faut-il tant chercher ?
Molé, c'est son ballot, fournira le coucher[2].

ÉLOGE de PRÉVILLE fait et prononcé par le Citoyen Molé, séance publique du onze août 1793 (Lycée des Arts)[3]

Citoyens,

Appelé par les Membres du Lycée des Arts à remplir la tâche honorable de développer dans Préville les qualités qui firent de lui un de nos talents le plus célèbre dans les fastes du théâtre, je regarde ce choix comme une récompense glorieuse de mes travaux, et comme le résultat le plus flatteur de mes longues réflexions sur un art dont Préville a surmonté toutes les difficultés. C'est ainsi qu'un assemblage d'hommes choisis, équitables envers moi, et mus par une opinion favorable de mon zèle, fait concourir les longues méditations de l'un à l'éclat légitime de l'autre, et

2 La fille de Préville quittera son mari et s'enfuira avec son amant, grand scandale dans le landernau des coulisses.

3 NDLR. Pour faciliter la lecture, nous avons adopté l'orthographe actuelle.

associe de la sorte à la réputation méritée d'un grand homme, l'homme assez expérimenté pour l'apprécier, pour lui rendre hommage, et se faire un doux plaisir de dévoiler ses droits à l'immortalité.

Oui, vous serez justes en couronnant, dans Préville, l'élan vers la perfection dans l'art de la représentation théâtrale dont il a, pendant plus de trente années, donné l'inimitable exemple : vous serez justes, en corrigeant l'ingratitude de cet art purement moral, qui ne laissant, pour l'avenir, d'autre trace de l'œuvre de l'artiste qu'un nom répété de bouche en bouche, paraît faire un devoir à l'équité contemporaine de transmettre les traits caractéristiques d'un talent dont l'ébauche seule fera l'éloge ; d'un talent qui, en même temps qu'il fit rire l'esprit et caressa le bon goût, frappa souvent l'âme par l'application plus grave de son essor, sur des scènes touchantes, sinon tragiques, du moins dignes de la tragédie

Pierre-Louis Dubus-Préville, vivant encore pour nous adoucir la perte de ses talents, n'était point né pour le théâtre. Il y fut poussé par cet instinct puissant qui commande, dans le jeune âge, l'amour des succès dans tel ou tel art, qu'un goût prononcé nous désigne impérieusement. Il ne se trompa point sur le motif qui le portait sur la scène ; le seul désir de la gloire en ce genre y fut son guide, et la gloire l'en a bien récompensé.

Conduit par des rapprochements quelconques chez Dehesse, de la comédie Italienne, acteur jouant des valets, et différents caractères dans les pièces françaises de ce théâtre, ce fut de lui que Préville reçut les premières idées de son art. Dehesse, sans doute, n'était pas sans mérite ; mais le genre de son naturel avait de la manière et était travaillé.

La vérité simple, spirituelle et saillante que la nature avait départie à Préville, résista aux atteintes que la manière factice de Dehesse avait voulu lui porter, et il demeura vrai dans son dire pour le reste de sa vie. Heureux augure que cette première vérité d'expression ! ou plutôt, que cette base fondamentale du talent, pour être parfait dans l'art de peindre par le coloris du naturel animé, toutes les affections de l'âme, du cœur et de l'esprit ! Le naturel simple, la vérité du dire sont au talent de l'artiste du théâtre, ce que sont, en peinture, la vérité des chairs, celle des étoffes et de leurs reflets. Vainement le dessein serait-il régulier, sans la grande vérité des couleurs, point d'illusion, et l'illusion dans tous les arts imitateurs est le mérite suprême. Au théâtre, comme en peinture, sans vérité dans le dire, sans vérité dans le coloris, quelle que soit, d'ailleurs, la portion intelligente, on ne voit jamais que le travail de l'artiste.

Préville emporta donc en province ce mérite rare de parler vrai, qui avait résisté aux premiers égarements du métier, dans l'âge où, cependant, on trouve plus facile de copier les copistes de la nature que de la chercher en soi-même pour devenir un talent original. Préville ne céda point à cette dangereuse facilité, il sentit que, dans un autre, le talent affecté à des organes particuliers, ne peut s'appliquer à personne, sous peine de n'être jamais qu'une mauvaise copie.

Livré à lui-même, il se trouva, comme tous les commençants dans l'art de la représentation théâtrale, entre deux écueils : la nullité, qui ne compose rien au-delà des paroles tracées par l'auteur, ou la trop grande fécondité d'intentions qui fait dégénérer en charge la composition exagérée de l'acteur, au-delà des bornes prescrites par la justesse du sentiment, la finesse du tact, et la précision du goût.

Entre ces deux écueils, Préville choisit et choisit bien : il fut juste dans ses conceptions et discret dans l'exécution ; il n'excéda jamais les données qui doivent découler du plan circonscrit par l'auteur, soit relativement au caractère, soit relativement à la situation, qui sont les deux règles impérieuses qui commandent exclusivement à l'artiste du théâtre.

Le spectateur ne lisant point dans l'intention morale de l'acteur, Préville sentit que ce n'était que par le mouvement extérieur qu'il pouvait la lui transmettre ; de là, ces traditions larges, finies, où le public voit l'impression reçue par le personnage représenté, l'effet qu'elle lui produit, la pensée qui en naît, et cette gradation imperceptible et progressive où le silence devient si expressif qu'on aperçoit l'âme s'éteindre sur une affection er renaître pour une autre.

Pourvu donc par la nature de cette vérité première qu'il avait su conserver, enrichi par des qualités acquises, et par un plus grand usage de soi-même qui produit au théâtre la calme jouissance de ses facultés au moment de l'exécution, Préville put donner un essor libre à cette création subite de l'esprit qui marque les choses d'effet sortantes du fonds ; et, à cet égard, notre grand artiste a poussé au plus haut degré ce secret de fixer le trait, sans quitter le sujet, sans blesser le bon goût et sans jamais dépasser la vérité ; c'était toujours en lui le comique le plus vif, le plus colorié ; c'en était l'extrême, ce n'était jamais l'excès.

Sans attendre son retour dans la capitale, dans cet asile des progrès, de tous les genres, où le rapprochement des talents, leur frottement continuel fait jaillir l'étincelle du génie ; cet asile, le séjour habituel des littérateurs, où se trouve la permanence d'un public accoutumé à guider, instruire et juger les arts qui y naissent, Préville trouva en lui seul le germe de tous ses progrès, et Paris fut étonné de voir arriver dans le concours de toutes ses ressources, un talent déjà parfait, auquel le public n'eut que des éloges à donner, une grande justice à rendre et des applaudissements à prodiguer.

Il venait remplacer Poisson, cet acteur informe que la nature avait jeté sur la terre pour être plaisant par le fait seul de son existence, sans en être plus précieux aux yeux de l'art, ni aux délicatesses du bon goût. À la place de ce dire naïf, estimable sous le rapport de la vérité, mais sans esprit et sans composition, auquel le public était accoutumé dans Poisson, que trouva-t-il dans Préville ? Un artiste aussi vrai, d'une composition juste et riche, qui sondait profondément les secrets de la nature ; dont le tact savait saisir toutes les nuances ; qui n'était jamais lui-même comme Poisson l'était toujours, qui s'était fait une loi de penser que chaque caractère a sa physionomie extérieure, que ce n'est pas sans raison qu'on dit de tel homme dans la société, qu'il a l'air vain et sot, de tel autre, qu'il peint la probité ; de celui-ci, qu'il a l'œil perfide ; de cet autre, qu'il porte un témoignage de bonté, et mille différents traits caractéristiques qui annoncent au-dehors l'âme morale de chaque individu ; d'où Préville conclut que l'obligation première de l'artiste chargé de représenter les hommes, dans quelques situations qu'ils soient employés, devait être avant tout, de s'appliquer à les montrer à l'œil, et de compléter ainsi aux yeux du spectateur attentif, le tableau du personnage mis en action.

Préville n'a pas besoin d'éloges outrés, je ne dirai point qu'il fut le premier des artistes du théâtre qui sentit cette nécessité ; mais quelques-uns de ses prédécesseurs avaient cru faire beaucoup, même en bornant leurs efforts chacun à l'habitude d'un genre. Préville fut le premier qui trouva en soi la faculté de les représenter tous ; de les apercevoir tous sous un point de vue nuancé et juste ; de les atteindre sans les outrepasser, et c'est ce qu'il montra dès son début, dans *Le Mercure galant*[4], pièce absente du théâtre lors de son arrivée à Paris, qu'il y fit revivre (on sait avec quel

4 *Le Mercure galant*, comédie en 5 actes en vers d'Edme Boursault.

succès) pendant les trente-trois ans de l'exercice de son talent, et dans laquelle on vit la perfection se produire[5] six fois sous différentes formes.

Il est des caractères fortement prononcés en eux-mêmes, dont l'imitation est plus facile en proportion de leur excès, et, sur les personnages du libraire, du campagnard et du procureur, dans lesquels, cependant, Préville peignait à grands traits, et sous des couleurs mordantes de comique, je ne m'écrierai point avec le même étonnement d'admiration, que sur les rôles du soldat ivre, et de l'abbé. On a pu constamment admirer dans le premier de ces deux rôles le choix toujours délicat de ses moyens de succès : le caractère libre du soldat, et son état d'ivresse auraient pu permettre au copiste indiscret de la nature des imitations dont le bon goût eût gémi ; qu'on se souvienne avec quelle grâce aimable, et cependant vraie, Préville venant de dépouiller la figure piteuse du libraire et la lourde grossièreté du campagnard, entrait sur la scène dans ce troisième personnage ; avec quel saillant il l'occupait ; de quelles nuances finies de vérité il la décorait ; jusqu'à quel degré de perfection il avait été chercher la nature dans ses détails les plus piquants, et quel soin il avait pris de ce brave Larissole jusqu'à sa disparition du théâtre. La marche, la prononciation, le regard, la contenance, le geste, le silence, les intentions comiques, tout était d'un soldat ivre ; il allait jusqu'à faire sentir les instants où les fumées du vin, brouillant en lui la pensée, suspendaient la liaison des idées. Ni trop, ni trop peu, c'étaient les deux bornes de son exécution dans cette scène, à laquelle je pourrais ajouter, en ce genre, quelque chose de plus parfait encore pris en Préville lui-même ; c'était l'enivrement du bon Zacorin dans *Le Roi de Cocagne*[6], qui, dévoré du besoin de manger, et placé devant un repas splendide, cède à son appétit gourmand, et arrose, sans ménagement, les mets abondants qu'il dévore. Ici, Préville avait à saisir une nuance animée qu'aucun tableau ne peut rendre dans ses détails, c'est le passage, naturel et non forcé, du besoin de manger à la trop grande satiété, et celui du sang-froid à l'ivresse la plus complète. Cette indication est dans l'auteur, sans doute ; l'obligation de ces nuances est celle de tous les artistes du théâtre ; mais la vérité dans l'exécution, la grâce dans les moyens, la progression insensible et graduelle de la nature, et le passage modulé du premier état au second, sont, dans leur

5 Préville y jouait alors tous les rôles

6 *Le Roi de Cocagne*, comédie en 3 actes et un prologue en vers, de Marc-Antoine Legrand.

perfection, ce qui seul a pu appartenir à un génie tel que Préville. Et puisque je parle des efforts d'une création où l'auteur a semblé presque tout abandonner aux possibilités, plus ou moins grandes, de l'artiste de théâtre, je ne passerai point sous silence la composition de Préville, moins importante en apparence, mais qui, dès son origine, fit apercevoir au public de combien de richesses cet artiste de génie allait orner les chefs-d'œuvre de nos grands maîtres. La pièce de *Nanine*[7] était alors dans toute la fraîcheur de son succès, Préville vint, et prit des mains de Deschamps, acteur jouant les valets, le rôle de Germon qui avait, jusqu'à ce moment, été étouffé sous les beautés écrites des autres personnages de cet ouvrage intéressant ; Préville le joua, et Germon sembla, entre ses mains, se faire jour au milieu des grands talents auxquels, dans ce temps, l'exécution de cette pièce était confiée. Là, on vit réunies la vérité parfaite et simple du dire avec la richesse des temps, la fécondité des intentions, toutes précises, toutes puisées dans le fonds de l'action : pas un mot n'y fut prononcé sans un esprit fin, juste, appelant l'effet, et, pour tout dire, ce rôle devint dans ses mains ce qu'est, en peinture, le soldat de Bélisaire dont l'immobile expression ramène sur lui les regards du contemplateur, dans sa relation avec le sujet principal. Ô combien notre artiste célèbre sut agrandir la place physique que ce rôle, peu étendu en lui-même, occupait dans la pièce ! Là, enfin, il convainquit le public que quand la création première de nos auteurs est la mère féconde de l'art de la représentation théâtrale, cet art, à son tour, dans les Préville, les Clairon, Le Kain, Grandval, Dumesnil, devient bien véritablement le fils reconnaissant d'une aussi utile mère, et que, sans cesse occupé d'elle, il justifie dignement ses bienfaits en répandant sur ses charmes naturels tout le luxe de la parure.

Les débuts de Préville furent donc pour le public l'augure certain de la mémorable carrière qu'il allait parcourir ; dès lors, nos littérateurs enflammés par l'aspect, la perfection et la variété de ses talents dans les valets, de ses grâces aimables dans les Crispins, et de ses ressources à l'infini dans la peinture riche et complète de la nature, mise en jeu par l'effet des situations, travaillèrent hardiment pour lui, et jamais embarrassés dans leurs entreprises par l'inquiétude des bornes d'exécution que Préville ne connaissait pas, ils donnèrent à leurs compositions le libre essor de leur génie, sûrs de trouver dans Préville le traducteur le

---

7 *Nanine ou le Préjugé vaincu*, comédie en 3 actes et en vers de dix syllabes de Voltaire.

plus brillant et le plus approfondi de leurs pensées, lui confiant avec abandon et sécurité les effets de détail découlant de la situation et du caractère, qui sont le champ, vaste ou rétréci, que l'artiste du théâtre parcourt, selon les limites de sa conception, et que Préville franchissait toujours avec gloire.

Tel, l'auteur du *Philosophe sans le savoir*[8] confia le rôle d'Antoine, dialogué comme la nature même s'exprime, à la simplicité franche du naturel de Préville, il lui dit : « J'abandonne à ton talent, ô mon interprète, tout ce que j'ai écrit dans cette pièce, et je confie à ton génie créateur tous les effets de fonds qui n'ont d'autres paroles pour l'auteur que l'usage, plus ou moins vrai, plus ou moins riche, que l'acteur fait du sujet dans une situation donnée.

Tel encore, Préville, dès sa jeunesse théâtrale à Paris, sans le concours de Voltaire, et loin de ses yeux, a tracé à grands traits la physionomie de Friport[9], cet anglais humoriste et généreux, dont la riche tradition fut par lui, et pour jamais, si profondément gravée.

La nomenclature des ouvrages dans lesquels il a imprimé son souvenir serait un répertoire trop étendu pour le rappeler ici ; qu'il me suffise de citer les personnages qu'il prononça le plus fortement et desquels il fit sortir le plus d'effets.

On ne se souviendra pas sans tressaillir de plaisir en se le rappelant sous la fécondité de son exécution, de cet infortuné Sosie bien sûr d'avoir été battu et chassé au moment du repas : riche des trésors de Molière, Préville semblait dans ce rôle se couvrir tout entier du génie sublime de son auteur, puis, devenu plus audacieux par caractère, vous allez vous réjouir en vous retraçant par lui la gaîté franche et spirituelle de cet insouciant Figaro dans *Le Barbier de Séville*[10] : Et à propos de ce rôle, une pensée consolante est offerte au public admirateur de notre sublime artiste : du moins, sa figure sculptée en action dans ce personnage, échappera-t-elle à l'oubli du temps ; on y verra, malgré quelque caricature dans plusieurs des copies multipliées qui en ont été faites, tout l'esprit de cette physionomie expressive. Préville avait eu un visage charmant, dont les muscles facilement mis en œuvre par une obéissance rapide aux affections de son âme et de son génie,

8 *Le Philosophe sans le savoir*, drame bourgeois en 5 actes et en prose de Michel-Jean Sedaine.

9 Freeport, personnage de *L'Écossaise ou le Café*, comédie en 5 actes et en prose de Voltaire.

10 *Le Barbier de Séville*, comédie en 4 actes en prose de Pierre-Augustin Caron de Beaumarchais.

lui donnaient l'expression la plus vive et la plus signifiante ; l'usage prolongé de la vie les avait prononcés en lui de telle sorte, que le jeu de son visage était, sans nul effort, une des richesses de ses moyens de succès et de son génie. Du reste, il a été parfaitement bien fait, de taille moyenne, plein des mêmes grâces au physique qu'il en montrait au moral dans ses intentions et dans la pureté de son exécution. Et à ce sujet encore, je ne puis m'empêcher d'offrir à la perspicacité du véritable amateur des arts une observation dont il tirera telle conséquence qu'il leur jugera applicable, c'est que de tous nos artistes supérieurs, ceux dont le talent a été le plus particulièrement voué à la grande vérité, avaient le plus particulièrement aussi, reçu de la nature cette grâce première que produit le bon enchâssement dans toute la personne, d'où sortent la rondeur des mouvements et l'avantage, flatteur à l'œil, des poses régulières. J'en donne pour exemple, entre autres, la célèbre Dangeville, la belle Gaussin, notre bon Préville, le naïf Carlin, sur la tombe duquel on approuvera que je jette quelques fleurs, le naturel Armand, le pathétique Brizard, et, sous nos yeux, la parfaite Contat dont le nom se présente si naturellement à propos de tous les avantages réunis du talent vrai et des grâces personnelles, qu'il faudrait vouloir être injuste envers elle pour ne la pas citer.

Je viens de quitter l'adroit Figaro, cet agile personnage, pour rencontrer un fou d'une autre espèce, mais plus âgé, plus grave, M. Jourdain, dont la couleur est si fortement prononcée par Molière que Préville, en homme sage, se fixa au seul effort de l'atteindre, et tout fat dans une proportion tellement juste entre le génie créateur et le créateur artiste, que la vérité du dire, le saillant des effets, la physionomie du rôle, tout le talent réuni de l'acteur sembla se concentrer dans l'unique devoir de transmettre, sans travail, la force comique, si pleine de philosophie, que Molière a répandue sur la totalité de ce riche caractère.

Après *Le Bourgeois gentilhomme*[11], vos regards vont être portés sur *Le Bourru bienfaisant*[12]. Ô quel tableau présente cet ouvrage, le dernier du vieux et célèbre Goldoni, représenté par le moins vieux, mais aussi célèbre Préville ! Avec quel œil attentif l'admirateur de la belle

11 *Le Bourgeois gentilhomme*, comédie-ballet en 5 actes en prose de Molière.

12 *Le Bourru bienfaisant*, comédie en 3 actes en prose de Carlo Goldoni.

vérité va les suivre sur la scène, et les y voir se disputant à l'envie la gloire d'être le plus parfait ! Grand maître dans l'art de faire, grand maitre dans l'art d'exécuter, la voilà nouvellement mise au théâtre cette pièce, où la vérité si pure du dialogue est enrichie encore dans Préville par la grande vérité du dire. Ô combien il grava profondément ce caractère sombre, au travers duquel perce à chaque instant un cœur bon, sensible, et la colère de l'intérêt pour son neveu qu'il repousse. Toujours fidèle aux grands principes, c'est dans une humeur, dans une voix accoutumée à brusquer, que Préville trouve l'expression juste de ces traits de sensibilité qui sont l'éclair au milieu du noir de l'orage ! Art difficile, et que Préville a créé, de former les sons touchants de la sensibilité du ton dur et repoussant du caractère ; effort d'autant plus difficile pour lui, que l'essence première de son talent étant de tourner les esprits à la gaieté, il aurait dû lui être moins facile de toucher dans ses organes les cordes sensibles. Mais qu'est-il de difficile à l'artiste que le génie inspire, que l'âme conduit, et auquel la nature montre du doigt la perfection ?

Un grand succès, cependant, avait déjà rendu Préville moins nouveau à lui-même dans la partie sensible du *Bourru bienfaisant*. Ses efforts énergiques dans le père d'Eugénie[13], ce vieillard outragé, adorant et repoussant sa fille, l'avaient déjà fait connaître au public dans un genre où l'inhabitude n'avait mis nul obstacle à sa parfaire exécution. Et quand on rapproche en lui ce même père d'Eugénie du Michault de *La Partie de chasse de Henri IV*[14] se faisant servir par elle, on ne peut s'empêcher d'admirer dans l'artiste la justesse de ses conceptions et la sûreté de son talent, lorsque, dans deux états si éloignés, dans deux situations si différentes, on le voit également conserver le caractère de cette dignité paternelle, la première de la nature. Oui, qu'on s'en souvienne, le fonds de cette touche imposante que donne la qualité de père dans un homme bon, sensible, mais ferme et le maître chez lui, était le même dans les deux personnages, appliqué à diverses conditions comme à deux situations diverses. Préville s'était dit, dans l'un et dans l'autre. La physionomie d'un père doit être « toujours digne, quel que soit l'à-propos qui le montre en cette qualité ; il a la souveraineté domestique » et notre artiste célèbre, frappant toujours à

13 *Eugénie*, drame en 5 actes en prose de Pierre-Augustin Caron de Beaumarchais.

14 *La Patrie de chasse de Henri IV*, comédie en 3 actes en prose de Charles Collé.

coup sûr, montrait cette souveraineté sous des formes analogues, dans le moulin de Lieursain[15], comme il l'avait fait voir à Londres, dans le fastueux asile du Lord Clarendon[16].

Combien l'esprit va s'étonner, en quittant ces profonds aperçus de notre savant homme sur les convenances du sentiment, sur celles de la nature et de la société, lorsqu'il le verra les blesser si gaiement, avec tant de grâces légères et un saillant si vif, dans le fripon Crispin du *Légataire*[17], où mettant encore à profit son habitude d'observer et sa justesse à copier, il enrichissait le tableau de la ressemblance parfaite de cette douce et pudique veuve qui vient pour faire enfermer son cher oncle dans la frayeur d'un commerce illicite avec sa gouvernante. Le fini de ces imitations si souvent offertes au public, y conduisait, pour la centième fois encore, nos amateurs de bon goût, et cette pièce, entre les mains de Préville, décorait toujours la salle du choix, qui, pour être moins nombreux, n'en était pas moins flatteur, de nos habitués, admirateurs du vrai beau.

Le spectacle s'enrichissait du nombre, si, quittant, le même jour, le costume de Crispin, il allait s'affubler des appas spirituels du versificateur Desmazures[18], dont la physionomie si peu semblable à tout ce que je viens de tracer, me reporte, par transition, au timide valet de la dame invisible en qui la peur des revenants, si fécondément variée par Préville, imprime une existence si opposée à celle du fat et confiant Desmazures qui ne doute de rien ; mais si Préville n'établissait dans Desmazures d'autres droits que ceux de la prétention, combien il en réalisait, après Molière, dans le Mascarille de *L'Étourdi*[19], ce hardi maître valet, peint par son auteur à si grands traits ! eh, que notre célèbre artiste partageait bien judicieusement avec le créateur sublime dont il était l'organe, l'application que le public équitable réserve toujours à Molière dans ce vers, en vrai latin de Mascarille,

15 Lieu où se déroule *La Partie de chasse de Henri IV.*

16 Personnage d'*Eugénie.*

17 *Le Légataire universel*, comédie en 5 actes en vers de Jean-François Regnard.

18 Personnage de *La Fausse Agnès ou le Poète campagnard*, comédie en 3 actes en vers de Philippe Néricault Destouches.

19 *L'Étourdi*, comédie en 5 actes en vers de Molière.

Vivat Mascarillus fourbum imperator !

De Mascarille, je passe au capable Médecin du *Cercle*[20], fatigué des courses de ses chevaux, enfant gâté de la confiance de ses malades, qui craint de rendre trop de santé par l'abus qu'on en peut faire, et disparaît coquettement pour se venger de la négligente inattention de sa personne, au moment d'être éclipsé par le chant mélodieux d'un abbé à la mode.

Toutes ces nuances fines, pleines d'esprit et de grâces créées par Préville dans la plupart de ces rôles, qu'il a joué [*sic*] d'original, vont prendre une couleur plus mâle quand remontant à notre ancienne comédie, je vais rappeler aux amateurs de la grande vérité morale, l'étonnement, qu'il a rendu si pur dans l'honnête Cliton du *Menteur*[21] à la découverte progressive de la fécondité qu'à son cher maître :

Pour fournir tour à tour à tant de menteries ;

C'était, en ce valet, la vertu sans faiblesse et toujours surprise de l'usage constant du mensonge, tandis que dans *Le Festin de pierre*[22], Préville nous montrait cette vertu plus servile ; flattant, par la peur, les vices de son maître ; mais, bientôt, se relevant avec force, l'énergie et la vérité des grandes leçons tracées par Molière, étaient exprimées par Préville avec une chaleur en tout bien digne du sujet et de l'auteur.

Mais pour finir sur un tableau que je craindrais déjà d'avoir trop chargé de figures, si je n'en sacrifiais encore un grand nombre que je regrette parce qu'elles ont toutes été rendues par Préville frappantes de vérité, je me bornerai à l'exposition dernière du chasseur Clainville[23], en opposition avec la figure ignoble et les manières basses de *Turcaret*[24], composées pourtant d'un visage agréable et des grâces naturelles dont j'ai parlé plus haut. Ce contraste fut aussi frappant en Préville dans les physionomies extérieures de ces deux personnages, qu'il l'était dans le dire, appliqué à ces deux physionomies différentes ; c'était, chez le premier, le parler noble et libre d'un homme du monde, d'un loyal militaire ; et, chez l'autre, ce dire cupide

20 *Le Cercle ou la Soirée à la mode*, comédie en 1 acte en prose de Poinsinet.

21 *Le Menteur*, comédie en 5 actes en vers de Pierre Corneille.

22 *Le Festin de pierre*, comédie en 5 actes en vers de Thomas Corneille, adaptée du *Dom Juan* de Molière.

23 Personnage de *La Gageure imprévue*, comédie en 1 acte en prose de Michel-Jean Sedaine.

24 *Turcaret*, comédie en 5 actes en prose d'Alain-René Lesage.

que le mot argent a voué à des habitudes avides, dont Préville répandait la couleur sur la totalité de ce personnage. C'était dans l'expression, dans le regard, dans la jalousie, dans le désir (que je n'appellerai pas amour) ; c'était, à ne pas s'y méprendre, l'intérêt, le prix, ou le regret de son argent qui l'enflammaient, et, dans les nuances, hors de l'action principale, Préville en faisait remarquer une entre autres ; la basse fatuité de la science du monopole. Du reste, jamais il ne quittait dans la totalité de ce rôle, le témoignage de cette éducation vorace par l'usage seul de laquelle, au temps du célèbre Lesage, on arrivait, en ce genre, à la richesse.

Quant à monsieur Pincé[25], ce méthodique intendant de maison, chargé de quatre-vingts hivers, courtisan assidu de sa dame Cateau, et lui portant l'hommage de ses anciennes friponneries, trois raisons, à son exemple, m'empêcheront d'essayer mon pinceau sur la perfection que Préville a mise à l'ensemble de cet étonnant personnage.

Il fallait être lui pour y arriver.

Il fallait être lui pour la peindre.

Et il faudrait l'avoir vue pour en croire tout le fini et toute la beauté.

Oh qu'ils étaient ingrats ces hommes qui, témoins des efforts du talent de Préville, semblaient hésiter à rendre au genre de son art le tribut d'estime que méritent également tous les arts ! Et combien il est doux de trouver équitables envers notre plus beau modèle, ces hommes philosophes et justes, qui vont le chercher au fond de sa retraite pour lui décerner la couronne qu'on doit à l'homme de génie, sur quelque genre qu'il applique, soit pour l'utilité de son semblable, soit pour son instruction, soit pour son agrément.

L'éloge de Préville serait incomplet si je taisais en lui une des qualités de son talent qui entre nécessairement dans l'ensemble de la perfection et fait le plus d'honneur au tact et à l'esprit délicat de l'artiste du théâtre, celle de bien couper, de bien parler les vers : cette partie du goût mérite d'autant plus d'être célébrée qu'elle est plus rare, et qu'elle rapproche de plus près l'artiste du littérateur dramatique ; je veux dire ici, cette nécessité de traduire avec grâce les vers en une prose élégante pour

25 Personnage du *Tambour nocturne*, comédie en 5 actes en prose de Philippe Néricault Destouches.

être parlés avec plus de vérité ; d'en faire sentir le nombre sans en faire compter les syllabes ; d'en saisir le repos avec justesse, sans égard pour l'hémistiche et la rime ; d'y fixer le mot de la chose sans s'y appesantir ; enfin, d'y être vrai sans contrainte, saillant sans gêne, naturel avec aisance, peintre sans manière ; riche sans faste s'il faut être simple, et fastueux sans apprêt s'il faut être énergique et noble. Remplir ce devoir, c'est s'identifier avec l'auteur, c'est faire disparaître ses torts, s'il lui en est échappé, et le montrer dans toute sa grâce, sa vérité et son élégance, si c'est son coloris. Cet art fut poussé à la perfection par Préville et il mérite trop d'être considéré pour le passer sous silence ; l'avoir omis eût été un reproche que le bon goût et la vérité auraient pu me faire.

Du reste, il fut l'un des plus zélés propagateurs de son talent ; incapable de jalousie et de toutes les petites réserves de la vanité, trop grand pour craindre et trop enflammé de son art pour désirer de le voir périr en lui, il fut le premier à provoquer l'établissement d'une école, à laquelle, pendant un certain temps, il a donné des soins. De cette école, il s'est répandu en province des sujets estimables, et bien instruits des grands principes. Le Théâtre-Français lui a dû mademoiselle Luzy, cette charmante soubrette que le public a perdu [*sic*] trop tôt.

Il lui doit la Citoyenne Joly, autre soubrette maintenant au théâtre, qui, chaque jour, désigne par ses succès, la source où elle les a puisés. La Citoyenne Contat, elle-même, dès son très jeune âge, y a pris les premiers errements du talent parfait qu'elle déploie aujourd'hui, et quoique elle soit légalement élève de l'épouse de Préville, actrice pleine d'intelligence et de noblesse dans l'emploi des premiers rôles de comédie, il est à croire que dans cet ensemble de talents unis, Préville aura concouru pour sa part à la formation de ce rare sujet ; d'où il s'ensuit que le mari et la femme ont reproduit de concert le génie d'un grand artiste, sous les traits de la beauté et des grâces.

Quant au personnel de Préville, un grand poète l'a deviné : il l'a peint en deux vers, auxquels on ne trouvera pas plus à corriger à son sujet, qu'on ne pourrait trouver à changer aux superbes vers de *la Métromanie*[26] :

C'est un fort galant homme, excellent caractère,
Bon ami, bon mari, bon citoyen, bon père.

26 *La Métromanie*, comédie en 5 actes en vers d'Alexis Piron.

ÉLOGE de Mlle DANGEVILLE fait et prononcé par M. Molé le 20 fructidor an II

Messieurs,

Dans cette enceinte consacrée aux arts, aux sciences et aux talents, dans cet asile de la vraie fraternité, où les cœurs et les bras sont continuellement ouverts pour accueillir les efforts du génie, soit qu'ils tendent à soulager l'humanité souffrante, soit qu'ils aient pour objet d'enrichir la société de découvertes utiles, vous trouvez encore des moments pour les talents agréables ; et, mus par l'amour social des arts, attentifs à suivre dans la foule des artistes ceux d'entre eux dont un public idolâtre de la perfection a désigné les talents à l'immortalité, vous éprouvez ce désir, ce besoin de couronner en son nom ceux que la bienfaisante nature a généreusement comblés de ses donc.

C'est ce sentiment qui vous a nommé la célèbre, l'inimitable Dangeville, épithète qui fut de tout temps ajoutée à son nom par l'équité, par le bon goût, et par les enthousiastes de la grande vérité dans l'art de la représentation théâtrale.

Ce souvenir d'un talent sublime sera d'autant plus précieux à ceux qui ont applaudi à ses succès, qu'après les trente-un ans écoulés depuis sa retraite du théâtre, et les trente-trois années qu'elle y avait passées pour la gloire de la scène française, elle est vivante encore ! Et le public, dont la volonté suprême, dont le sentiment unanime, dont l'urbanité de caractère est d'honorer la vieillesse, jouira de son propre bienfait en applaudissant au bonheur que va répandre son assentiment sur les jours vénérables de notre ancienne Thalie, sur ces jours conservés par le feu qui animait son génie, qui appelait la gloire sur elle, et qui aujourd'hui soutient encore sa vie.

Je viens de dire les trente-un ans écoulés depuis sa retraite : ce fut en 1763 que le public la perdit, à l'époque où l'Opéra, qui venait d'être incendié, envoya Terpsichore dans le temple de Thalie ajouter ses grâces et ses jeux pour célébrer cette paix honteuse d'un gouvernement lâche avec les Pitt d'alors, cette paix que les Français vengent aujourd'hui, parce qu'ils sont libres dans leur énergie et gouvernés au gré de leur courage.

Cette époque reculée de la retraite de Dangeville prouvera que peu de nos auditeurs ont joui de sa perfection ; elle prouvera aussi que celui chargé de retracer à l'imagination ses talents suprêmes a longtemps vécu. Mais ce devoir si doux de provoquer pour elle le réveil de la gloire au sein d'un repos si justement acquis peut bien consoler le peintre admirateur de son modèle, du chagrin de ses soixante années, puisque c'est à leur nombre qu'il doit le pouvoir de la transmettre, quoique imparfaitement, à la génération présente.

Marie-Anne Bottot-Dangeville, née à Paris le 26 décembre 1714, débuta au Théâtre-Français le 28 janvier 1730. Elle est de famille d'artistes du théâtre, la plupart célèbres ; elle descend par sa mère de Montfleury, auteur de plusieurs comédies connues ; elle a eu pour tante, et pour aide dans ses premiers essais, Charlotte Desmares, qui nous a laissé un nom digne d'être cité pour la tragédie, et dans la comédie, pour les soubrettes.

Ce début, en 1730, n'était qu'une suite des succès de son premier âge : élevée au sein d'une famille d'artistes estimables, ses parents l'avaient disposée aux grâces, en vouant ses premiers efforts à la danse. Instruits par des connaissances acquises, ils ne prévoyaient pas que l'instinct d'un genre de talent plus réfléchi fût tel chez Dangeville, qu'il surmonterait en elle le danger de faire trop tôt essayer la jeunesse dans l'art de la représentation théâtrale ; c'est avec justice qu'ils supposaient que les sources de l'exécution de cet art ne se trouvent que dans l'usage de nos propres affections : mais la nature, plus savante encore, se fit en faveur de la jeune Dangeville un plaisir de franchir ses propres limites, et cette mère bienfaisante n'attendit pas, pour la sevrer de l'enfance, qu'elle en eût dépassé l'âge.

Dans les rôles donc où nos auteurs se plaisent à montrer les enfants artistes à leur aurore, Dangeville parut au plus beau matin de son talent, avec une physionomie charmante et fine, avec des traits réguliers, vifs et pleins d'expression, une taille svelte, des mouvements arrondis et pleins de grâces, un agencement tel dans toute sa personne, que sa marche, sa gesticulation, et tout son ensemble, aussi flatteur à l'œil que son naturel était séduisant, inspiraient à la voir autant de plaisir que d'enthousiasme à l'entendre. Mais surtout elle avait dans son dire un charme de vérité que nos plus grands talents ont pu atteindre, mais qu'ils n'auraient jamais su surpasser. Ainsi elle avait paru, ainsi elle a prospéré jusqu'au dernier moment ; et, du reste, le premier tact du sentiment était chez elle si juste, si parfait et si rapide, qu'il est connu qu'à la première lecture qu'elle faisait avec ses camarades d'un rôle de pièce nouvelle, le trait comique ou saillant était en elle marqué aussi sûr et aussi vrai qu'à la trentième représentation.

Son emploi de fond était les soubrettes ; mais des talents aussi supérieurs ont-ils un emploi circonscrit ? À l'exemple de la célèbre Quinault qu'elle a remplacée, elle passait successivement de la femme aimable des *Dehors trompeurs*[27] à la jeune paysanne des *Trois cousines*[28], et de la grande amoureuse du *Legs*[29] à la bonne Martine des *Femmes savantes*[30], ou à la fine soubrette du *Dissipateur*[31]. Aucune nouveauté n'était offerte au public, sans que nos littérateurs dramatiques n'aient, autant que le sujet pouvait le comporter, mis en activité la richesse de sa composition ; et partout c'était en elle ce je ne sais quoi de séduisant qui découle d'un dire vrai, piquant, spirituel, plein d'attrait, et de ce charme qui amuse l'esprit en intéressant le cœur.

Pour donner la nomenclature des rôles dont elle était chargée, il faudrait presque citer le répertoire entier qui l'avait précédée, et la plus grande partie des nouveautés comiques données pendant les trente-trois années de sa présence au théâtre : tels l'étourdie indiscrète de *L'Ambitieux*[32], la nonchalante petite maîtresse des *Mœurs du Temps*[33], la mère vive et entraînante dans *Le Complaisant*[34], *La Fausse Agnès*[35], la vieille Olban dans *Nanine*[36], l'Amour dans *Les Grâces*[37], et tant d'autres de genres si opposés. Le juste penchant de nos auteurs dramatiques était si prononcé en faveur de son talent, ce talent était partout si heureusement employé, que Voltaire lui-même, attiré vers elle par sa supériorité comique et par le souvenir de ses succès dans le rôle d'Hermione[38] dont elle avait joué

27 *Les Dehors trompeurs ou l'Homme du jour*, comédie en 5 actes en vers de Louis de Boissy.
28 *Les Trois cousines*, comédie en 3 actes en prose, de Florent Carton Dancourt.
29 *Le Legs*, comédie en 1 acte en prose de Marivaux.
30 *Les Femmes savantes*, comédie en 5 actes en vers de Molière.
31 *Le Dissipateur*, comédie en 5 actes en vers de Philippe Néricault Destouches.
32 *L'Ambitieux et l'Indiscrète*, comédie en 5 actes en vers de Philippe Néricault Destouches.
33 *Les Mœurs du temps*, comédie en 1 acte en prose de Bernard-Joseph Saurin.
34 *Le Complaisant ou l'Époux par supercherie*, comédie en 5 actes en vers de Pont-de-Vesle.
35 Cf supra.
36 Cf supra.
37 *Les Grâces*, comédie en 1 acte en prose de Germain-François Poullain de Saint-Foix.
38 Personnage d'*Andromaque*, tragédie en 5 actes en vers de Jean Racine.

de suite onze représentations, vint un instant lui arracher le masque de Thalie, pour l'armer de nouveau du poignard de Melpomène, et lui confier le sort de Tullie dans la tragédie de *Brutus*[39], conservée au théâtre par l'admiration due au génie, et par l'enthousiasme des vertus républicaines de son héros.

Quant au caractère de ce talent, plus facile à louer qu'à définir, une anecdote du temps en pourra donner l'idée juste ; je la trouve dans le célèbre Armand, son contemporain, artiste jouant ce que l'on appelait alors les grands valets, et mémorable aussi par sa grande vérité comique. Armand s'était amusé, sans fiel et sans méchanceté, à appliquer à chacun de ses camarades des titres de pièces connues, qui pussent peindre leur personnel. Tel il avait nommé Paulin, acteur jouant les paysans, et d'un naturel sauvage et solitaire, le *Geôlier de soi-même*[40], comédie de Thomas Corneille ; tel encore il avait désigné la belle et tendre Gaussin sous le nom d'une comédie de Marivaux, *La Réunion des amours*[41] ; et tel enfin il n'hésita pas à appliquer à notre inimitable Dangeville le nom d'une comédie de Destouches, intitulée *La Force du naturel*[42]. L'éloge de Dangeville est tout entier dans cette ingénieuse allusion. Ajoutons à l'avantage de ce naturel si pur et si vrai, une timidité modeste tellement rare, que notre ancienne Thalie, jusqu'à sa dernière représentation, en 1763, et pendant le cours de ses trente-trois années de succès, n'a jamais paru sur la scène sans un tremblement insurmontable qui nécessairement lui eût nui, si le public toujours juste, et soutien enthousiaste du vrai beau, n'eût à chaque occasion occupé sa reconnaissance du devoir de vaincre sa timidité en lui prodiguant les applaudissements les plus nombreux, récompense équitable des talents de la veille, et précurseurs certains de ses succès du jour.

Cette intéressante timidité la suivait partout ; et ce fut elle qui, jointe aux réserves d'une éducation très soignée et à une grande douceur de caractère, a pu prêter à la jalousie, toujours maligne, le plaisir perfide de publier qu'elle avait peu de ressources dans l'esprit. Mais, aussi ignorante que persécutrice, la malignité ne pouvait savoir que si le tact du sentiment dont elle était si heureusement pourvue est le bienfait premier

39 *Brutus*, tragédie en 5 actes en vers de Voltaire.

40 *Le Geôlier de soi-même*, comédie en 5 actes en vers de Thomas Corneille.

41 *La Réunion des amours*, comédie héroïque en 1 acte en prose de Marivaux.

42 *La Force du naturel*, comédie en 5 actes en vers de Philippe Néricault Destouches.

de la nature, l'esprit vient ensuite donner la direction à l'ensemble, et que la perfection ne peut naître que du concours de l'âme, identifiée, pour la partie artiste, avec les combinaisons de l'esprit.

Eh ! qui d'ailleurs aurait pu défendre notre vraiment inimitable contre cette calomnie ? Eût-ce été une société peu nombreuse et choisie d'amis estimables, soit hommes de lettres, soit artistes, dont elle était digne et dont elle s'entourait ? sa famille, qu'elle appelait sans cesse auprès d'elle ? Leur justice à son égard aurait été nommée un aveuglement de l'amitié, et, à ce prix, le cœur sensible et naturel de Dangeville consolait facilement son amour-propre de n'avoir à opposer à ce reproche ridicule que des défenseurs suspects. Que l'on juge, au surplus, de son discernement à placer ses bienfaits. Elle a recueilli chez elle, et couvert des égards recherchés de la délicatesse, la petite-fille du grand Baron, que l'infortune avait semblé abandonner à toutes les inquiétudes d'un avenir incertain. Dangeville pourvut à tout ; et la vie de cette intéressante demoiselle, vouée depuis plus de dix-huit ans aux doux soins de la reconnaissance, ne fut plus dès le premier moment tourmentée d'une perspective douteuse, que la plus riche des deux venait enfin de fixer au calme et au bonheur. En bienfaisance comme en talent, un esprit sûr a toujours dirigé son âme.

C'est avec un regret bien sensible que j'éprouve l'impossibilité de rendre plus vivants aux yeux et à l'âme de mes auditeurs les traits qui composaient sa perfection. Là est l'ingratitude de cet art qui ne laisse après lui qu'un nom ! Comment peindre cet usage riche, aimable, spirituel et vrai qu'elle faisait du fonds que l'auteur avait confié à son tact rapide et sûr, à ses grâces, au charme séduisant qu'elle répandait sur tous ses rôles ? enfin cette discrétion du bon goût qui la maintenait dans les justes bornes du sujet, de la situation et du caractère, au-delà desquelles on n'a pas à lui reprocher d'avoir jamais dérobé un seul effet ?

Dans l'impuissance de perpétuer par le secours des sens l'image des talents de Dangeville, c'est à vous, adorateurs des arts, hommes de goût et d'une imagination vive, à chercher (et vous le trouverez) dans celles qui lui ont succédé : ici[43], cette finesse active, cette vivacité de comique, ce saillant de l'art qui la caractérisaient ; là[44], cette grâce aimable qui se

43 Mademoiselle Joly
44 Mademoiselle Devienne

répand sur toutes les idées, sur toutes les formes, et les décore ; plus loin[45], dans une artiste qui sous nos yeux s'élève au niveau de celle dont nous célébrons aujourd'hui la perfection, la profondeur du génie, la fécondité de l'intelligence, et la richesse. De cette composition qui, décorée du plus beau naturel, forme la régularité du dessin et la vérité du coloris.

Pour moi, qui, dans ma jeunesse, placé au parterre, dus à l'inimitable Dangeville l'amour de cette vérité dont j'ai tenté de faire la base de mes premiers essais, mon hommage ici n'est qu'un sentiment de reconnaissance ; c'est à la flamme de son talent que s'est allumée l'étincelle du mien. Préville alors était l'émule de Dangeville ; si ce n'eût pas été d'elle que j'eusse pris la passion du vrai beau, c'eût été de Préville : mais elle est femme et Thalie me pénétra plus encore que ne le faisait Momus.

J'ajoute, en faveur de l'art, une remarque aussi juste qu'utile : c'est que Dangeville avait tellement accoutumé le public à la grande vérité du dire, que cette qualité première du talent était devenue son premier besoin. La vérité dans l'art de la représentation théâtrale était alors le principe de tout jugement ; les journaux, le public assemblé, le public séparé, tout ne retentissait que de ce mot : Vérité ! Tout talent sans vérité, quelle que fût d'ailleurs la portion intelligente de l'artiste, n'était regardé que comme secondaire et factice ; tout jeune sujet, avec de la vérité, laissait des espérances. Tant il est vrai qu'un être parfait en un genre a le triple mérite, d'abord de s'acquitter glorieusement de la dette dont on est comptable envers la société ; ensuite, de tracer la route qu'il est utile de suivre ; et, finalement, de fixer les limites du bon goût, sur lequel seul repose la régénération des vrais talents ; et l'on ignore si ce précepte conservateur des arts, tracé par Boileau, a été donné ou reçu par l'immortelle Dangeville :

Rien n'est beau que le vrai, le vrai seul est aimable

45 Mademoiselle Contat

ANNEXE III

Rôles de Molé

RÔLES CRÉÉS PAR MOLÉ (PAR ORDRE CHRONOLOGIQUE)

1. *Le Jaloux*, comédie en 3 actes d'Antoine Bret, 15 mai 1755, rôle de Dornan ou de Vervile.
2. *L'Écossaise ou Le Café*, comédie en 5 actes de Voltaire, 26 juillet 1760, rôle de Lord Murray.
3. *Tancrède*, tragédie en 5 actes de Voltaire, 3 septembre 1760, rôle de Lorédan.
4. *Caliste*, tragédie en 5 actes de Colardeau, 12 novembre 1760, rôle de Lothario.
5. *Les Mœurs du temps*, comédie en 1 acte de Saurin, 22 décembre 1760, rôle de Dorante.
6. *Le Père de famille*, comédie en 5 actes de Diderot, 18 février 1761, rôle de Saint-Albin.
7. *Les Fausses apparences*, comédie en 1 acte de Bellecour, 17 août 1761, rôle inconnu.
8. *L'Écueil du sage*, comédie en 5 actes de Voltaire, 20 janvier 1762, rôle de Germance.
9. *Zarucma*, tragédie en 5 actes de Cordier de Saint-Firmin, 17 mars 1762, rôle de Ziameck.
10. *Zelmire*, tragédie en 5 actes de Buirette de Belloy, 6 mai 1762, rôle d'Ilus.
11. *Les Méprises ou Le Rival par ressemblance*, comédie en 5 actes de Palissot de Montenoy, 7 juin 1762, rôle inconnu.
12. *Le Caprice ou L'Épreuve réciproque*, comédie en 3 actes de Renou, 28 juin 1762, rôle inconnu.

13. *Irène*, tragédie en 5 actes de Boistel d'Welles, 6 novembre 1762, rôle de Constantin.
14. *Heureusement*, comédie en 1 acte de Rochon de Chabannes, 29 novembre 1762, rôle de Lindor.
15. *Dupuis et Desronais*, comédie de Collé, 17 janvier 1763, rôle de Desronais.
16. *Théagène*, tragédie en 5 actes de Dorat, 2 mars 1763, rôle inconnu.
17. *Le Bienfait rendu ou Le Négociant*, comédie en 5 actes de Dampierre de La Salle, 18 avril 1763.
18. *La Mort de Socrate*, tragédie en 3 actes de Billardon de Sauvigny, 9 mai 1763.
19. *La Manie des arts*, comédie en 1 acte de Rochon de Chabannes, 1er juin 1763, rôle du marquis.
20. *Manco Capac, Premier Inca du Pérou*, tragédie en 5 actes de Leblanc de Guillet, 13 juin 1763.
21. *L'Anglais à Bordeaux*, comédie avec divertissement de Favart, 14 mars 1763, rôle de Darmant. Reprise, 21 octobre 1773, rôle de Lord Bramton.
22. *La Présomption à la mode*, comédie de Cailhava de l'Estandoux, 1er août 1763[1].
23. *Blanche et Guiscard*, tragédie en 5 actes de Saurin, 26 septembre 1763, rôle d'Osmond.
24. *Le Comte de Warwick*, tragédie en 5 actes de La Harpe, 7 novembre 1763, rôle d'Édouard, rôle de Warwick.
25. *L'Amateur*, comédie en 1 acte de Barthe, 3 mars 1764, rôle de Valère.
26. *L'Épreuve indiscrète*, comédie en 2 actes de Bret, 30 janvier 1764, rôle d'Ergaste.
27. *La Jeune indienne*, comédie en 1 acte de Chamfort, 30 avril 1764, rôle de Belton.
28. *Le Jeune homme*, comédie anonyme (Bastide), 17 mai 1764, rôle du jeune homme[2].
29. *Cromwell*, tragédie de Du Clairon, 7 juin 1764, rôle de Richard fils de Cromwell.
30. *Le Triumvirat*, tragédie en 5 actes de Voltaire, 5 juillet 1764, rôle inconnu.
31. *Le Cercle, ou La Soirée à la mode*, comédie en 1 acte de Poinsinet, 7 septembre 1764, rôle du marquis-colonel.

---

1 Une seule représentation.

2 Pièce interrompue.

32. *L'Homme singulier*, comédie en 5 actes de Destouches, 29 octobre 1764, rôle du comte de Sanspair.
33. *Le Siège de Calais*, tragédie en 5 actes de Buirette de Belloy, 13 février 1765, rôle de Godefroy de Harcourt.
34. *Pharamond*, tragédie en 5 actes de La Harpe, 14 août 1765, rôle inconnu.
35. *Le Tuteur dupé*, comédie en 5 actes de Cailhava de l'Estandoux, 30 septembre 1765, rôle de Damis.
36. *L'Anglomane ou L'Orpheline léguée*, comédie en 1 acte de Saurin, 6 novembre 1765, rôle de Damis
37. *Le Philosophe sans le savoir*, comédie en 5 actes de Sedaine, 2 décembre 1765, rôle de Vanderk fils.
38. *La Bergère des Alpes*, comédie en 1 acte de Desfontaines de La Vallée, 15 décembre 1765, rôle de Fonrose.
39. *Gustave*, tragédie en 5 actes de La Harpe, 3 mars 1766[3].
40. *Artaxerce*, tragédie en 5 actes de Lemierre, 20 août 1766, rôle d'Artaxerce, rôle d'Arbace lors de la reprise.
41. *Les Scythes*, tragédie en 5 actes de Voltaire, 26 mars 1767, rôle d'Indatire.
42. *Hirza ou Les Illinois*, tragédie en 5 actes de Sauvigny, 27 mai 1767, rôle de Montréal fils.
43. *Cosroès*, tragédie en 5 actes de Le Fèvre, 26 août 1767, rôle de Mirzanès.
44. *Les Deux sœurs*, comédie en 2 actes de Bret, 20 novembre 176, rôle de Melcour[4].
45. *Amélise*, tragédie en 5 actes de Ducis, 9 janvier 1768, rôle de Gélanor.
46. *Les Fausses infidélités*, comédie en 1 acte de Barthe, 25 janvier 1768, rôle de Dormilly.
47. *Les Valets maîtres de la maison*, comédie en 1 acte de Rochon de Chabannes, 11 février 1768, rôle de Vermeuil.
48. *Beverley*, tragédie bourgeoise en 5 actes de Saurin, 7 mai 1768, rôle de Beverley.
49. *Les Deux frères ou La Prévention vaincue*, comédie en 5 actes de Moissy, 27 juillet 1768, rôle du chevalier[5].
50. *Laurette*, comédie en 2 actes de Dudoyer de Gastels, 14 septembre 1768, rôle du comte de Luzy.

---

3 Une seule représentation.
4 Échcc.
5 Une seule représentation.

51. *Hylas et Sylvie*, pastorale en 1 acte de Rochon de Chabannes, 10 décembre 1768, rôle de Hylas.
52. *L'Orphelin anglais ou le Menuisier de Londres*, drame en 3 actes de Longueil, 26 janvier 1769, rôle de Thomas Spencer.
53. *Le Mariage interrompu*, comédie en 3 actes de Cailhava de l'Estandoux, 10 avril 1769, rôle de Damis.
54. *Julie ou le Bon père*, comédie en 3 actes de Vivant Denon, 14 juin 1769, rôle de Damis.
55. *Hamlet*, tragédie en 5 actes de Ducis, 30 septembre 1769, rôle de Hamlet.
56. *Les Deux amis ou Le Négociant de Lyon*, drame en 5 actes de Beaumarchais, 13 janvier 1770, rôle de Mélac fils.
57. *Le Marchand de Smyrne*, comédie en acte de Chamfort, 26 janvier 1770, rôle de Hassan.
58. *La Veuve du Malabar*, tragédie en 5 actes de Lemierre, 30 juillet 1770, rôle du général français (Montalban).
59. *Florinde*, tragédie en 5 actes de Lefèvre, 10 novembre 1770, rôle de Rodéric.
60. *Le Fabricant de Londres*, drame en 5 actes de Fenouillot de Falbaire, 12 janvier 1771, rôle de Wilson.
61. *Le Persifleur*, comédie en 3 actes de Sauvigny, 8 février 1771, rôle du comte de Vilsin.
62. *L'Heureuse rencontre*, comédie de Mmes Chaumont et Rozet, 7 mars 1771, rôle de Valentin Raymond.
63. *Gaston et Bayard*, tragédie en 5 actes de Buirette de Belloy, 24 avril 1771, rôle de Gaston de Foix, duc de Nemours.
64. *Les Amants sans le savoir*, comédie en 3 actes de Mme de Saint-Chamond, 6 juillet 1771, rôle du marquis de Sainville.
65. *Le Fils naturel*, comédie en 5 actes de Diderot, 26 septembre 1771, rôle de Dorval.
66. *Le Bourru bienfaisant*, comédie en 3 actes de Goldoni, rôle de Dalancour, 4 novembre 1771, rôle de Géronte à la reprise.
67. *La Mère jalouse*, comédie en 3 actes de Barthe, 23 décembre 1771, rôle de M. de Terville.
68. *Les Druides*, tragédie en 5 actes de Leblanc, 7 mars 1772, rôle de Clodomir.
69. *Pierre le Cruel*, tragédie en 5 actes de Buirette de Belloy, 20 mai 1772, rôle de Pierre.

70. *Roméo et Juliette*, tragédie en 5 actes de Ducis, 27 juillet 1772, rôle de Roméo.
71. *Les Chérusques*, tragédie en 5 actes de Boivin, 26 septembre 1772, rôle d'Arminius.
72. *L'Anglomane*, comédie en 1 acte de Saurin, 23 novembre 1772, rôle de Damis.
73. *L'Amour à Tempé*, pastorale érotique en 2 actes de Mme de Chaumont, 3 juillet 1773, rôle de Hiacinthe[6].
74. *L'Assemblée* de Lebeau de Schosne, 17 février 1773, rôle de Molé.
75. *La Centenaire de Molière*, comédie en 1 acte d'Artaud, 18 février 1773, rôle de Lélie.
76. *Alcidonis ou La Journée lacédémonienne*, pièce en 3 actes en prose de Lonvay de la Saussaye, 13 mars 1773, rôle d'Alcidonis.
77. *Térée et Philomèle*, tragédie en 5 actes de Renou, 3 juin 1773, rôle d'Iphidaurus.
78. *Regulus*, tragédie en 5 actes de Dorat, 31 juillet 1773, rôle de Licinius.
79. *La Feinte par amour*, comédie en 1 acte de Dorat, 31 juillet 1773, rôle de Damis.
80. *Orphanis*, tragédie en 5 actes de Blin de Sainmore, 25 septembre 1773, rôle d'Arcès.
81. *Sophonisbe*, tragédie en 5 actes de Voltaire, d'après Mairet, 15 janvier 1774, rôle de Scipion.
82. *Le Vindicatif*, drame en 5 actes de Dudoyer de Gastels, 2 juillet 1774, rôle de Sir James.
83. *Adélaïde de Hongrie*, tragédie en 5 actes de Dorat, 13 août 1774, rôle de Pépin roi de France.
84. *Les Amants généreux*, comédie en 5 actes de Rochon de Chabannes, 13 octobre 1774, rôle de Telcim.
85. *La Partie de chasse de Henri IV*, comédie en 3 actes de Collé, 16 novembre 1774, rôle de Richard[7].
86. *Le Gâteau des rois*, comédie en 1 acte d'Imbert, 6 janvier 1775, Molé joue dans le prologue.
87. *Albert 1er*, comédie héroïque en 3 actes de Leblanc de Guillet, 4 février 1775, rôle d'Albert 1er.

6 Représentation inachevée.

7 Entrée officielle au répertoire de la Comédie-Française, mais jouée dans la même distribution depuis plusieurs années.

88. *Les Arsacides*, tragédie en 6 actes de Peyraud de Beaussol, 26 juillet 1775, rôle de Thermodate[8].
89. *Le Mariage clandestin*, comédie en 3 actes et en vers de Le Monnier, 12 août 1775, rôle de Sir Lovervel.
90. *Le Célibataire*, comédie en 5 actes en vers de Dorat, 20 septembre 1775, rôle de Terville.
91. *Abdolonyme ou le Roi berger*, pièce en 3 actes de Collet de Messine, 6 mars 1776, rôle d'Aminte.
92. *L'École des mœurs*, drame en 5 actes de Fenouillot de Falbaire, 13 mai 1776, rôle de Sir James.
93. *Coriolan*, tragédie en 4 actes de Gudin de La Brenellerie, 14 août 1776, rôle de Coriolan.
94. *Zuma*, tragédie en 5 actes de M. Le Febvre, Fontainebleau 10 octobre 1776, Paris 22 janvier 1777, rôle de Zéliscar.
95. *Le Malheureux imaginaire*, comédie en 5 actes en vers de Dorat, Fontainebleau, le 22 octobre 1776, Paris, 7 décembre 1776, rôle du duc de Nemours.
96. *Mustapha et Zéangir*, tragédie en 5 actes de Chamfort, Fontainebleau 30 octobre 1776, Paris 15 décembre 1777, rôle de Zéangir.
97. *Le Veuvage trompeur ou les Deux cousines*, comédie en 3 actes en vers de M. de La Place, Fontainebleau, 4 novembre 1776, Paris, 7 mai 1777, rôle de Monrose.
98. *Gabrielle de Vergy*, tragédie en 5 actes de Buirette de Belloy, Versailles, 31 décembre 1776, Paris, 12 juillet 1777, rôle de Raoul de Coucy.
99. *L'Égoïsme*, comédie en 5 actes de Cailhava de l'Estandoux, 21 juin 1777[9], rôle de Philémon.
100. *L'Amant bourru*, comédie en 3 actes en vers libres de Monvel, 13 août 1777, rôle de Charles Morinzer
101. *Les Soubrettes ou L'Inconséquent*, comédie en 5 actes en prose de Laujon, 24 septembre 1777, rôle de Dorcet.
102. *L'Homme personnel*, comédie en 5 actes de Barthe, 21 février 1778, rôle de Soligny.
103. *Irène*, tragédie en 5 actes de Voltaire, 24 mars 1778, rôle d'Alexis Comnène.

---

8 Arrêtée à la seconde représentation.

9 Créée à Versailles.

104. *Les Barmécides*, tragédie en 5 actes de La Harpe, 11 juillet 1778, rôle d'Amorassan.
105. *L'Impatient*, comédie en 1 acte de Lantier, 3 septembre 1778, rôle de Damon.
106. *Le Chevalier français à Londres*, comédie en 3 actes de Dorat, 21 novembre 1778, rôle du chevalier.
107. *Le Chevalier français à Turin*, comédie en 4 actes de Dorat, 21 novembre 1778, rôle du chevalier.
108. *L'Amour français*, comédie en 1 acte de Rochon de Chabannes, 17 avril 1779, rôle de Damis.
109. *Les Muses rivales*, comédie en 1 acte, de La Harpe, 1er février 1779, rôle d'Apollon.
110. *Le Droit du seigneur*, comédie en 3 actes de Voltaire, 12 juin 1779, rôle du marquis du Carrage.
111. *Laurette*, comédie en 3 actes de d'Oisemont d'après Marmontel, 2 août 1779, rôle du comte de Luzy.
112. *Roséide*, comédie en 5 actes de Dorat, 2 octobre 1779, rôle de Verville.
113. *Pierre le Grand*, tragédie en 5 actes de Dorat, 1er décembre 1779, rôle de Menzikoff.
114. *Agathocle*, tragédie en 5 actes de Voltaire, 31 mai 1779, rôle d'Argide.
115. *Adélaïde ou L'Antipathie par amour*, comédie en 2 actes de Dudoyer de Gastels, 10 juillet 1780, rôle de Farville.
116. *Les Héros français ou L'Héroïsme français ou Le Siège de Saint Jean de Laone*, drame héroïque en 4 actes de Louis d'Ussieux, 21 août 1780, rôle de Trémont.
117. *Le Bon ami*, comédie en 1 acte de Legrand, 4 novembre 1780, rôle de Lisimon.
118. *La Réduction de Paris*, pièce héroïque en 3 actes de Desfontaines de La Vallée, 25 novembre 1780, rôle de Henri IV.
119. *Clémentine et Desormes*, drame en 5 actes de Monvel, 14 décembre 1780, rôle de Desormes.
120. *Le Jaloux sans amour*, comédie en 5 actes d'Imbert, 8 janvier 1781, rôle du chevalier d'Elcourt.
121. *Richard III*, tragédie en 5 actes de Durosoy, 6 juillet 1781, rôle de Richemont.
122. *Le Quiproquo*, comédie en 1 acte de Molé, 26 septembre1781, rôle du marquis d'Orval.

123. *La Discipline militaire du Nord*, drame en 5 actes de Friedel, 12 novembre 1781, rôle du comte de Valton.
124. *Le Rendez-vous du mari*, comédie en 1 acte d'André de Murville, 1er décembre 1781, rôle du comte.
125. *Le Flatteur*, comédie en 3 actes de Lantier, 15 février 1782, rôle de Dolci
126. *Henriette*, drame en 3 actes de Mlle Raucourt, 1er mars 1782, rôle du colonel de Stelheim.
127. *L'Inauguration du Théâtre-Français*, d'Imbert, 24 avril 1782, rôle d'Apollon.
128. *Le Satirique ou L'Homme dangereux*, comédie en 3 actes de Palissot, 10 mai 1782, rôle de Valère.
129. *L'Écueil des mœurs ou Les Courtisanes*, comédie en 3 actes de Palissot, 26 juillet 1782, rôle de Sophanès.
130. *Tibère et Sérénus* tragédie en 5 actes de Fallet, 3 août 1782, rôle de Vibius.
131. *Les Amants espagnols*, comédie en 5 actes de Beaugeard, 23 octobre 1782, rôle de Firmin.
132. *Les Rivaux amis*, comédie en 1 acte de Forgeot, 13 novembre 1782, rôle de Melcour.
133. *Le Vieux garçon*, comédie en 5 actes de Dubuisson, 16 décembre 1782, rôle de Sainfar.
134. *Le Roi Lear*, tragédie en 5 actes de Ducis, 20 janvier 1783, rôle d'Edgard.
135. *Les Aveux difficiles*, comédie en 1 acte de Vigée, 24 février 1783, rôle de Cléante.
136. *Le Déjeuner interrompu*, comédie en 2 actes de Mme de Montanclos, 17 mars 1783, rôle de Damis.
137. *Le Bienfait anonyme*, comédie en 3 actes de Pilhes, 6 octobre 1783, rôle de M. de Saintestieu.
138. *Le Séducteur*, comédie en 5 actes du marquis de Bièvre, 8 novembre 1783, rôle du marquis
139. *Les Brames*, tragédie en 5 actes de La Harpe, 15 décembre 1783, rôle d'Akébar.
140. *Le Jaloux*, comédie en 5 actes de Rochon de Chabannes, 11 mars 1784, rôle du chevalier.

141. *La Folle journée ou Le Mariage de Figaro*, comédie en 5 actes de Beaumarchais, 27 avril 1784, rôle d'Almaviva.
142. *Corneille aux Champs-Élysées*, comédie en 1 acte de Riouffe, 4 octobre 1784, rôle de Voltaire.
143. *La Fausse coquette*, comédie en 3 actes de Vigée, 6 novembre 1784, rôle de Florval.
144. *L'Avare cru bienfaisant*, comédie en 5 actes de Brousse-Desfaucherets, 15 décembre 1784, rôle de Flavicourt.
145. *Abdir*, drame en 4 actes de Billardon de Sauvigny, 26 janvier 1785, rôle d'Abdir.
146. *Les Épreuves*, comédie en 1 acte de Forgeot, 29 janvier 1785, rôle de Damis.
147. *Les Deux frères*, comédie en 5 actes de Dubois de Rochefort, 12 avril 1785, rôle du marquis d'Ormont.
148. *La Comtesse de Chazelle*, comédie en 5 actes de Mme de Montesson, 6 mai 1785, rôle du comte de Surville.
149. *L'Épreuve délicate*, comédie en 3 actes de Grouvelle, 20 juin 1785, rôle du marquis d'Armance.
150. *Melcour et Verseuil*, comédie en 1 acte d'André de Murville, 8 août 1785, rôle de Melcour.
151. *L'Oncle et les tantes*, comédie en 3 actes du marquis de La Salle, 25 novembre 1785, rôle de Florville.
152. *Les Coquettes rivales*, comédie en 5 actes de Lantier, 6 février 1786, rôle du marquis de Champfleur.
153. *Le Mariage secret*, comédie en 3 actes de Brousse-Desfaucherets, 10 mars 1786, rôle de Merval.
154. *Le Chevalier sans peur et sans reproche ou Les Amours de Bayard*, comédie héroïque en 4 actes de Monvel, 24 août 1786, rôle de Bayard.
155. *Le Portrait*, comédie en 1 acte de Brousse-Desfaucherets, 13 mai 1786, rôle de M. de Merseil.
156. *L'Inconstant*, comédie en 5 actes de Collin d'Harleville, 25 novembre 1786, rôle de Florimond.
157. *Rosaline et Floricourt*, comédie en 2 actes du vicomte de Ségur, 17 novembre 1787, rôle de Floricour.
158. *Les Réputations*, comédie en 5 actes du marquis de Bièvre, 23 janvier 1788, rôle du marquis.

159. *L'Optimiste ou L'Homme content de tout*, comédie en 5 actes de Collin d'Harleville, 22 février 1788, rôle de Plinville.
160. *L'Inconséquent*, comédie en 5 actes de Lantier, 31 mai 1788, rôle de Saint-Léger.
161. *La Jeune épouse*, comédie en 3 actes de Cubières, 4 juillet 1788, rôle de Terval.
162. *Le Faux noble*, comédie en 5 actes de Chabanon, 15 novembre 1788, rôle du comte.
163. *L'Entrevue*, comédie en 1 acte de Vigéemont, 6 décembre 1788, rôle de M. de Val.
164. *Le Présomptueux ou L'Heureux imaginaire*, comédie en 5 actes de Fabre d'Églantine, 7 janvier 1789, rôle de Valère.
165. *Les Châteaux en Espagne*, comédie en 5 actes de Collin d'Harleville, 20 février 1789, rôle de Dorlange.
166. *La Fausse apparence ou Le Jaloux malgré lui*, comédie en 3 actes d'Imbert, 24 avril 1789, rôle du marquis d'Herfleur.
167. *L'Esclavage des nègres*, drame en 3 actes d'Olympe de Gouges, 28 décembre 1789, rôle de M. de Saint-Frémont.
168. *L'Honnête criminel*, drame en 5 actes de Fenouillot de Falbaire, 4 janvier 1790, rôle de d'Olban.
169. *Le Philinte de Molière ou La Suite du Misanthrope*, comédie en 5 actes de Fabre d'Églantine, 22 février 1790, rôle d'Alceste.
170. *Le Journaliste des ombres*, pièce héroïque nationale en 1 acte d'Aude, 14 juillet 1790, rôle de Voltaire.
171. *Washington ou La Liberté du Nouveau monde*, tragédie en 4 actes de Sauvigny, 13 juillet 1791, rôle de Washington.
172. *Le Retour du mari*, comédie en 1 acte de Ségur, 25 janvier 1792, rôle du baron.
173. *Jean-Jacques Rousseau dans l'île Saint-Pierre*, de Mme de Genlis, 15 décembre 1791, rôle de Jean-Jacques Rousseau.
174. *Le Vieux célibataire*, comédie en 5 actes de Collin d'Harleville, 24 février 1792, rôle de Dubriage.
175. *Le Faux insouciant*, comédie en 5 actes de Maisonneuve, 5 juillet 1792, rôle de Dorville.
176. *Paméla*, comédie en 5 actes de François de Neufchâteau, 1er août 1793, rôle d'Andrews.

177. *L'Avare cru bienfaisant*, comédie en 5 actes de Brousse-Desfaucherets, 15 décembre 1784, rôle de Flavicourt.
178. *L'Aimable vieillard*, comédie de Favières et Creuzé de Lesser, 25 février 1801, rôle de Limeuil.
179. *Le Confident par hasard*, comédie en 1 acte de Faure, 6 août 1801, rôle de Blainville[10].

RÔLES HORS RÉPERTOIRE *STRICTO SENSU*

1. *Pigmalion*, ballet pantomime composé par Feulie, 25 juin 1773, représentée chez le Grand Dauphin, rôle de Céphise, amoureuse de Pigmalion.
2. *La Folie du jour, L'Hymen, l'amour et le plaisir*, fable allégorique insérée dans *Le Médecin par occasion*, comédie de Boissy représentée à Fontainebleau, devant Sa Majesté le 1er octobre 1773, rôle de Léandre.
3. *Le Connétable de Bourbon*, tragédie du chevalier Guibert, représentée à Versailles, 26 août 1775, rôle de Stuard d'Aubigny.
4. *Menzikoff*, tragédie de La Harpe, représentée à Fontainebleau, 10 novembre 1775, rôle d'Alexan.
5. *La Lecture interrompue ou Le Dramomane*, comédie en 1 acte et en vers du chevalier de Cubières, Fontainebleau 24 octobre 1776, rôle de Sainfort.
6. *Prologue* récité devant Monsieur et Madame, le mercredi 4 juillet 1776, pour l'ouverture de leur théâtre à Brunoy, où l'on a joué *Deucalion et Pyrrha, Heureusement*, et *l'Amant auteur et valet.*
7. *Amour pour amour*, parodie de *Zémir et Azor*, de Laujon, représentée à Versailles, 10 mars 1777, jouée avec Mlle Doligny.
8. *Aeiou*, tragédie burlesque de Monvel, représentée à Choisy, 6 octobre 1777, rôle de Aeiou, fille de Tirlipon et de Pataqu'est-ce.
9. *Les Catilinas modernes ou La Mort de Marat*, de Jean-Jacques Ferru fils, 6 février 1794, représentée au Théâtre Montansier, rôle de Marat.
10. *Le Tolérant*, comédie de Demoustier, 23 avril 1795, représentée au Théâtre Feydeau, rôle de Dorimon.

---

10 181 rôles en tout.

11. *Falkland*, drame en 5 actes de Jean-Louis Laya, 30 mai 1798, représentée au Théâtre Feydeau, rôle de Falkland.
12. *Michel de Montaigne*, pièce de Guy, 12 novembre 1798, représentée au Théâtre de la République, rôle de Montaigne.

Molé a interprété au Théâtre Feydeau un certain nombre de rôles pas toujours identifiables, notamment dans les pièces de Marivaux qui ne sont pas encore inscrites au répertoire de la Comédie-Française.

1. *Les Trois sultanes*, comédie de Charles-Simon Favart, rôle de Soliman[11].

RÔLES DU RÉPERTOIRE JOUÉS PAR MOLÉ

1. *Adélaïde Du Guesclin*, tragédie en 5 actes de Voltaire, rôle de Nemours.
2. *Alzire*, tragédie en 5 actes de Voltaire, rôle de Gusman, rôle de Zamore.
3. *L'Amant auteur et valet*, comédie en 1 acte de Cérou, rôle d'Éraste.
4. *L'Ambitieux et l'indiscrète*, tragi-comédie en 5 actes de Destouches, rôle du roi de Castille, rôle de Dom Philippe.
5. *L'Amour diable*, comédie en 1 acte de Le Grand, rôle de Léandre.
6. *Amphitryon*, comédie en 3 actes de Molière, rôle de Jupiter.
7. *L'Andrienne*, comédie en 5 actes de Baron, rôle de Pamphile.
8. *Andromaque*, tragédie en 5 actes de Racine, rôle de Pyrrhus.
9. *Andronic*, tragédie en 5 actes de Campistron, rôle d'Andronic.
10. *Ariane*, tragédie en 5 actes de Thomas Corneille, rôle de Thésée, tôle de Pirithous.
11. *Athalie*, tragédie en 5 actes de Racine, rôle d'Azarias.
12. *L'Avare*, comédie en 5 actes de Molière, rôle de Cléante.
13. *Le Babillard*, comédie en 1 acte de Boissy, rôle de Léandre
14. *Bajazet*, tragédie en 5 actes de Racine, rôle de Bajazet.
15. *Le Barbier de Séville*, comédie en 4 actes de Beaumarchais, rôle d'Almaviva (1780)
16. *Le Baron d'Albikrac*, comédie en 5 actes de Thomas Corneille, rôle d'Oronte.

11 Auxquels s'ajoutent quatorze rôles hors répertoire.

17. *Bérénice*, tragédie en 5 actes de Racine, rôle de Titus.
18. *Le Bourgeois gentilhomme*, comédie-ballet en 3 actes de Molière, rôle de Cléonte.
19. *Les Bourgeoises à la mode*, comédie en 5 actes de Dancourt, rôle du chevalier.
20. *Les Bourgeoises de qualité, ou La Fête de village*, comédie en 5 actes de Dancourt, rôle du comte.
21. *Britannicus*, tragédie en 5 actes de Racine, rôle de Britannicus.
22. *Brutus*, tragédie en 5 actes de Voltaire, rôle de Titus.
23. *Le Cid*, tragédie en 5 actes de Pierre Corneille, rôle de Rodrigue.
24. *Cinna*, tragédie en 5 actes de Pierre Corneille, rôle de Maxime.
25. —, rôle de Cinna
26. —, rôle d'Auguste
27. *Le Cocu imaginaire*, comédie en 1 acte de Molière, rôle de Lélie.
28. *La Colonie*, comédie en 3 actes de Saint-Foix, rôle de Valère.
29. *Le Complaisant*, comédie en 5 actes de Pont-de-Vesle, rôle de Damis.
30. *Le Comte d'Essex*, tragédie en 5 actes de Thomas Corneille, rôle inconnu.
31. *La Comtesse d'Orgueil*, comédie en 5 actes de Thomas Corneille, rôle inconnu.
32. *La Coquette corrigée*, comédie en 5 actes de Lanoue, rôle de Dorante.
33. *Crispin médecin*, comédie en 3 actes de Hauteroche, rôle de Géralde.
34. *Crispin précepteur*, comédie en 1 acte de La Tuillerie, rôle de Géraste.
35. *Crispin rival de son maître*, comédie en 1 acte de Lesage, rôle de Valère.
36. *Le Curieux impertinent*, comédie en 5 actes de Destouches, rôle inconnu.
37. *Les Dehors trompeurs*, comédie en 5 actes de Boissy, rôle du Baron.
38. *Le Dépit amoureux*, comédie en 5 actes, puis réduite en 2 actes de Molière, rôle de Valère.
39. *Deucalion et Pyrrha*, comédie en 1 acte de Saint-Foix, rôle de Deucalion.
40. *Le Deuil*, comédie en 1 acte de Hauteroche, rôle de Timante.
41. *Didon*, tragédie de Lefranc de Pompignan, rôle d'Énée.
42. *Le Dissipateur*, comédie en 5 actes de Destouches, rôle du marquis.
43. *Le Distrait*, comédie en 5 actes de Regnard, rôle du chevalier.
44. *Don Japhet d'Arménie*, comédie de Scarron, rôle d'un abbé dans la cavalcade.

45. *Don Pasquin d'Avalos*, comédie en 1 acte de Montfleury, rôle de Don Lope.
46. *La Double extravagance*, comédie en 3 actes de Bret, rôle de Léandre fils.
47. *Le Double veuvage*, comédie en 3 actes de Dufresny, rôle de Dorante.
48. *L'École amoureuse*, comédie en 1 acte de Bret, rôle de Cléon.
49. *L'École des amis*, comédie en 5 actes de Nivelle de La Chaussée, rôle de Dormane.
50. *L'École des femmes*, comédie en 5 actes de Molière, rôle d'Horace.
51. *L'École des maris*, comédie en 3 actes de Molière, rôle de Valère.
52. *L'École des mères*, comédie en 5 actes de Nivelle de La Chaussée, rôle de Doligny fils.
53. *L'École des pères*, comédie en 5 actes de Pieyre, rôle de Courval.
54. *Électre*, tragédie en 5 actes de Crébillon père, rôle d'Oreste, rôle d'Itys.
55. *L'Enfant prodigue*, comédie en 5 actes de Voltaire, rôle d'Euphémon fils
56. *L'Époux par supercherie*, comédie en 2 actes de Boissy, rôle de Belfort.
57. *L'Épreuve réciproque*, comédie en 1 acte de Legrand, rôle de Valère.
58. *Ésope à la cour*, comédie héroïque en 5 actes de Boursault, rôle de Cléon.
59. *L'Esprit de contradiction*, comédie en 3 actes de Dufresny, rôle de Valère.
60. *L'Été des coquettes*, comédie en 1 acte de Dancourt, rôle de Clitandre.
61. *L'Étourderie*, comédie en 1 acte de Fagan, rôle de Mondor.
62. *L'Étourdi ou Les Contretemps*, comédie en 5 actes de Molière, rôle de Lélie.
63. *Eugénie*, drame en 5 actes de Beaumarchais, rôle de Clarendon.
64. *La Famille extravagante*, comédie en 1 acte de Legrand, rôle de Cléon.
65. *Le Fat puni*, comédie en 1 acte de Pont-de-Vesle, rôle du marquis.
66. *La Fausse Agnès*, comédie en 3 actes de Destouches, rôle de Léandre.
67. *Les Femmes savantes*, comédie en 5 actes de Molière, rôle de Clitandre.
68. *Le Festin de pierre*, comédie en 5 actes de Thomas Corneille, rôle de Don Juan.
69. *Les Folies amoureuses*, comédie en 3 actes de Regnard, rôle d'Éraste.
70. *Les Fourberies de Scapin*, comédie en 3 actes de Molière, rôle de Léandre.
71. *Le Français à Londres*, comédie en 1 acte de Louis de Boissy, rôle du Français.
72. *La Gageure imprévue*, comédie en 1 acte de Sedaine, rôle de Détieulette.

73. *Le Galant coureur*, comédie en 1 acte de Legrand, rôle inconnu.
74. *Le Glorieux*, comédie en 5 actes de Destouches, rôle de Dorante, rôle de Tuffière.
75. *La Gouvernante*, comédie en 5 actes de Nivelle de La Chaussée, rôle de Sainville.
76. *Gustave Wasa*, tragédie en 5 actes d'Alexis Piron, rôle de Frédéric.
77. *Héraclius*, tragédie en 5 actes de Pierre Corneille, rôle de Martian, rôle d'Héraclius.
78. *L'Homme à bonnes fortunes*, comédie en 5 actes de Baron, rôle de Moncade.
79. *Horace*, tragédie en 5 actes de Pierre Corneille, rôle de Curiace.
80. *Hypermnestre*, tragédie en 5 actes de Lemierre, rôle de Lyncée.
81. *Inès de Castro*, tragédie en 5 actes de Houdar de La Motte, rôle de Don Pèdre.
82. *L'Impertinent*, comédie en 1 actes de Desmahis, rôle de Damis.
83. *L'Important de cour*, comédie en 5 actes de Brueys et Palaprat, rôle de Dorante.
84. *L'Impromptu de campagne*, comédie en 1 acte de Philippe Poisson, peut-être le rôle de Damis.
85. *Iphigénie en Aulide*, tragédie en 5 actes de Racine, rôle d'Achille.
86. *Iphigénie en Tauride*, tragédie en 5 actes de Guymond de la Touche, rôle de Pylade.
87. *L'Irrésolu*, comédie en 5 actes de Destouches, rôle du chevalier (Dorante).
88. *L'Isle déserte*, comédie en 1 acte de Collet de Messine, rôle de Ferdinand.
89. *Le Jaloux désabusé*, comédie en 5 actes de Campistron, rôle d'Éraste.
90. *Le Jaloux honteux de l'être*, comédie en 5 actes de Dufresny, mis en 3 actes par Collé, rôle de Damis.
91. *Jodelet ou Le Maître valet*, comédie en 5 actes de Scarron, rôle de Don Louis.
92. *Le Joueur*, comédie en 5 actes de Regnard, rôle de Galonier.
93. *Le Légataire universel*, comédie en 5 actes de Regnard, rôle d'Éraste.
94. *Le Legs*, comédie en 1 acte de Marivaux, rôle du marquis.
95. *La Magie de l'amour*, comédie pastorale en 1 acte d'Autreau, rôle inconnu.
96. *Mahomet*, tragédie en 5 actes de Voltaire, rôle de Séïde.

97. *La Maison de campagne*, comédie en 1 acte de Dancourt, rôle d'un cousin.
98. *Le Malade imaginaire*, avec ses agréments, comédie-ballet en 5 actes de Molière, cérémonie.
99. *Manlius Capitolinus*, tragédie en 5 actes de La Fosse d'Aubigny, rôle de Servilius.
100. *Le Mariage fait et rompu*, comédie en 3 actes de Dufresny, rôle du faux Damis.
101. *Le Méchant*, comédie en 5 actes de Gresset, rôle de Valère, rôle de Cléon.
102. *Le Médecin malgré lui*, comédie en 3 actes de Molière, rôle de Léandre.
103. *Le Médisant*, comédie en 5 actes de Destouches, rôle de Léandre, rôle de Damon.
104. *Mélanide*, drame en 5 actes de Nivelle de La Chaussée, rôle de Darviane.
105. *Mélanie, ou La Religieuse*, tragédie en 5 actes de La Harpe, rôle du curé.
106. *Les Ménechmes*, comédie en 5 actes de Regnard, rôle du chevalier Ménechme.
107. *Le Menteur*, comédie en 5 actes de Pierre Corneille, rôle d'Alcippe, rôle de Dorante.
108. *Le Mercure galant*, comédie en 5 actes de Boursault, rôle d'Oronte.
109. *La Mère coquette ou Les Amants brouillés*, comédie en 5 actes de Philippe Quinault, rôle d'Acante.
110. *La Mère coupable*, drame en 5 actes de Beaumarchais, rôle d'Almaviva.
111. *Mérope*, tragédie en 5 actes de Voltaire, rôle d'Égisthe.
112. *La Métromanie*, comédie en 5 actes de Piron, rôle de Dorante.
113. *Le Misanthrope*, comédie en 5 actes de Molière, rôle d'Acaste, rôle d'Alceste.
114. *Mithridate*, tragédie en 5 actes de Racine, rôle de Pharnace, rôle de Xipharès.
115. *Monsieur de Pourceaugnac*, comédie-ballet de Molière, rôle d'Éraste.
116. *La Mort de Pompée*, tragédie en 5 actes de Corneille, rôle de Ptolomée.
117. *Le Moulin de Javelle*, comédie en 1 acte de Dancourt, rôle de Dorante.
118. *Le Muet*, comédie en 5 actes de Brueys et Palaprat, rôle du chevalier.
119. *Nanine*, comédie en 5 actes de Voltaire, rôle du comte d'Olban.
120. *Nicomède*, tragédie en 5 actes de Pierre Corneille, rôle de Nicomède.
121. *Les Noms changés*, comédie en 3 actes de Brunet, rôle de Valère.

122. *Œdipe*, tragédie en 5 actes de Voltaire, rôle d'Œdipe.
123. *Olympie*, tragédie en 5 actes de Voltaire, rôle d'Antigone.
124. *L'Oracle*, comédie en 1 acte de Poullain de Saint-Foix, rôle d'Alcindor (Charmant).
125. *Les Originaux*, comédie en 1 acte de Fagan, rôle du marquis.
126. *Phèdre*, tragédie en 5 actes de Racine, rôle d'Hippolyte.
127. *Le Philanthrope*, comédie en 1 acte de Legrand, rôle de Fastidas.
128. *Le Philosophe marié*, comédie en 5 actes de Destouches, rôle du marquis du Lauret (Damon), rôle d'Ariste.
129. *Les Plaideurs*, comédie en 5 actes de Racine, rôle de Léandre.
130. *Polyeucte*, tragédie en 5 actes de Pierre Corneille, rôle de Polyeucte.
131. *Les Précieuses ridicules*, comédie en 1 acte de Molière, rôle de La Grange.
132. *Le Préjugé à la mode*, comédie en 5 actes de Nivelle de La Chaussée, rôle du marquis (Clitandre).
133. *Le Procureur arbitre*, comédie en 1 acte de Philippe Poisson, rôle d'Ariste.
134. *La Pupille*, comédie en 1 acte de Fagan, rôle du marquis.
135. *Pyrrhus*, tragédie en 5 actes de Crébillon père, rôle de Pyrrhus.
136. *La Réconciliation normande*, comédie en 5 actes de Dufresny, rôle du chevalier.
137. *Le Rendez-vous ou L'Amour supposé*, comédie en 1 acte de Fagan, rôle de Valère.
138. *Le Retour imprévu*, comédie en 1 acte de Regnard, rôle du marquis.
139. *Rhadamiste et Zénobie*, tragédie en 5 actes de Crébillon, rôle d'Arsame.
140. *Rodogune*, tragédie en 5 actes de Corneille, rôle de Séleucus, rôle d'Antiochus.
141. *Les Ruses d'amour*, comédie en 3 actes de Philippe Poissson, rôle de Clitandre.
142. *Le Sage étourdi*, comédie en 3 actes de Boissy, rôle de Léandre.
143. *La Seconde surprise de l'amour*, comédie en 3 actes de Marivaux, rôle du chevalier.
144. *Sémiramis*, tragédie en 5 actes de Voltaire, rôle d'Arsace, rôle de Ninias.
145. *La Sérénade*, comédie en 1 acte de Regnard, rôle de Valère.
146. *Le Sicilien ou L'Amour peintre*, comédie-ballet en 1 acte de Molière, rôle d'Adraste.

147. *Le Somnambule*, comédie en 1 acte de Pont-de-Vesle, rôle de Valère.
148. *Le Tambour nocturne*, comédie en 5 actes de Destouches, rôle du marquis.
149. *Tancrède*, tragédie en 5 actes de Voltaire, rôle de Tancrède.
150. *Tartuffe*, comédie en 5 actes de Molière, rôle de Valère, rôle de Damis, rôle de Tartuffe.
151. *Le Triple mariage*, comédie en 1 acte de Destouches, rôle de Valère.
152. *Les Trois cousines*, comédie en 3 actes de Dancourt, rôle de Lépine.
153. *Les Trois frères rivaux*, comédie en 1 acte de La Font, rôle du chevalier.
154. *Turcaret*, comédie en 5 actes de Lesage, rôle du chevalier.
155. Les *Vacances*, comédie en 1 acte de Dancourt, rôle de Clitandre.
156. *Zaïre*, tragédie en 5 actes de Voltaire, rôle de Nérestan.
157. *Zénéide*, comédie en 1 acte de Cahusac, rôle d'Olinde[12].

12 170 rôles.

BIBLIOGRAPHIE

SOURCES MANUSCRITES

L'essentiel des sources manuscrites est issu des Collections de la Bibliothèque-Musée de la Comédie-Française, dossiers d'auteurs et de comédiens, registres journaliers, registres de délibérations, registres de feux, documents comptables et administratifs, manuscrits de souffleurs.

Notes et extraits relatifs à la Comédie-Française, 1685 – 1783, manuscrit CF
Archives départementales, Antony

SOURCES IMPRIMÉES

Almanachs royaux, de 1747 à 1758, Paris, veuve d'Houry et Le Breton, 1747-1750 et Paris, le Breton, 1751-1758, 12 vol.

Almanach général de tous les spectacles de Paris et des provinces, Paris, F. Roulle, 1791.

L'Année théâtrale, ou Almanach des spectacles de Paris pour l'an X, l'an XI, Paris, Cailleau, an XI et an XII.

ARNAULT, Antoine-Vincent, *Souvenirs et regrets du vieil amateur dramatique ou Lettres d'un oncle à son neveu*, Paris, Alphonse Leclerc 1861.

Les Arts de la scène et la Révolution française, Philippe Bourdin et Gérard Loubinoux (dir.), Clermont-Ferrand, Presses universitaires Blaise Pascal, Vizille, Musée de la Révolution française, 2004.

AUDRIETTE, *Le Comédien de Persépolis*, proverbe en 1 acte, Paris, Petite Bibliothèque des théâtres, 1785.

[BACHAUMONT, Louis Petit de, et MAIROBERT, Mathieu-François Pidansat], *Mémoires secrets pour servir à l'histoire de la République des Lettres en France, depuis 1762 jusqu'à nos jours*, Londres, John Adamson, 1777-1789, 36 vol.;

Christophe Cave et Suzanne Cormand (éd.). Paris, Honoré Champion, 2009, 3 vol.

BAKER, David Erskine, REED, Isaac et JONES, Stephen, *Biographia Dramatica or A Companion to the Playhouse*, London, Longman, Hurst, Rees, Orme, etc., 1812, 3 vol.

BARNETT, Dene, *The Art of Gesture : The Practices and Principles of 18th Century Acting*, Heidelberg, Carl Winter Universitätsverlag, 1987.

BEAUMARCHAIS, Pierre-Augustin Caron de, *Essai sur le genre dramatique* (1767), dans *Œuvres*, Pierre Larthomas (éd.), Paris, Gallimard, Bibliothèque de la Pléiade, 1988.

BERTHIER, Patrick, *Le Théâtre en France de 1791 à 1828*, Paris, Honoré Champion, 2014.

BIANCHI, Serge, *Marat, l'Ami du Peuple*, Paris, Belin, 2017.

BIEVRE, François-Georges Maréschal, marquis de, *Le Séducteur*, comédie en 5 actes, en vers, Paris, Prault, 1783.

BLANC, André, *Histoire de la Comédie-Française. De Molière à Talma*, Paris, Perrin, 2007.

BLANC, Olivier, *Marie-Olympe de Gouges, une humaniste à la fin du XVIIIe siècle*, Paris, René Viénet, 2003.

BONCOMPAIN, Jacques, *Auteurs et Comédiens au XVIIIe siècle*, Paris, Librairie académique Perrin, 1976.

BOURGUINAT, Élisabeth, *Le Siècle du persiflage, 1734-1789*, Paris, PUF, 1998.

BREGHOT du Lut et PERICAUD, *Catalogue des Lyonnais dignes de mémoire*, Paris, Techner et Lyon, Gilbertoin et Brun, 1839.

CAILHAVA DE L'ESTANDOUX, Jean-François, *Essai sur la tradition théâtrale*, Paris, 1798.

CAILHAVA DE L'ESTANDOUX, Jean-François, *Le Tuteur dupé*, comédie en 5 actes et en prose, Nouvelle édition conforme à la représentation, Paris, Vve Duchesne, 1778.

CAMPAN, Jeanne Louise Henriette, Mme, *Mémoires sur la vie privée de Marie-Antoinette*, suivis de *Souvenirs et anecdotes historiques sur les règnes de Louis XIV, de Louis XV et de Louis XVI*, Paris, Firmin Didot, 1822.

CAMPARDON, Émile, *Les Comédiens du Roi de la troupe française*, Paris, Champion, 1879.

CAMPARDON, Émile, *Les Comédiens du Roi de la troupe italienne*, Paris, Berger-Levrault, 1880

CAMPENON, Vincent, *Essais de mémoires ou Lettres sur la vie, le caractère et les écrits de J.-F. Ducis*, Paris, Nepveu, 1824.

CASENAVE, [conseiller à la Cour de Cassation], *Tribunaux civils pendant la Révolution* (1791-1800), documents inédits recueillis avant l'incendie du Palais de justice de 1871, Paris, L. Cerf, Noblet et Quantin, 1905-1907, 2 vol.

Catalogue de l'exposition théâtrale au Musée des Arts décoratifs, avril-octobre 1908, Paris, Librairie centrale des Beaux-Arts, Émile Lévy, 1908.

Le Censeur dramatique, ou Journal des principaux théâtres de Paris et des départements : voir Grimod de La Reynière.

CHAALONS D'ARGÉ, Auguste-Philibert, *Histoire critique et littéraire des Théâtres de Paris*, Paris, Pollet 1824.

CHAMFORT, Sébastien-Roch, *Théâtre de Chamfort. La Jeune indienne, Le Marchand de Smyrne, Mustapha et Zéangir*, Martial Poirson et Jacqueline Razgonnikoff (éd.), Vijon, Lampsaque, 2009.

CHAOUCHE, Sabine, *Relevés de mise en scène (1686-1823).* L'Homme à bonne fortune. Le Joueur, Le Distrait *(Comédie-Française).* Paris, Honoré Champion, 2015.

CHAOUCHE, Sabine, *La Mise en scène du répertoire de la Comédie-Française (1680-1815)*, Paris, Honoré Champion, 2013.

CHAOUCHE, Sabine, *La Philosophie de l'Acteur, La Dialectique de l'intérieur et de l'extérieur dans les écrits sur l'art théâtral français, 1738-1801*, Paris, Honoré, Champion, 2007.

CHAOUCHE, Sabine, *Écrits sur l'art théâtral, Spectateurs*, Paris, Honoré, Champion, 2005.

CHAOUCHE, Sabine, *Écrits sur l'art théâtral, Acteurs*, Paris, Honoré, Champion, 2005.

CHAOUCHE, Sabine, *Sept Traités sur le jeu du comédien et autres textes, de l'action oratoire à l'art dramatique, 1657-1750*, Paris, Honoré, Champion, 2001.

Charles Collé. Au cœur de la République des Lettres, Marie-Emmanuelle Plagnol-Diéval et Dominique Quéro (dir.), Rennes, Presses Universitaires de Rennes, 2013.

CHARAVAY, Étienne, *Catalogue des lettres autographes composant la collection de M. Alfred Bovet*, Paris, Charavay, 1885.

Chronique de Paris, chez La Grange, 1789-1790.

CLAIRON, Mlle, *Mémoires d'Hyppolite Clairon et réflexions sur l'art dramatique publiés par elle-même*, Paris, Buisson, 1798.

CLEMENT, Jean Marie Bernard et LA PORTE, Joseph de, *Anecdotes dramatiques. Tome 1 / ; contenant 1° Toutes les pièces de théâtre… drames… qui ont été joués à Paris ou en province… depuis l'origine des spectacles en France jusqu'à l'année 1775 2° Tous les ouvrages dramatiques qui n'ont été représentés sur aucun théâtre, mais qui sont imprimés, ou conservés en manuscrit… 3° Un recueil de tout ce qu'on a pu rassembler d'anecdotes … 4° Les noms de tous les auteurs… de tous les acteurs ou actrices célèbres… 5° Un tableau… des théâtres de toutes les nations*, Paris, Veuve Duchesne, 1775

COLLE, Charles, *Journal et Mémoires sur les hommes de lettres, les ouvrages dramatiques et les événements les plus mémorables du règne de Louis XV*, Honoré Bonhomme (éd.), Paris, Firmin Didot, 1868, 3 vol.

COLLIN D'HARLEVILLE, Jean-François, *Œuvres*, Paris, Janet et Cotelle, 1821, 4 volumes (préface d'Andrieux).

COQUELIN, Constant, *Molière et le Misanthrope*, Paris, Paul Ollendorff, 1881.

Le Courrier des Théâtres : littérature, beaux-arts, sciences... Paris, s.n., 1823-1842.

COURTAULT, Paul, *La Révolution et les théâtres à Bordeaux*, Paris, Perrin et Cie, 1926.

DANIELS, Barry et RAZGONNIKOFF, Jacqueline, *Patriotes en scène ! Le Théâtre de la République, 1790-1799. Un épisode méconnu de l'histoire de la Comédie-Française*, Vizille, Musée de la Révolution, Artlys, 2007.

DE GREGORIO CIRILLO, Valeria, *Un attore e il suo repertorio. Dall'antico regime alla restaurazione Jean Mauduit Larive*, Napoli, Liguori Editore, 2010.

La Décade philosophique, littéraire et politique, par une société de républicains, (Rédacteur : Pierre-Louis Ginguené). Paris, 1803-1810.

Département de la Seine. Direction des affaires départementales. État des communes à la fin du XIXe siècle. Antony, notice historique et renseignements administratifs, Montévrain, imprimerie typographique de l'École d'Alembert, 1896, 1 vol.

DIDEROT, Denis, *Le Fils naturel* suivi des *Entretiens sur* le Fils naturel, notice par Jean-Pol Caput (éd.), Paris, Larousse, 1989.

DIDEROT, Denis, *Œuvres*, André Billy (éd.), Paris, Gallimard, coll. « Bibliothèque de la Pléiade », 1951.

DIDEROT, Denis, *Paradoxe sur le comédien*, Paris, Sautelet, 1830 ; Sabine Chaouche (éd.), Paris, GF, 2000.

DORAT, Claude-Joseph, *La Déclamation théâtrale.* Paris, Sébastien Jorry, 1766 ; dans *Écrits sur l'art théâtral, Spectateurs*, Sabine Chaouche (éd.), Paris, Honoré, Champion, 2005.

DOYON, André, *Amitiés parisiennes de Stendhal. Lettres et documents inédits*, Lausanne, Éditions du grand Chêne, 1969.

DUCIS, Jean-François, *Lettres*, Paris, G. Jousset, 1879.

DUMAS, Alexandre, *Mémoires de Talma*, Paris, Hippolyte Souverain, 1850.

DUMONT (attr. à François Marie Mayeur de Saint-Paul), *Le Vol plus haut ou L'Espion des principaux théâtres de la Capitale*, Memphis (Paris), chez Sincère, libraire réfugié au Puits de la Vérité, 1784.

ESTREE, Paul d', *Le Théâtre sous la Terreur* (1793-1794), Paris, Émile-Paul, 1913.

ÉTIENNE, Charles Guillaume et MARTAINVILLE, Alphonse Louis Dieudonné, *Histoire du Théâtre-Français depuis le commencement de la Révolution jusqu'à la Réunion générale*, Paris, J.N. Barba, an X (1802), 4 vol.

La Fabrique du théâtre avant la mise en scène (1650-1880), Mara Fazio et Pierre Frantz (dir.), Paris, Desjonquères, 2010.

Fièvre et vie du Théâtre sous la Révolution française et l'Empire, Thibaut Julian et Vincenzo De Santis (dir.), Paris, Garnier, 2019.

FLEURY, Abraham-Joseph Bénard, dit, *Mémoires rédigés par J.B.P. Lafitte*, Paris, Ambroise Dupont, 1835-1837, 6 vol.

FRANQUEVILLE, Amable Charles Franquet, comte de, *Le Premier siècle de l'Institut de France*, Paris, Rothschild, 1895-1896, 2 vol.

FRANSEN, Jan, *Les Comédiens français en Hollande aux* XVIIe *et* XVIIIe *siècles*, Paris, ancienne librairie Honoré Champion, 1925.

FRANTZ, Pierre, *L'Esthétique du tableau dans le théâtre du* XVIIIe *siècle*, Paris, PUF, 1998.

FRANTZ, Pierre, « Jouer le drame au XVIIIe siècle », dans *Le Drame. Du* XVIe *siècle à nos jours*, Philippe Baron, Dijon (dir.), Éditions universitaires de Dijon, 2004, p. 214.

FUCHS, Max, *Lexique des troupes de comédiens au* XVIIIe, Paris, Droz, 1944.

FUCHS, Max, *La Vie théâtrale en province au* XVIIIe *siècle*, Paris, Droz, 1933.

FUNCK-BRENTANO, Frantz, *La Bastille des Comédiens, le For-L'Évêque*, Paris, Fontemoing, 1903.

GAIFFE, Félix, *Le Drame en France au* XVIIIe *siècle*, Paris, Armand Colin, 1920.

GOETHE, Johann Wolfgang von, *Regeln für Schauspieler*, Weimar, 1803. Réédité dans : Berliner Ausgabe. Kunsttheoretische Schriften und Übersetzungen [Band 17–22], Band 17, Berlin 1960 ff.

GOLDER, John, « Rehearsals at the Comédie-Française in the late Eighteenth Century », *British Journal for Eighteenth-Century Studies*, vol. 30, n° 3, 2007.

GOLDONI, Carlo, *Mémoires de M. Goldoni pour servir à l'histoire de sa vie et à celle de son théâtre*, Paris, Veuve Duchesne, 1822.

GOUGES, Olympe de, *L'Esclavage des nègres ou l'Heureux naufrage*, Sylvie Chalaye et Jacqueline Razgonnikoff (éd.), Paris, L'Harmattan, 2006.

GRIMM, Frédéric-Melchior, baron de, *Correspondance littéraire, philosophique et critique par Grimm, Diderot, Raynal, Meister, etc.*, Maurice Tourneux (éd.), Paris, Garnier, 1877-1882.

GRIMOD DE LA REYNIERE, Alexandre Balthazar Laurent, *Le Censeur dramatique ou Journal des principaux théâtres de Paris et des départements*, Paris, Desenne, Petit, Bailly, An V, 10 messidor (28 juin 1797) – an VI (septembre 1797), 31 numéros.

GUIBERT, Noëlle et RAZGONNIKOFF, Jacqueline, *Le Journal de la Comédie-Française. La Comédie aux trois couleurs*, Paris, Éditions Sides-Empreines, 1989.

HAMEL, Charles, *Histoire de l'Église Saint-Sulpice*, Paris, J. Gabalda, 1909.

HANNETAIRE, Jean-Nicolas Servandoni, dit D', *Observations sur l'art du comédien* [1764]. Paris, aux dépens d'une société typographique, 1774. Sabine Chaouche (éd.). *Écrits sur l'art théâtral, Acteurs.* Paris, Honoré Champion, 2005.

HÉRAULT DE SECHELLES, *Réflexions sur la déclamation*, In. Magasin encyclopédique, ou Journal des sciences, des lettres et des arts. Paris, 1795. p. 4

HOUSSAYE, Arsène, *Les Confessions, Souvenirs d'un demi-siècle, 1830-1880*, Paris, 1885-1891, 6 vol.

J.E.B. (de Rouen), *Histoire complète et méthodique des théâtres de Rouen, depuis leur origine jusqu'à nos jours.* Rouen, Giroux et Renaux, puis C. Métérie, 1860-1880, 4 vol.

JAL, Auguste, *Dictionnaire critique de biographie et d'histoire*, Paris, Henri Plon, 1867.

JAUBERT, Jacques, *Mademoiselle Clairon, comédienne du Roi*, Paris, Fayard, 2003.

JOANNIDES, Alexandre, *La Comédie-Française de 1680 à 1900*, Paris, Plon-Nourrit, 1901.

Journal de Guienne, Bordeaux [s.n.], 1784-1790, 7 volumes.

Journal de Paris, Paris, imp. Quillau, impr. Chaignieau aîné, 1777-1827.

Journal des théâtres ou le Nouveau Spectateur, Paris, Ruault, Esprit, 1776-1778.

Journal des Spectacles, Paris, Barba, 1794-1794.

KRAKOVITCH, Odile, « La Censure sous le Directoire », dans *Le Théâtre sous la Révolution. Politique du répertoire (1789-1799)*, Martial Poirson (dir.), Paris, Desjonquères, 2008, p. 169-192.

LAMBEAU, Lucien, *Histoire des communes annexées à Paris, en 1859. Vaugirard*, Paris, Ernest Leroux, 1912.

LAPLACE, Roselyne, *Monvel. Un aventurier du théâtre au siècle des Lumières*, Paris, Honoré Champion, 1998.

LAQUIANTE, A., *Un Hiver à Paris sous le consulat, 1802-1803, d'après les lettres de J.F. Reichardt*, Paris Plon, 1896.

LARIVE, Jean Mauduit dit, *Cours de déclamation divisé en douze séances*, Paris, Delaunay, 1804-1810, 3 vol.

LARIVE, Jean Mauduit dit, *Réflexions sur l'art dramatique*, Paris, Rondonneau, 1801 ; dans *Écrits sur l'art théâtral, Acteurs*, Sabine Chaouche (éd.), Paris, Honoré, Champion, 2005.

LAUGIER, Eugène, *Documents historiques sur la Comédie-Française, pendant le règne de SM l'Empereur Napoléon 1er*, Paris, Firmin Didot, 1896.

LE VACHER DE CHARNOIS, Jean-Charles, *Costumes et annales des grands théâtres de Paris*, Paris, Janinet, 1786-1789, 4 vol.

LECOMTE, Louis Henry, *Le Théâtre national. Le Théâtre de l'Égalité*, Paris, H. Daragon, 1907.

LEGOUVE, Ernest, *Dernier travail, derniers souvenirs*, Paris, J. Hetzel, 1898.

LEMAZURIER, Pierre David, « Notice sur Molé », dans *Galerie historique des acteurs du Théâtre Français*, Paris, Chaumerot, 1810, t. 1, p. 369 (2 vol.).

LENIENT, C., *La Comédie en France au XVIIIe siècle*, Paris, Hachette, 1888.

LEROY, Onésime, *Études sur la personne et les écrits de J.F. Ducis*, Paris, Louis Colas, 1835.

LIGNE, Charles-Joseph, prince de, *Lettres à Eugénie sur les Spectacles*, Paris, s.n., 1774 ; dans *Écrits sur l'art théâtral, Spectateurs*, Sabine Chaouche (éd.), Paris, Honoré, Champion, 2005.

LUNEL, Ernest, *Le Théâtre et la Révolution. Histoire anecdotique des spectacles, de leurs comédiens et de leur public par rapport à la Révolution*, Paris, Daragon, 1910.

LYONNET, Henry, « Notice sur Molé », dans *Dictionnaire des Comédiens Français.*, Paris, Librairie de l'Art du théâtre, 1904, t. 2, p. 437 (2 vol.).

MANNE, Edmond de, « Notice sur Molé », dans *La Troupe de Voltaire, notice sur Molé*, Lyon, Scheuring, 1877, p. 174.

MARMONTEL, Jean-François, « Déclamation théâtrale », dans *Encyclopédie ou Dictionnaire raisonné des sciences, des arts et des métiers*, Diderot et d'Alembert (dir.), Paris, André Le Breton ; Laurent Durand ; Antoine-Claude Briasson ; Michel-Antoine David, 1754, t. 4 ; dans *Écrits sur l'art théâtral, Spectateurs*, Sabine Chaouche (éd.), Paris, Honoré, Champion, 2005.

Mémoires de Préville et de Dazincourt, revus, corrigés et augmentés d'une notice sur ces deux comédiens par M. Ourry, Paris, Baudouin frères, coll. « Collection des mémoires sur l'art dramatique » (n° 13), 1823.

Mémoires de Molé, précédés d'une notice sur cet acteur par M. Étienne, Paris, Ponthieu, 1825.

Le Mercure de France, 1724-1784.

MOLE, François René, *Éloge de Préville fait et prononcé par le citoyen Molé à la Séance publique du Lycée des Arts, le 11 août 1793*, Paris, Imprimerie du Lycée des Arts, 1793.

Éloge de Mademoiselle Dangeville, ancienne artiste du Théâtre-français, fait et prononcé par M. Molé, artiste du même théâtre et membre du Lycée des Arts, le 20 fructidor an II, Paris, Le Normant, s.d. (1795).

MOLE, DAZINCOURT, DESESSARTS, FLEURY et NAUDET, *Adresse présentée à l'Assemblée générale de la Municipalité de Paris par les Comédiens Français ordinaires du Roi. Février 1790*, Paris, Ballard, 1790.

MOLE, DAZINCOURT et FLEURY, *Observations pour les Comédiens Français sur la Pétition adressée par les auteurs dramatiques à l'Assemblée nationale*, Paris, Prault, 1790.

MONVAL, Georges, *Liste alphabétique des sociétaires, depuis Molière jusqu'à nos jours*, Paris, aux Bureaux de l'Amateur d'autographes, 1900.

MOUHY, Charles de Fieux, chevalier de, *Abrégé de l'histoire du Théâtre Français depuis son origine jusqu'au 1er juin 1780*, Paris, chez l'Auteur et Mérigot, 1780, 3 vol.

Le Nouveau spectateur, voir *Journal des théâtres.*

La Nouvelle Lorgnette des spectacles, Paris, Imprimerie de Dufay, an XI (1801).

OLIVIER, Jean-Jacques, *Voltaire et les comédiens interprètes de son théâtre*, Paris, Lecène, Oudin et Cie, 1899.

PAPILLON DE LA FERTE, Denis Pierre Jean, *Journal de Papillon de La Ferté, intendant et contrôleur de l'Argenterie, Menus-Plaisirs et Affaires de la Chambre du Roi*, Ernest Boysse (éd.), Paris, Paul Ollendorff, 1887.

PERIN René, et PILLON, ? ? ?, *Molé aux Champs-Élysées, Hommage en vers, mêlé de chants et de danses, Musique d'Alexandre Piccini, ballet du Citoyen Aumer, artiste du Théâtre des Arts*, s.l.n.d.

PILLET, Fabien, *La Lorgnette des spectacles ou la Revue des Acteurs*, Paris, Hollier, an VII.

POREL, Paul, et MONVAL, Georges, *L'Odéon 1782-1818 ; 1818-1853*, Paris, Alphonse Lemerre, 1876-1882, 2 vol.

POUGIN Arthur, *La Comédie-Française et la révolution*, Paris, Gaultier, Magnier et Cie, s.d.

RAZGONNIKOFF, Jacqueline, « La Comédie de mœurs de la morale facile à la morale bourgeoise dans le répertoire des théâtres officiels », dans *Le Théâtre sous la Révolution. Politique du répertoire (1789-1799)*, Martial Poirson (dir.), Paris, Desjonquères, 2008, p. 125-127.

REGNIER, Philoclès, *Le Tartuffe des Comédiens*, Paris, Paul Ollendorff, 1896.

REMOND DE SAINTE-ALBINE, Pierre, *Le Comédien*, Paris, Desaint, Saillant, Vincent, 1747 ; dans *Sept Traités sur le jeu du comédien et autres textes, de l'action oratoire à l'art dramatique, 1657-1750*, Sabine Chaouche (éd.), Paris, Honoré, Champion, 2001.

RICCOBONI, Antoine François, *L'Art du théâtre, à Madame ****, Paris, Simon fils et Giffart fils, 1750 ; dans *Sept Traités sur le jeu du comédien et autres textes, de l'action oratoire à l'art dramatique, 1657-1750*, Sabine Chaouche (éd.), Paris, Honoré, Champion, 2001.

RICORD aîné, Alexandre, *Les Fastes de la Comédie-Française*, Paris, Alexandre, Delaunay, Petit et Mengie, 1821-1822, 2 vol.

ROUGEMONT, Martine de, *La Vie théâtrale en France au XVIIIe siècle*, Paris, Honoré Champion, 1988.

SAINT-AUBIN (M.P.), *Dictionnaire historique, topographique et militaire de tous les environs de Paris*, Paris, Panckoucke, 1816.

SAINT-ELME, Ida, *Mémoires d'une contemporaine ou Souvenirs d'une femme sur les principaux personnages de la République, du Consulat, de l'Empire, etc.*, Paris, Ladvocat, 1828, t. 1.

SUEUR, Monique, *Deux siècles au Conservatoire national d'Art dramatique*, Paris, CNSAD, 1986.

TEISSIER, Octave, *Un grand seigneur au XVIIIe siècle, le comte de Valbelle*, Paris, Hachette, 1890.

Le Théâtre sous la Révolution. Politique du répertoire (1789-1799), Martial Poirson (dir.), Paris, Desjonquères, 2008.

TILLY, Alexandre de, *Mémoires du comte Alexandre de Tilly, pour servir à l'histoire des mœurs de la fin du 18e siècle*, Paris, chez les marchands de nouveautés, 1828.

TISSIER, André, *Collin d'Harleville, chantre de la vertu souriante (1755-1806)*, Paris, Nizet, 1963.

YVERNAULT, Virginie, « Un tableau sorti de son cadre. Actualité du théâtre de Beaumarchais sous la Révolution (1789-1799) », dans *Fièvre et vie du Théâtre sous la Révolution française et l'Empire*, Thibaut Julian et Vincenzo De Santis (dir.), Paris, Garnier, 2019.

LEBOUX DE LA MÉSANGÈRE, Pierre-Antoine (attrib.), *Vie de François-René Molé, comédien français et membre de l'Institut national de France*, Paris, Desenne et Martinet, an XI (1803)[1].

VINGTRINIER, Emmanuel, *Le Théâtre à Lyon au XVIIIe siècle siècle*, Lyon, Meton, 1879.

VOLTAIRE, François-Marie Arouet, dit, *Œuvres complètes*, Louis Moland (éd.), Paris, Garnier, 1877, 52 volumes.

1 Également attribué à Pierre Gaugiran-Nanteuil. Exemplaire conservé à la Bibliothèque de la Comédie-Française, entièrement annoté par le frère de Molé : Calixte-Augustin Molé, comédien de province, suicidé en 1818.

ICONOGRAPHIE

Dessins, gravures et estampes

MOLÉ À LA VILLE

Molé à la ville, gravure d'Auguste de Saint-Aubin, d'après E. Aubry. En buste dans un ovale, costume Louis XVI (1786) [Musée Carnavalet].

Molé à la ville, vignette, en buste, de profil, tourné vers la droite, ornant *la Vie de Molé* par Étienne et Gaugiran-Nanteuil, Paris, Desenne et Martinet, an XI – 1803 [Comédie-Française[1]].

Molé à la ville, en buste, gravure de Simonnet d'après Devéria. En buste, catogan poudré, costume Louis XVI, *Le Monde dramatique*, [C-F. (Album Pasteur, II, 1)].

Molé à la ville, Gravure par Frédéric Hillemacher, d'après Saint-Aubin. Reproduit dans *Galerie historique des comédiens de la troupe de Voltaire*, par Édouard de Manne, Lyon, Scheuring, 1859 [C-F.].

Molé à la ville, gravure par Lefort, d'après Saint-Aubin. Reproduit dans *Galerie historique des Comédiens français de la troupe de Voltaire*, par Henri Lefort et Édouard De Manne, Lyon, Scheuring, 1877 [C-F.].

Molé à la ville, tête, portrait anonyme au crayon en couleur (vente Rouillac).

MOLÉ DANS SES RÔLES LES PLUS CÉLÈBRES

COMÉDIES ET DRAMES (SEUL)

Molé dans le rôle d'Alceste, dans *Le Misanthrope*, de Molière, par Dutertre, *Costumes et annales des grands théâtres de Paris*, Paris, Janinet 1786, n°IX. [C-F.].

1 Abrégée désormais C.-F.

Molé dans le rôle d'Alceste dans *Le Misanthrope* de Molière. Gravure par Delpech, publiée dans *Costumes de théâtre de 1600 à 1820* par Hippolyte Lecomte, Paris, Delpech, 1820-1825 [Comédie-Française].

Molé dans le rôle de Lindor, *Heureusement*, de Rochon de Chabannes. Gouache sur vélin par Fesch et Whirsker [Bibliothèque nationale de France[2]].

Molé dans le rôle de Béverley, de Saurin (« nature, tu frémis » !), V, 5, estampe en noir et blanc dédiée au Duc de Duras, gravée par Elluin d'après Le Clerc [Bibliothèque nationale autrichienne][3].

Molé dans le rôle du Chevalier, *Le Chevalier français à Turin*, de Dorat. Gouache et encre sur vélin, par Fesch et Whirsker [Comédie-Française, Photo Patrick Lorette].

Molé dans le rôle du marquis, dans *Le Dissipateur* de Destouches. Gravure de Whirsker. Reprod. dans les *Métamorphoses de Melpomène et de Thalie* [C-F.].

Molé dans le rôle du marquis dans *Le Tambour nocturne* de Destouches. Gouache, encre et rehauts dorés par Fesch et Whirsker [BnF].

Molé dans le rôle du comte Almaviva, *Le Barbier de Séville*, de Beaumarchais. Dessin de Desrais, gravé par Dupin[4].

Molé dans le rôle du Séducteur, dans *Le Séducteur*, du Marquis de Bièvre. Aquarelle : signé et daté en bas à gauche (Favart 1811) H. 0, 200 ; L. 0, 145 (dessin) [C-F., photo : Patrick Lorette].

Molé dans le rôle du séducteur, *Le Séducteur* du marquis de Bièvre. Gravure par Prudhon d'après Favart, reliée dans *Galerie théâtrale, collection de 144 portraits en pied des principaux acteurs et actrices qui ont illustré la scène française depuis 1552 jusqu'à nos jours*, Paris, Barraud, 1873 [C-F].

---

2 Abrégée désormais BnF.

3 « Le lieu de la scène représente une prison. Béverley qui y est détenu, n'écoute plus que son affreux désespoir, Il s'est saisi de la liqueur empoisonnée qui doit terminer sa vie et semble prononcer ces mots que le poète lui fait réciter sur le théâtre : "Nature, tu frémis…" le jeune Tomy, son fils, assis dans un fauteuil, paraît endormi. Le dessinateur, sans nous faire perdre de vue les traits de l'acteur qui a rempli ce rôle, a cherché à caractériser par l'expression du visage et par l'attitude du joueur la fureur sombre et farouche qui le porte à s'ôter la vie. Les amateurs applaudiront au travail du graveur qui a su varier son burin et ménager ses lumières avec intelligence. » (*Mercure de France*, août 1772, p. 163).

4 On peut lire : « LE COMTE ALMAVIVA, grand d'Espagne, amant inconnu de Rosine, paraît, au premier acte, en veste et culotte de satin ; il est enveloppé d'un grand manteau brun, ou cape espagnole ; chapeau noir rabattu, avec un ruban de couleur autour de la forme. Au deuxième acte : habit uniforme de cavalier, avec des moustaches et des bottines. Au troisième : habillé en bachelier, cheveux ronds, grande fraise au cou ; veste, culotte, bas et manteau d'abbé. Au quatrième acte, il est vêtu superbement à l'espagnole avec un riche manteau ; par-dessus tout, le large manteau brun dont il se tient enveloppé. » (Pierre-Augustin Caron de Beaumarchais, *Le Barbier de Séville ou la Précaution inutile.* Paris, Delalain, 1777, [np.]

Molé dans le rôle de Morinzer dans *L'Amant bourru* de Monvel, gravure par Janinet publiée dans *Costumes et Annales des Grands théâtres de Paris*, Paris, Janinet, 1787, n° XX [C.-F.].

Molé dans le rôle de M. de Plinville, dans *L'Optimiste* de Collin d'Harleville, gravure par Janinet publiées dans *Costumes et annales des grands théâtres de Paris*. Paris, Janinet, 1789, n° 38. [C.-F.].

Molé dans le rôle de Dubriage, *Le Vieux célibataire* de Collin d'Harleville, *Petite Galerie dramatique*. Paris, Martinet, 1796-1843 [C.-F.]. On peut lire la note suivante : « Debout, de profil, tourné vers la gauche. Il est coiffé d'un grand chapeau. Il porte une lévite, des bas blancs et des souliers à boucle. "Je vais au Luxembourg me promener un peu" » (II, 5), (À Paris, chez Martinet, rue du Coq, n° 15) ».

SCÈNES

Molé dans le rôle de Lindor, dans *Heureusement*, comédie en 1 acte en vers de Rochon de Chabannes (1762), eau-forte gravée par E. Pennequin d'après Eissen, Paris, 1903.

Molé dans le rôle de Léandre, avec Dauberval (Octave) et Préville (Scapin) dans *Les Fourberies de Scapin*, de Molière. Gouache et encre sur vélin par Fesch et Whirsker [C.-F. ; photo Patrick Lorette. (1)].

Molé dans le rôle de Léandre, avec Dauberval (Octave) et Préville (Scapin) dans *Les Fourberies de Scapin*, de Molière. Gouache et encre sur vélin par Fesch et Whirsker [C.-F. ; photo Patrick Lorette. (2)].

Molé dans le rôle d'Oronte avec Préville (Boniface Chrétien), dans *Le Mercure galant*, de Boursault, d'après une gouache de Fesch et Whirsker reproduit dans Antoine-Vincent, *Souvenirs et regrets du vieil amateur dramatique ou Lettres d'un oncle à son neveu*, Paris, Alphonse Leclerc 1861 [C.-F.].

Molé dans le rôle de Damis, avec Préville (Éraste), dans *L'Anglomane*, de Saurin. Gravure d'après une gouache de Fesch et Whirsker, reproduit dans *Souvenirs et regrets d'un vieil amateur* [C.-F.].

Molé dans le rôle de Darviane, avec Brizard (le marquis) dans *Mélanide*, de Nivelle de La chaussée, d'après une gouache de Fesch et Whirsker, reproduit dans *Souvenirs et regrets d'un vieil amateur*

Molé dans le rôle du marquis, avec Préville (Rustaut) dans *Le Galant coureur*, de Marc-Antoine Legrand, d'après une gouache de Fesch et Whirsker, reproduit dans *Souvenirs et regrets d'un vieil amateur* [C.-F.].

Molé dans le rôle du comte Almaviva, avec Mlle Olivier (Chérubin), Mlle Contat (Suzanne), dans *Le Mariage de Figaro*, de Beaumarchais. D'après une gouache de Fesch et Whisker, reproduit dans *Souvenirs et regrets d'un vieil amateur* [C.-F.].

TRAGÉDIES

Molé dans le rôle d'Hippolyte, *Phèdre*, de Racine. Gouache, encre et rehauts d'or sur vélin par Fesch et Whirsker [C-F., photo : Patrick Lorette].

Molé dans le rôle de Britannicus, dans *Britannicus*, de Racine. Gravure par Delpech, publiée dans *Costumes de théâtre de 1600 à 1820* par Hippolyte Lecomte, Paris, Delpech, 1820. [C-F.].

Molé dans le rôle d'Égiste (*Mérope*) : longs cheveux flottants, manteau long, drapé peau de tigre, chaînes aux mains, jambes découvertes dans des caleçons couleur chair, cothurnes plats. Gravure d'après une gouache de Fesch et Whirsker, reproduit dans *Souvenirs et regrets d'un vieil amateur* [C.-F.].

Molé dans le rôle de Nérestan dans *Zaïre*, de Voltaire. Gravure par Janinet publiée dans *Costumes et Annales des Grands théâtres de Paris*, n° XLVI, 1787 [C.-F.].

Molé dans le rôle d'Énée, dans *Didon*, de *Lefranc de Pompignan.* Gravure par Guillaumot fils [C.-F.].

Molé dans le rôle d'Albert, dans *Albert Ier ou Adeline*, de Leblanc de Guillet. Gravure par Guillaumot fils [C.-F.].

Molé dans le rôle de Servilius, Lekain dans le rôle de Manlius, dans *Manlius Capitolinus*, de La Fosse), gouache et rehauts d'or sur vélin par Fesch et Whirsker [C.-F. ; photo Patrick Lorette].

Molé dans le rôle de Pyrrhus, avec Mlle Saint-Val cadette (Andromaque), dans *Andromaque*, de Racine. Gouache, encre et rehauts d'or sur vélin par Fesch et Whirsker [C.-F. ; photo Patrick Lorette].

Molé dans le rôle d'Énée, avec Mlle Clairon (Didon), et avec Mlle Raucourt (Didon) dans *Didon*, de Lefranc de Pompignan (III, 5), gouache, encre et rehauts d'or par Fesch et Whirsker [C.-F. ; photo Patrick Lorette].

Molé dans le rôle de Britannicus avec Mlle Dumesnil (Agrippine) dans *Britannicus*, de Racine, gouache et rehauts d'or sur vélin par Fesch et Whirsker [C.-F. ; photo Patrick Lorette].

Molé dans le rôle d'Hippolyte avec Lekain (Thésée) dans *Phèdre*, de Racine, gouache, encre et rehauts dorés par Fesch et Whisker. Coll. BnF.

Molé dans le rôle de Hamlet, avec Mlle Dumesnil (Gertrude). Gouache, encre et rehauts dorés par Fesch et Whirsker [BnF].

Molé dans le rôle d'Égiste avec Brizard (Narbas) et Mlle Dumesnil (Mérope), dans *Mérope* de Voltaire, d'après une gouache de Fesch et Whirsker, reproduit dans *Souvenirs et regrets d'un vieil amateur* [C.-F.].

Album Ziesenis [BnF]

Le Dissipateur, de Destouches (scène).

Le Père de famille, de Diderot (scène).
Gaston et Bayard, de Buirette de Belloy[5] (scène).

PEINTURES

Molé, peinture par Étienne Aubry, toile ovale, buste de trois-quarts, en costume de ville. Collection privée.

Molé, portrait posthume par Louis-Marie Sicard, dit Sicardi, salon de 1808 (n° 554).

Molé en buste, entre 40 et 50 ans[6] [C.-F. ; photo Patrick Lorette]. Portrait semblable, mais de plus petites dimensions, au Musée de Versailles

Molé, portrait présumé, anonyme. Huile sur toile. De trois-quarts, en tenue d'intérieur, tenant des feuilles de papier, Musée des Beaux-Arts de Tours (legs de la Collection Foulon de Vaulx, 1952).

Molé jeune, portrait par un peintre inconnu, Coll. Dormeuil, exposé aux Arts décoratifs en 1908 (voir catalogue).

Molé, portrait par Louis Boilly. Coll. du marquis de Pastoret. Signalé par Émile Dacier.

Portrait par un peintre inconnu, Coll. Schefer. Signalé par Émile Dacier.

Mme Reymond, « la jeune fille au manchon », par Élisabeth Vigée-Lebrun. Huile sur bois [Musée du Louvre].

Mme Molé-Reymond, estampe, rehaut de blanc, pierre noire, par Jacques Antoine Marie Lemoine [Musée du Louvre].

SCULPTURES

Molé, buste en marbre par Georges-Émile Muhlenbeck. Commandé par l'Administration des Beaux-Arts en 1896 [C.-F.].

Molé, buste en terre grise, auteur inconnu, Coll. Martin Leroy, cité par Émile Dacier. Reproduction dans Revue de l'Art ancien et moderne.

Antony : la grille de la propriété de Molé.

Antony : Le Tombeau de Molé.

---

5 Il y a aussi dans cet album des scènes de *Hamlet*, de *La Veuve de Malabar* et de *Gabrielle de Vergy*.

6 En 1819 le peintre offre le portrait aux Comédiens-Français contre deux années d'entrées pour son médecin Jacques Carrière.

INDEX RAISONNÉ DES PERSONNES

ADMINISTRATION

COMÉDIE-FRANÇAISE

1 À moins qu'il ne s'agisse de Jacques François Deshayes, maître de ballet, ainsi que le démontre Matthieu Franchin à l'occasion de l'édition du Théâtre complet de Dufresny, à paraître chez Garnier.

AUTEURS

AUTRES

TABLE DES ILLUSTRATIONS

TABLE DES MATIÈRES

Achevé d'imprimer par Corlet,
Condé-en-Normandie (Calvados),
en Janvier 2022
N° d'impression : 174751 - dépôt légal : Janvier 2022
Imprimé en France